· 河大百年 法学论丛 ·

我国跨界环境行政执法协同机制研究

——主要以京津冀地区为例

王琳 著

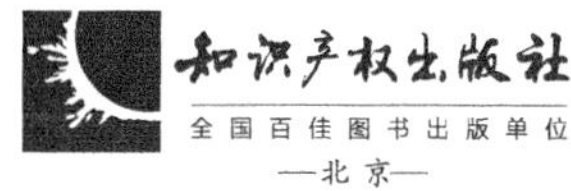
知识产权出版社
全国百佳图书出版单位
—北京—

图书在版编目（CIP）数据

我国跨界环境行政执法协同机制研究：主要以京津冀地区为例 / 王琳著. —北京：知识产权出版社，2022.6

ISBN 978-7-5130-7862-7

Ⅰ.①我… Ⅱ.①王… Ⅲ.①环境保护法—行政执法—司法协助—研究—华北地区 Ⅳ.①D927.202.684

中国版本图书馆 CIP 数据核字（2021）第 234316 号

责任编辑：高志方　韩婷婷　　**责任校对：**潘凤越
封面设计：乾达文化　　**责任印制：**孙婷婷

我国跨界环境行政执法协同机制研究
主要以京津冀地区为例
王　琳　著

出版发行：知识产权出版社有限责任公司		**网　　址：**http：//www.ipph.cn	
社　　址：北京市海淀区气象路 50 号院		**邮　　编：**100081	
责编电话：010-82000860 转 8512		**责编邮箱：**15803837@qq.com	
发行电话：010-82000860 转 8101/8102		**发行传真：**010-82000893/82005070/82000270	
印　　刷：北京九州迅驰传媒文化有限公司		**经　　销：**各大网上书店、新华书店及相关专业书店	
开　　本：787mm×1092mm　1/16		**印　　张：**15	
版　　次：2022 年 6 月第 1 版		**印　　次：**2022 年 6 月第 1 次印刷	
字　　数：234 千字		**定　　价：**68.00 元	

ISBN 978-7-5130-7862-7

序 言

改革开放以来，我国在经济快速发展的同时，环境污染形势严峻，环境治理面临着巨大的挑战。加快推进生态环境治理体系建设和治理能力现代化是当前我国理论界和实务界面临的一项重要任务。国内现有研究大多集中于环境治理的多中心主义，强调在政府、市场、公众以及社会组织之间形成多元主体的互动共治格局。但在公众参与和第三方治理缺位的情况下，环境行政执法仍然是我国环境治理的核心和关键，对其进行重点关注和讨论更有现实意义。然而，在区域性环境治理问题上，各地方政府囿于诸多现实障碍或基于自身利益考虑，导致跨界执法工作难以推进。因此，探索建立及完善跨界环境行政执法协同机制是解决当前跨界环境污染问题的必由之路。

考虑到跨界治理多层次下的复杂性，本书将研究内容主要聚焦于省级层面。本书围绕我国跨界环境行政执法协同机制的形成及完善这一主线，以基于府际协同理论和机制设计理论提出的分析框架为基础，采用文献研究、案例研究、访谈调研、定量分析等研究方法，对我国跨界环境行政执法协同机制的生成过程、协同机制的构成内容与现存缺陷及相应的原因、协同机制的生成逻辑及现实解读、协同机制生成的关键性动力因素与实证检验、协同机制的完善路径等多个方面进行了探讨。具体来说，本书主要进行了以下讨论。

第一，提出研究问题和建立研究分析框架。首先，明确选题的背景、意义、方法和路径，对与跨界环境行政执法协同机制相关的国内外研究成果进行查阅梳理，理清本研究的核心概念。其次，以府际协同理论和机制设计理论为理论基础，依据协同机制的生成逻辑，本书构建了由协同前提与驱动力、协同过程、协同结构、协同张力与冲突、领导力等构成的研究分析框架。第二，阐述我国跨界环境行政执法协同机制的生成过程。主要依据协同机制形成起始时间的不同及协同过程的差异，将协同机制形成历程分为早期阶段（以府际协议推动协同执法实现）、拓展阶段（协同执法深入推进）与深化阶段（协同执法进入法治化），并根据协同机制形成过程中协同主体间的互动关系总结了这三个阶段各自的特点。第三，阐述我国跨界环境行政执法协同机制的主要构成内容与现存缺陷及相应的原因。参考相关文献将协同机制的构成内容概括为主体协同、制度协同、资源协同与领导协同四个方面，以京津冀地区为例从上述四个方面讨论了协同机制目前存在的缺陷，并从“压力型协同”模式与利益协同机制不完善、对环境保护的立法意识不强与体制上条块关系的障碍、资源整合机制欠缺、领导协同的长效工作机制不健全等方面进行了原因分析。第四，探讨我国跨界环境行政执法协同机制的生成逻辑及现实解读。对协同机制生成过程中关涉的目标情境、基础条件、方式指引、动力支持和直接契机五个要件及其相互依赖关系、如何共同促成协同机制产生等问题进行了分析，并基于现实情况对其进行解释。解决区域性环境污染这个须共同面对的“棘手问题”，为协同机制生成创设目标情境；环保部门执法能力的提升为协同机制生成提供了相应的基础条件；体制性障碍及利益补偿机制的缺失是跨界协同执法的基本突破点，为协同机制生成提供了方式指引；环保政绩考核、问责机制及环保督察为协同执法机制形成提供了内外部动力支持；高层领导对生态文明的高度重视及政策制定成为协同机制生成的直接契机，促进了协同机制的生成。第五，讨论我国跨界环境行政执法协同机制生成的关键性动力因素与实证检验。基于上述论证内容与讨论结果并结合经验案例，总结提炼出高层领导注意力分配、自上而下的问责压力、协同主体的内部协同与跨界协同执法强度四个关键性因素，对其内容及选取原因进行了解释，并运用省级面板数据，结合固定效应模型和一阶差分广义矩模型，实证检验了高层领导注意力分配、自上而下的问责压力与地区环境治理效果之间的关系。第六，基于上述讨论，从增强协同意识、建构责任分担机制、加强制度顶层设计、完善协同长效保障机制、提高协同资源配置及整合能力等多个方面提出了我国跨界环境行政执法协同机制的完善路径。

本研究主要对以下四个方面进行了创新性探索：一是建立一个由前提与

驱动力、协同过程、协同结构、领导力、张力与冲突、结果评估六部分构成的具有内在运行逻辑协同机制的研究分析框架。二是围绕目标情境、基础条件、方式指引、动力支持和直接契机五个要件及相互关系，探讨协同机制的生成逻辑并进行现实解读，以此讨论我国跨界环境行政执法协同机制生成的前提与基础。三是提炼出我国跨界环境行政执法协同机制生成中的高层领导注意力分配、自上而下的问责压力、协同主体的内部协同与跨界协同执法强度四个关键性动力因素，并结合固定效应模型和一阶差分广义矩模型对协同结果进行了部分实证检验。四是诠释我国跨界环境行政执法协同机制在协同结构、协同过程等方面所具有的独特性，并结合对协同机制生成逻辑的讨论和关键性动力因素的探讨，提出我国跨界环境行政执法协同机制的完善路径。指出我国跨界环境行政执法协同机制的形成往往基于上级介入甚至主要靠上级推动，协同主体之间一般存在着发展阶段、权力地位差异较大的问题，协同机制的生成过程主要表现为以官僚机构任务驱动形式推进。

本书虽然主要聚焦于省级层面跨界环境行政执法协同机制的探讨，但可借此“以点带面”窥探更为广泛意义上跨界环境行政执法协同机制的内在机理，尤其在中央统筹推进省级以下生态环境机构监测监察执法垂直管理制度改革的背景下，可为进一步细化和深化我国跨界环境治理整体方案提供一定的理论支撑和现实思考。

东北大学原副校长、教授、博士生导师，教育部哲学社会科学委员会委员，

2013—2017 年教育部高等学校公共管理类专业教学指导委员会主任委员

娄成武

目　录

1　绪论 ·········· 1

1.1　问题的提出 ·········· 1

1.2　研究意义 ·········· 4

1.3　文献综述 ·········· 7

1.4　技术路线与本书结构 ·········· 38

1.5　研究方法 ·········· 41

1.6　本书创新点 ·········· 47

2　核心概念、理论基础与分析框架 ·········· 50

2.1　核心概念厘定 ·········· 50

2.2　跨界环境行政执法协同机制的理论基础 ·········· 55

2.3　跨界环境行政执法协同机制分析框架 ·········· 61

3　我国跨界环境行政执法协同机制的生成过程 ·········· 66

3.1　早期阶段：以府际协议推动协同执法实现 ·········· 67

3.2　拓展阶段：协同执法深入推进 ·········· 73

3.3　深化阶段：协同执法进入法治化 ·········· 76

4 我国跨界环境行政执法协同机制的主要构成内容与现存缺陷及相应的原因……86

4.1 我国跨界环境行政执法协同机制的主要构成内容……86

4.2 我国跨界环境行政执法协同机制的现存缺陷……91

4.3 我国跨界环境行政执法协同机制存在缺陷的原因……102

5 我国跨界环境行政执法协同机制的生成逻辑及现实解读……111

5.1 “棘手问题”为协同机制生成创设目标情境……112

5.2 执法能力的提升为协同机制生成提供基础条件……115

5.3 体制性约束为协同机制生成提供方式指引……118

5.4 正负激励制度为协同机制生成提供动力支持……122

5.5 高层重视及决策为协同机制生成提供直接契机……125

6 我国跨界环境行政执法协同机制生成的关键性动力因素与实证检验……136

6.1 高层领导注意力分配……137

6.2 自上而下的问责压力……140

6.3 地方政府主体的内部协同……144

6.4 跨界协同执法强度……148

6.5 实证检验……155

7 我国跨界环境行政执法协同机制的完善路径……172

7.1 增强协同意识……172

7.2 建立责任分担机制……175

7.3 加强顶层制度设计……177

7.4 完善协同长效保障机制……179
7.5 提高协同资源的配置及整合能力……181

8 结论与展望……185
8.1 研究结论……185
8.2 研究不足与展望……192

参考文献……194

附录 A……211

附录 B……221

图表目录

图目录

图 1.1　我国环境污染治理投资总额……2
图 1.2　技术路线图……39
图 2.1　跨界环境行政执法协同机制分析框架……61
图 3.1　跨界环境行政执法协同机制的生成过程……67
图 4.1　协同执法机制构成内容……87
图 4.2　京津冀三地工业企业规模……91
图 4.3　2017 年京津冀地区人均 GDP……92
图 4.4　2017 年京津冀地区一般公共财政预算收入占三地总收入的比重……93
图 4.5　政策性文本演进趋势……96
图 4.6　协同过程分析图……107
图 5.1　协同机制生成逻辑关系图……112
图 5.2　中央部委发文网络图……128
图 5.3　京津冀及周边地区发文网络图……129
图 5.4　中央部委环境政策性文本词云图……130
图 5.5　京津冀及周边地区环境政策词云图……131
图 5.6　中央部委环境政策性文本“综合治理”变化趋势……133
图 5.7　京津冀环境政策性文本协同演变趋势……134
图 6.1　跨界环境行政执法协同机制生成的动力因素……137
图 6.2　纵向环境保护机构间关系图……141

图 6.3 跨界环境行政执法主体协同图 …… 146
图 6.4 化学需氧量排放量变化 …… 157
图 6.5 烟（粉）尘排放量变化 …… 157
图 6.6 一般工业固体废物产生量变化 …… 158

表目录

表 1.1 有效访谈数量 …… 44
表 3.1 2014—2015 年京津冀主要污染物情况 …… 78
表 4.1 协同机制行动者意愿—阻力分析 …… 94
表 4.2 京津冀地区大气污染防治制度体系 …… 99
表 5.1 中央部委环境政策性文本词频分布 …… 131
表 5.2 京津冀三地环境政策性文本词频分布 …… 132
表 6.1 河北省政府领导及其分工 …… 152
表 6.2 变量描述 …… 161
表 6.3 相关矩阵 …… 162
表 6.4 固定效应模型 …… 163
表 6.5 稳健性检验 …… 166
表 6.6 一阶差分动态面板模型 …… 169
表 A.1 城市污染数据 …… 211
表 A.2 中央部委政策性文本 …… 216
表 A.3 京津冀三地政策性文本 …… 216
表 A.4 访谈对象信息 …… 219

1 绪 论

1.1 问题的提出

改革开放四十多年来，我国经济建设快速发展，取得了前所未有的成绩。1978—2018 年中国的 GDP 年均增长率约为 9.4%，而在同一时期，美国、日本、英国、加拿大等主要经济大国的 GDP 年均增长率仅为 2.2%～2.7%，中国 GDP 年均增长率远远超过发达国家[1]。自 2010 年中国的国内生产总值超过日本成为世界第二大经济体后，一直保持 GDP 总量世界第二的位置并逐步向第一大经济体美国靠近。对于如此显著的经济成就，西方学者称为“中国奇迹”[2]。

然而，我国经济的高速增长在一定程度上是以破坏环境为代价的。随着资源和环境的制约进一步加剧，高投入、高消耗、低效率的粗放型经济增长方式难以为继，并在生态环境保护方面承担着较重的国际压力。在大气污染、水体污染、土壤污染等多个方面，我国面临着前所未有的生态环境治理挑战，保护绿水青山，任重道远。加快推进生态环境治理体系现代化和治理能力现代化是当前我国理论界和实务界必须完成的一项重要任务。

党的十八大以来，中央高度重视生态环境保护，中央部委相继出台了环境保护政策文件，对环境治理的投资力度也一直保持较高水平。如图 1.1 所示，2013—2017 年，我国用于环境污染治理的投资额度达年均 9 000 多亿元，占 GDP 比重最高达 1.52%。

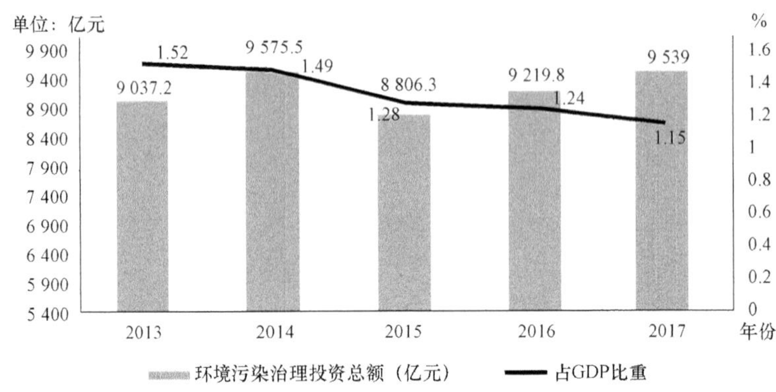

图 1.1　我国环境污染治理投资总额

数据来源：根据 2014—2018 年《中国统计年鉴》数据整理而得。

然而，在中央对生态环境治理不断重视和环境污染治理投资力度不断加大的情况下，我国环境污染依然较为严重。例如，2009—2018 年全国废水年排放总量不仅没有下降，反而有上升的趋势；京津冀地区的空气污染、水污染和固体废物污染水平一直居高不下。虽然环境治理是一个相对漫长的过程，但问题是，在自然禀赋、环境系统自我修复、人类对环境的破坏程度等条件不变的情况下，我国政府环境治理投资总量不断增加，而环境质量并没有得到持续性改善。

对于这样一个“环境治理悖论”，可以做多视角解读以寻求破解之道，我国理论界也对此高度重视，从不同学科角度提出了很多有益的意见和主张。总体来说，国内现有研究倾向于环境治理的多中心主义，强调在政府、市场、公众以及社会组织之间形成多元主体的互动共治格局。但是，由于我国正处于社会转型期和产业结构调整升级的关键时期，加上环境的外部负效应特征，政府在我国环境治理体系中仍居于主导地位[3]，尤其在我国公众参与和第三方治理缺位的情况下[4]更是如此，因此，环境行政执法仍然是我国环境治理的核心和关键，对其进行重点关注和讨论更具现实意义。

环境行政执法效率低、执法难、执法软等现象较为普遍，也一直广受诟病，被认为是造成我国环境治理失效的一个重要原因，甚至是主要原因。造成这种执法困境的原因是多方面的，但其中一个重要原因便是环境的整体性、区域性特征，导致依靠单一辖区内的行政执法力量很难有所作为，地方政府各自为政而导致环境治理失败的案例不胜枚举。针对环境的整体性、跨界性特征和绩效较差的执法局面，一些学者认为，只有通过跨界协同行动才能有效解决区域环境污染的问题[5; 6]。

但长期以来，我国跨界环境行政执法协同的实现过程困难重重。环境行政执法涉及部门众多、政府层级多样，存在着典型的条块分割现象[7; 8]。以黄河流域治理为例，整个黄河流经青海、四川、甘肃、宁夏、内蒙古、陕西、山西、河南和山东 9 个省（自治区），最后归入渤海，涉及众多省（自治区），黄河流域治理一直存在多重障碍。在跨界合作中，相关各地方政府往往基于自身利益考虑，主动参与共同治理的积极性不高，致使府际合作频频陷入僵局[9]。针对长江三角洲地区跨界环境治理，有研究指出，当跨界环境污染问题出现时，如果政策控制范围模糊、问题难以界定，此时，各个地方政府就会相互推诿、扯皮，加大地方保护主义强度以维护自身利益；一些地方政府甚至将相关的环境治理责任转嫁给其他省份，在环境治理过程中“搭便车”，导致区域性环境问题加速恶化，使跨界环境治理陷入窘境[10]。

具体到京津冀地区，跨界环境行政执法协同难的问题更为突出[11]。从环境行政执法主体的法律地位来看，北京市生态环境局、天津市生态环境局和河北省生态环境厅拥有相同的法律地位，都是正厅级单位，但是在三地处于经济发展阶段不同、环境治理的动机和成本完全不同的情境下，如何保证三地在执法的过程中步调一致、统一行动呢？如何制定较为统一的政策目标，共同将环境治理问题放在优先处理的议事议程上，统一加大环境行政执法力度，保证环境监管的有序开展是摆在三地协同执法面前的重大难题。京津冀地区在环境执法协同机制的搭建上是一个重要的参考案例，在全国跨界环境行政执法协同层面具有较强的典型性，是一个值得研究的关键案例。

鉴于上述环境污染的严峻形势、环境污染治理的复杂性和整体性，以及跨界环境行政执法协同面临的困难局面，本书确定的核心议题是：为何我国环境行政执法的跨界协同执法工作难以推进？制约协同执法的阻力都有哪些？跨界环境行政执法协同机制应该如何生成？我国现有的一些区域性跨界环境行政执法协同机制是如何形成的及其存在的问题是什么？要回答上述问题，就需要对我国各地尤其是京津冀地区的跨界环境行政执法协同机制的形成过程进行分析和讨论，探求跨界环境行政执法协同机制生成的内在逻辑和现实解读，分析其中涉及的关键性动力因素，在理论分析和实践案例讨论的基础上探求如何推进我国跨界环境行政执法协同机制的形成及完善。

1.2 研究意义

1.2.1 理论意义

理论上，本书回应了一个公共管理学的重要问题，即政府间的关系如何协调。已有政府间关系理论分别从横向和纵向两个角度进行了阐释，但一般不足以单独描摹政府间合作的全貌、描绘政府间关系的全景。已有研究指出，横向政府间关系更多的是竞争而非合作，例如，晋升锦标赛[12; 13]、晋升标尺赛[14]、晋升资格赛[15]和晋升淘汰赛[16]，较少有研究建立政府间合作的解释和分析框架。实际上，政府间横向关系不仅是竞争，也存在合作的可能和动机，这恰恰是本书所关心的研究议题，当面临区域性环境污染治理难题的时候，合作是一种重要的方式和出路。此外，如何将不同层级政府之间的关系和同一级政府不同部门之间的关系统一到一个分析框架是本书的另一个理论探讨点。

与上述内容最相关的理论莫过于协同政府理论。早在 1997 年，英国工党政府便出台一系列协同治理措施，这是协同政府理论应用的初期实践。“协同政府”的核心在于整合各种相对独立的组织以实现政府所追求的共同目标。从协同政府视角出发，公共政策的出台和实施既不能依靠新设立的“超级部门”，也不能取消传统部门间的边界[17]。后续诸多研究重点阐述了协同政府的概念[18; 19]、协同政府与政府机构改革的关系[20]、协同政府在不同层级政府的体现[21]以及协同政府在各个领域的应用介绍[22]。一般来说，需要协同执法的一个最直接原因就是某部门单独执法无法解决实际问题。然而，协同的过程又是一个联合不同地区执法主体的过程。一方面，各执法主体作为独立组织有其自身的组织目标和使命；另一方面，这些独立组织要加入到一个“协同组织”中并成为一个整体，如何协调和处理其中的矛盾是组织学的经典议题。而跨界环境行政执法协同机制的构建恰恰为本书提供了一个很好的研究契机，能够近距离观察组织行为。但是，较少有研究单独讨论环境行政执法领域的府际协同，有关其现状、问题、成因与对策的研究更是较少涉及，这为本书留下了研究空间。

从政策执行角度考察跨界环境行政执法协同机制也具有重要的理论意义。政策的执行离不开多元行动者之间的默契配合和协作。从一定意义上说，政策执行过程实质上是政府间协同的过程，更是公共政策执行网络化的过程。因此，跨界环境行政执法协同机制研究提供了一个近距离观察我国区域环境执法网络化的窗口和机遇。政策过程理论和实践在国际学术界均是政治学与公共管理学的热门话题，基于中国的公共管理实践尤其是环境治理的实践，参与国际主流政策过程学界的对话对我国公共管理研究有重要的政策意义。

1.2.2 实践意义

实践层面，跨界环境行政执法协同机制的本质即公共管理的实践逻辑。环境污染治理的问题从来就不仅仅是一个技术问题，更多的是政府管理的问题，如何实践习近平总书记提出的“绿水青山就是金山银山”的重要理念，如何推动公共管理向区域性治理的角度发展，是摆在各级政府面前的富有极强挑战性的难题。习近平总书记强调，妥善处理生态环境保护与发展的关系是实现可持续发展的根本要求，是推进现代化建设的重要原则，要兼顾绿水青山的自然生态与社会经济属性。基于此，对生态环境的保护就意味着对高质量发展的保护，它的改善意味着生产力的发展。保护生态环境意味着保护自然环境，提高自然资本的价值，提升经济和社会发展潜力。因此，保护生态环境应该而且必须成为发展的题中之义。改革开放以来，地方政府在以经济建设为中心的指引下全面发展经济，却往往忽略了环境保护的重要性。而且在很长一段时间里，很多地方政府一直认为经济发展与环境保护是互相对立的。公共管理的最优实践从来都是在妥协与均衡的过程中产生的，换言之，在经济发展和环境保护得到同等重视的前提下，跨界环境行政执法协同的实践就是该价值导向的重要体现。

以往的政府实践一般是基于一个政府行政区域内部的实践，很少去考虑跨区域协同治理的问题，环境行政执法更是如此。地方政府针对环境问题的治理多囿于各自行政区划范围内，主观上忽略环境问题的整体性与跨界性特征，是“各人自扫门前雪”的典型表现。过去，各地方政府管辖范围交界处恰恰是倾倒生活垃圾、工业垃圾和一些高污染行业生存的地方，因此存在着最为典型的环境污染治理的“搭便车”现象。面对这些问题，传统的单打独斗式环境治理方式已经不能解决新问题和应对新挑战，本研究认为政府间的跨界环境行政执法协同是考验一个地方政府环境污染治理实践和治理能力的关键举措和关键手段。如何激励区域内各地方政府参与到环境污染治理过程中？需要什么样的组织运行和责任监管机制？财力支撑何在？诸如此类的问题均是区域政府间跨界环境行政执法协同需要直面的棘手问题。

从跨界环境协同治理的实践角度来说，本研究可以为协同治理实践方案提供指导和借鉴。本书探讨了我国跨界环境行政执法协同机制存在的问题、成因和解决方案，为我国跨界环境治理提供了相应的选择方案和智力支持。基于对大量一手访谈材料和统计数据的挖掘，本书的研究发现和结论具有较高的可信度和可推广性。我国环境跨区域协同治理的实践日益增多，业已受到党和国家的高度重视。中共中央办公厅、国务院办公厅于 2020 年 3 月份印发了《关于构建现代环境治理体系的指导意见》，再次强调要进一步推动建立及完善跨区域、跨流域的污染防治联防联控机制，要求各地区、各部门结合实际认真贯彻落实，本书适当其时，为推动地方贯彻落实中央政策提供了参考和指导。

1.3 文献综述

1.3.1 国外文献综述

1.3.1.1 关于协同治理理论的研究

（1）协同治理词义辨析

1991年，伍德（Wood）和格雷（Gray）提出“协同治理”这一概念，并揭示其内涵为“同一话题中集中多种利益相关者，最终由公共机构做出一致决策的治理过程”[23]。与协同治理理论一道，合作治理、整体性治理甚至网络治理等概念也逐渐进入人们的视野，因此有必要对一些相似的概念进行辨析。易与“协同”（Collaboration）一词相混淆的是“合作”（Cooperation）与“协调”（Coordinate）。欧莱瑞（O’Leary）和杰拉德（Gerard）等认为合作应以相互价值为基础，与此构成对比的协作意味着各个参与者共同努力实现跨组织和部门界限的共同目标[24]。马提亚斯（Matthias）根据组织结构的扁平程度、组织自治程度和组织内外部沟通的强度，将组织间的关系分为竞争、合作、协调、合作和控制这五种类型。其中，合作处于较低的层次，而协作处于较高的层次[25]。格雷（Gray）认为，虽然“合作”与“协同”在早期也作为协同过程的重要组成部分，但是，协同是比前述两者在时间上更为长期且综合的过程[26]。因此，可以说，协同并不是一般意义上的组织间合作，也不是单纯的政府部门之间的协调，而是合作和协调双重作用下的程度延伸，是一种集体行动。它比合作和协调的层次更高，影响更大、更深远[27]。

（2）“协同”与“治理”

理论物理学家赫尔曼·哈肯（Hermann Haken）1971年创立协同学，旨在揭示普遍规律支配下的有序、自组织集体行为科学奥秘。其基本假设是，即便在无生命物质中，新的、有序的结构也可以从混沌中产生，并在恒定的能量供应下维持其结构的稳定性[28]。协同学基本理论认为，处于复杂系统中的各个子系统之间的关系是非线性的，其中包括竞争、合作、协调等相互作用，最终产生协同效应。当所产生的效应集合的量变发生质变后，协同的自发组织则会推动整个系统走向有序状态。由此可见，该理论主张基于系统的可分性、复杂性可转化为若干个子系统，通过大量子系统基于平衡空间和时间的有序性研究，最终经历质变后演进为具有统一性、稳定性的新结构体[28]。协同学的重要任务是对以下两种现象进行解释，即有序的集体行为与自组织行为的产生与发展。对以上两种现象的阐释则构成了协同学的两大基本原理，即支配原理与组织原理[29]。因此，不论宏观系统还是微观系统，只要系统具备开放性，那么它就会呈现出有序的结构。协同学正是由于其所具备的于混沌之中抓取有序机制和规律的特征与能力而被赋予了显著的方法论意义，可以连接不同的学科。在此意义上，协同学与治理理论具备极大的契合性。

治理理论创始人之一罗西瑙（Rosenau）区分了治理与统治，并意识到多元主体间协同与竞争的重要性，认为治理的过程就是各主体间进行竞争与协作的过程[30]。罗茨（Roots）认为在社会系统中，多主体的互动协同促进了具有自我管理能力的自组织网络的形成，进而实现了社会系统的良好发展[31]。库伊曼（Kooiman）从系统的角度看待治理，他们强调新结构的形成恰恰在于组织内部的多元行为者而非外力，进一步印证了治理中的自组织特征并非源于外力，而是系统内多种行为者的互动，由此可见，治理过程具有自组织特性[32]。斯托克（Stoker）指出，治理的终极目标就是构筑自我管理的网络，通过各个主体的相互了解使伙伴关系更进一步[33]。塞维奇（Savitch）和沃格尔（Vogel）从新区域主义的视角来看协同治理，认为新区域主义具有三重基本内涵，具体包括：多层级政府视角（Multitiered Approach），即由不同层级的政府提供相应范围的公共服务的视角；功能链接视角（Linked Functions Approach），即建立区域功能合作体或达成地方政府间合作协议的视角；综合网络视角（Complex Networks Approach），该视角旨在通过多层次与多主体的合作协议来实现区域治理的目标[34]。

（3）协同治理运行过程

协同论者安塞尔（Ansell）和加斯（Gash）对协作过程进行了细致的总结，他们认为一般的协作都包括面对面对话、建立信任、过程承诺、认知共享和中间成果五个层面，加之初始环境、领导角色和制度设计，就呈现出一个完整的协作过程[35]。瑞纳（Ring）和方德万（Van de Ven）描绘了协同治理的基本过程框架，其将协同治理看作“协商—承诺—执行—评价”的循环过程。协商阶段主要是政府、社会组织等利益相关者通过正式或非正式的会商来交换意见、讨价还价；承诺阶段主要是多方协作者在口头协议的基础上通过正式的契约合同或非正式的合约对协作行为作出承诺，并制订针对“搭便车”等问题的解决方案；执行阶段主要是兑现承诺的过程，通过组织或个人行为等来实现既定协作目标；评价阶段是对承诺及协作目标的实现程度、协作中的问题等进行评估[36]。

汤姆森（Thomson）和佩里（Perry）等学者深入分析了协同过程，力图打开协同的黑箱，他们认为以下五方面是理解协同过程的重要维度，包括治理、管理、组织自主性、相互关系以及制度规范[37]。从治理的角度看，协同参与者必须共同决策，在能够约束、限制他们行为的协同规则方面达成共识，进而通过权力的配置展开协同行动并达成协同目标。从管理的角度看，组织间协同得以达成的重要因素在于它们要实现一个特定的目标，因此对协同目标和彼此责任的不断明确是必不可少的。同时，在这个维度下，各个组织的领导者妥善处理好组织内部利益与协同利益的平衡关系是至关重要的。从自主性角度来看，协同可能引起组织自主性与协同共同体责任之间的冲突，但是不参与致力于共同解决问题的协同进程可能带来的巨大风险将促使行动者们放弃一部分自主性，以寻求合作、协同带来的更大收益。从相互关系来看，信息的共享虽然很重要，但是不足以维持一段稳定的协同关系，而持续性的利益共享将有利于实现长久的协同。最后，从制度规范的角度来看，社会资本的建构、长久的互惠性、彼此信任以及协同带来的声誉将大大推进协同的进程。

（4）协同机制框架研究

目前，越来越多的实证研究展开了有关协同机制的相关探索。理解一个完整的协同机制过程要从协同产生的一般前提条件、协同的驱动力和领导力，协同的具体过程、协同机制的机构、协同的冲突和张力、协同的责任与产出等几方面展开相关研究[38]。从协同产生的一般前提条件来看，命令授权式协同相比自愿式协同更具可行性，协同得以产生的一个最重要原因在于政策制定者和执行者越来越意识到，政府很难独立地去解决一个公共问题。而在公共政策议程中纳入企业、非政府组织、社区等多元主体更有利于分散风险，提供更多的资源、资金和技术。从协同的驱动力来看，领导力越来越受到实证研究的重视，领导特质被认为是可以影响协同进程的重要因素[39]。一方面，尽管协同意愿与一般性协同协议是重要的，但是一个具有法律意义的协同契约对提供合法性有着重要作用，这就是制度性文本。另一方面，既有的关系网络对于协同的建立也有重要意义。从协同的具体过程来看，应首先建立彼此信任与承诺，信任常被描述为协同的核心要义，协同始于不同程度的信任，而一个成功的协同过程需要持续性地建立信任[40]。沟通是协同过程中必不可少的一环，面对面的沟通将大大促进沟通效果与协同进程[41]。沟通后参与协同的行为主体应制订一个协同计划，确立协同的任务、目标、各主体的角色和责任。从协同的结构来看，建立有关协同的制度和规范是必须的。协同的冲突与张力是无法避免的，主体之间力量的不平衡、相互矛盾的制度性逻辑、主体间的彼此依赖程度与自我独立性的冲突、稳定性与流动性的冲突、包容与效率的冲突等都深刻影响着协同治理的进程。最后，从协同成果来看，协同治理有利于实现公共价值，产生更多即时或者长期的效果并增强系统的适应力与恢复力。

1.3.1.2 关于府际协同的研究

府际关系一直是西方行政学者和政治学者关注的热点领域，他们对府际关系进行了长期的跟踪研究，涌现出大批重要的著作。府际协同理论起源于美国，根植于府际关系理论而发展形成。在 20 世纪 80 年代以前，国外学者主要关注中央与地方关系；20 世纪 80—90 年代，关注焦点是横向的政府间关系；20 世纪 90 年代后，政府间的横向、纵向交叉关系成为研究重点。在第一个时期，关注内容集中在中央政府对地方政府的控制方面，出现了许多相关著作，例如，科斯塔（Kostka）[42]和摩尔（Moore）等[43; 44]就中央政府与地方政府间权力分配进行了研究。尼古拉斯·亨利（Nicholas Henry）从央地政府的管辖范围与权责大小入手，将政府间关系定义为“拥有不同管辖自治权和不同程度权威的政府部门间建立的、涵盖法律与政治、金融与行政等关系”[45]。

此后，学者们开始反思之前的央地关系研究，呼吁中央政府减少对地方政府的控制，给予地方政府更多的自主权。多梅尔（Dommel）认为，政府间的横向关系可以被视为由地位对等的地方政府形成的分散体系，而且正是由这些地方政府被竞争与协商所驱动形成的[46]。赖特（Wright）针对美国展开研究并认为，从权力运作的角度来看，联邦政府与州政府、地方政府三者间存在有规律可循的互动关系，在此基础上归纳出政府间关系的运作模式，即协调型、重叠型与涵盖型三种模式[47]。总之，这一时期的相关研究开始聚焦于政府间的竞争、合作与交流。

20 世纪 90 年代以后，中央政府与地方政府的纵向及横向关系常常交织在一起，呈现出复杂的府际关系图景，在这种背景下，学者们开始提倡各个层级政府之间的协同合作。文森特·奥斯特罗姆（Vincent Ostrom）从各级政府供给公共服务的角度来探索政府间纵向、横向的复杂关系[48]。赖特（Wright）认为应当通过政府间对话、协商、谈判与妥协等多种集体选择方式来达成多组织的协同目标，最终形成组织之间相互依赖、互惠互利、资源共享的新型组织格局[49]。

1.3.1.3 关于跨界环境行政执法协同的研究

蒂姆·佛西（Tim Fossey）着重研究了跨界环境治理中的合作经验以及政策推行的可行性，一方面，他肯定了环境治理中协同的重要作用；另一方面，他也表示出担忧，因为确认何种经验可以借鉴是有难度的，政策经验的迁移总是依赖于当地的实际情况[50]。哈丁（Hardin）、奥斯特罗姆（Ostrom）等人是集中研究自然生态管理政策的学者，他们在关于水资源项目、森林生态管理的相关研究中为协作管理提供了具体的实践佐证[51; 52]。他们指出，在环境领域的府际协同治理中，交易成本与既有的资源管理结构会影响或制约政府行为，同时，除政府外的多元行动者也会受到各种利益因素的干扰。阿瑟（Arthur）认为，过去依靠自上而下的传统环境管理模式已经不能适应当前的环境治理需要，跨界环境问题的协同治理之所以备受重视，正是在于旧有的立足行政边界进行封闭式管理的模式很难应对现有的提高生态环境质量的客观需求。还有一些国外学者对中国的环境治理体系产生了浓厚的兴趣，对我国传统的以及不断发展的现代化环境治理手段进行了全面的考察研究[53]。

制度集体行动框架（Institutional Collective Action，即 ICA 框架）发轫于美国，近年来受到了越来越多的关注并被认可，制度集体行动框架对解决由于部门主义与区域分割造成的区域环境治理合作困境难题有很好的指导意义。菲沃克（Feiock）率先提出了制度集体行动框架[54]，该框架的理论基础是集体行动理论，主要研究对象就是政府部门。该框架理论的核心内容围绕两个维度展开论述，一是困境，二是如何解决困境。制度集体行动的困境一般包括三个方面，即横向合作困境、纵向合作困境以及功能性合作困境。横向合作困境主要指公共服务供给过程中产生的负外部性问题或者限于政府规模无法有效提供充足的公共服务；纵向合作困境指的是不同层级政府之间的合作障碍；功能性合作困境指的是政府职能的碎片化而带来的政策执行的不协调。对于如何走出制度集体行动的困境，他按照参与合作主体的多寡以及合作机制效力高低这两个维度将困境解决机制划分为九个方面，即非正式网络机制、合同机制、合作协议机制、工作小组或者工作委员会机制、伙伴关系机制、网络共建机制、多重自组织系统、政府合作委员会机制、集权的区域行政组织[54]。

在跨界环境行政执法协同中，风险是难以规避的，特别表现为协同主体之间难以协调、协同产生的利益难以公平分配等。在信息不对称、力量不对等情况下，某个参与者的行为如果损害到了其他参与者的利益，那么就可能导致其他参与者的退出[55]。总之，在协同过程中，最大化提高协同的收益，降低包括信息成本、协调成本、执行成本等在内的交易成本是地方政府在解决环境问题时寻求合作、避免单打独斗的主要动力[56]。

还有一些学者在制度集体行动框架下，进一步研究了在跨界环境行政执法协同过程中，影响了地方政府之间协同方式（包括非正式协议、正式协议、强加的协议等）的选择的因素[57]。相关研究表明，中央或省级政府的参与，协同参与主体的数量以及各参与主体经济发展的异质性都会对协同方式的选择产生正向影响[58]，而参与主体行政级别的差别会对这种方式选择产生负向影响。

1.3.1.4 国外协同执法机制生成的组织因素研究

在 20 世纪 70 年代以前，西方发达国家主要通过环境立法来治理环境问题，环境立法工作取得了很大的进展，如美国出台了《清洁空气法案》、日本出台了《环境基本法》等，但是环境立法的执行效果并不明显。20 世纪 70 年代之后，随着跨界环境治理问题日益突出，西方国家开始重视跨界环境行政执法协同，这引起了理论界的关注并促使其展开了广泛研究。下面将重点关注协同执法机制在生成过程中的组织因素。

马勒尔（Maler）运用博弈论分析跨界环境治理问题，他认为正是政府之间的相互博弈使得跨界环境问题日益严峻。此后，博弈理论被广泛应用于研究跨界环境问题。关于组织协同的方式，沃克（Walker）列举出 25 种府际协同方式[59]，如正式的地方政府间协议、跨部门合作、成立区域政府、边界外管辖权等。这些合作方式能够尽可能减少发生“搭便车”现象的可能性，提高政府处理公共问题的效率。尼古拉斯·亨利在《公共行政与公共事务》一书中，提到了美国州政府之间的州际合约、市自治团体协会、县议会协会等合作方式[45]。除此以外，考尔金斯（Caulkins）认为，跨界环境行政执法协同依赖于地方政府间联席会议的协调机制以及信息共享机制，这是协同行政执法的重要保障[60]；韦伯勒（Webler）提出建立跨行政区的协调机构，这个机构应该具备协调、指导与监督的职能[61]。洛克伍德（Lockwood）和戴维森（Davidson）等人提出，在环境协同治理生成的过程中，会出现不充足的权力下放、责任缺失以及横向与纵向的不完全整合等问题，进一步分析了构建多层次环境治理体系的可行性[62]。沃林顿（Wallington）和劳伦斯（Lawrence）等人关注了区域环境治理的合法性问题，并以澳大利亚对自然资源的管理为例展开说明[63]。巴尔西杰（Balsiger）和范迪维尔（VanDeveer）从全球角度思考区域环境治理问题，从更高层次上提出国际化的环境治理协同，并从形式与功能、多层次治理以及参与三个方面审视这个问题[64]。纳希达亚（Nurhidayah）和李普曼（Lipman）等人也关注到跨国的环境治理问题，他们认为东盟在治理雾霾扩散问题上采取了达成共识等柔性办法，但这些方法缺少强制力，因而有可能降低治理效果，建议增加主体协同时对约束性工具的使用[65]。另外，也有学者从根本上提出了对协同治理有效性的质疑，并将加拿大和美国进行了对比[66]。总之，对于协同执法机制生成过程中的组织因素，学者关注到了合法性、约束性工具、权力、责任和协同方式等内容。

下面将结合美国、日本和德国的实践进行阐述。

（1）美国：成立专门的协同机构

美国环境执法协作机制有两个保障，一是美国国家环境保护局（简称“美国环保局”），二是美国环境质量委员会[67]。前者的执法协作能力表现在，作为环境事务的牵头机构，美国环保局负责全联邦的环境管理事务，并在社会公众的信任与支持下开展“联邦—州—地区”跨层级的政府间合作及其他公私合作。在牵头部门的指引下，在环境问题超出单一政府职能部门职权范围时，为权衡跨部门之间环境执法的资源与力量对比，美国总统办事机构代表总统与多个政府机关开展协作与商谈活动，联合内政部、农业部、司法部、白宫的总统环境安全执行官办公室等部门相互配合、共同处理环境事务，形成了“大量的行政监督工作发生在构成总统行政办公室的诸机构中”的局面。多个联邦政府部门与机构主要通过签订谅解备忘录、建立委员会、召开圆桌会议为的方式，集结经济、环保、社会、文化等各行各业与环境问题有关的人才与企业、学术组织，共同提出科学可持续的环境政策，制定环境执法权与环境管理资源的跨部门整合方案，形成跨部门的环境保护资源整合机制，为环境联合执法提供了体制基础。

美国环境执法协作机制的第二个保障即美国环境质量委员会。该机构设置于总统办公室下，其主要职责包括：第一，收集环境数据并进行分析，制作政策评估与政府环保绩效评估报告，为总统提供咨询与建议；第二，以联邦监管机构为主导，进行与环境问题相关的影响范围确认与环境影响结果评价，旨在促使多个行政部门来处理具体的环境保护工作，并在多个联邦机构的意见产生分歧时充当裁判。

（2）日本：以法律保障协同执法

日本的环境立法以《环境基本法》为基础，与各单行法与特别法等规定权利义务的实体法一起，共同构成环境执法体系。该法提出了“环境影响评价制度”及其所依赖的三项原则，即继承前人的环境资源恩惠、施以社会最小损害负担以及促进国际各界共同推进环保事务。就其内容而言，具体包括公害控制与自然环境保护方面的法律、生活环境行政执法及其财政资助办法等，还包括环境侵权事件的处理与纠纷解决机制。此外，立法规划是日本环境执法法律体系的一大特色[68]。所谓立法规划，即将某段时间内的环境事务从宏观政策到具体实施细则均明确制定出来，以保障环境执法的顺利实施。在此过程中，政府会挑选环保工作较为突出的企业并将其列入名单目录，进而给予其优惠政策与措施，维护其良好的社会形象，助其更好地履行环境保护的义务。

日本环境保护工作之所以取得令人瞩目的进展，与环境保护教育的发展、公众环境保护意识提升和加强环境监管密不可分。环境污染引起了日本政府对环境问题的广泛关注。日本政府大力开展“公害教育”。2003 年颁布的《环境教育法》极大地提高了公众的环保意识。与此同时，日本的公害诉苦制度的广泛实施，对促进公众参与环境行政执法发挥了积极作用。日本企业在成立时，就严格遵守环保标准。为了达到环境质量的标准，日本企业自身还建立了相关的环境管理组织，以防出现非法活动进而大大降低企业的信誉。同时，日本公众还可以通过诉讼监督公共危害，并获得相应的损害赔偿。另外，日本法律为多个机构展开环境行政执法提供了坚实的保障。

作为工业发达国家，为解决工业发展所带来的环境问题，日本建立并完善了强有力的环境行政执法机构。这些环境行政执法机构拥有较强的处罚权，其不仅可以对违法主体进行行政处罚，也可依照《环境行政刑法》的规定对违法主体进行刑事处罚。这些机构间的协同也为跨界环境问题的解决提供了很好的契机。

（3）德国：大部制协调与会议协调

1976 年出台的《联邦德国行政程序法》中规定，任何行政机关都应当应其他行政机关的请求而提供辅助性帮助。法定的请求范围包括：因法定原因不能亲自完成，或缺少必需的人力物力，或缺少相关专业知识与财政经费。德国的环境行政执法协助制度更注重执法机关在实施具体执法行为过程中的主体权限。对于跨域与跨部门环境行政执法的问题，更为强调被请求机关所具有的协助职责。该规定为德国协同执法提供了法律保障，也提升了执法效率。

就执法协作模式而言，德国环境保护行政执法的协作模式分为两种，一种是大部制协调，另一种是会议协调。前者是较为常见的跨部门议事协调模式，1986 年，德国成立的联邦环境、自然保护和核安全部就是重要的大部制协调机构。这一极具综合性的环境行政执法主管机构致力于将原先分散于多个部门的执法权限集中至一个综合性部门中，进而从根本上减少因协调引发的成本。此外，还有会议协调模式，即在《共同部级程序规则》的指引下，德国的环保执法跨部门协调机构是国家可持续发展委员会，这一协调机构的本质是环境部长联席会议制度[69]。该机构汇集德国联邦、州的环境部长与医院参加，并在多个州交替开展。此外，还有程序规定，德国联邦各部委在起草相关文件之前需要咨询其他州，以便尽可能在法规草案中反映各州的利益和要求。此外，条例草案还要经过有关州的审查。这一会议制度有助于实现德国联邦政府和州政府、州政府和州政府之间的共同协调。尤其是当政府部门的责任模糊时，牵头部门可以根据相关程序将问题提交内阁处理。

总而言之，环境的合作治理和监督问题可以缓解监管机构与受监管人员之间的对立关系，提高环境保护的效率。因此，合作是环境执法的一个重要因素，其为法律协作提供了保障。上述国家在环境行政执法方面取得巨大成就的关键原因之一是，这些国家已经形成了比较完整的环境法律体系，不仅基本法有统领全局的作用，在执法层面也具有可操作性和详细的配套规定，为环境行政执法的实施提供了更好的制度保障。例如，美国环保局在采取执法措施时制订了不同的执法目标，包括针对私营企业和公共设施的执法措施以及针对空气污染和水污染等污染问题的措施，为环境行政执法的发展奠定了坚实的基础。其环境执法程序和手段非常详细，一旦因环境违法行为被调查，美国环保局有关部门将对相关责任人进行严厉处罚。

除法律协作保障外，还有协作制度保障。美国的合作执法、日本的三方合作执法和德国的行政援助制度大致相同。它们强调政府的不同层次、不同部门以及政府与外部社会实体之间的互动。以德国为例，其具有较为明确的行政协助制度方面的规定，具体而言包括明确的行政协助范围、请求行政协助的具体表现形式以及行政协助的费用承担等。这种良好的环境执法协作机制在制度层面上明确将部门权责划分放在首位，旨在共同推进承担不同职责的环境行政执法工作的顺利实施。

1.3.1.5 国外文献研究成果评价

总体来看，国外关于协同治理、府际协同理论的研究已经趋于成熟和完善。随着国外政府与市场、社会以及公民之间的频繁协作与互动，有关协同治理和府际协同的理论越发受到重视，既有文献广泛关注了跨界治理、府际关系和网络治理等相关研究。

环境行政执法以及跨界环境行政执法协同的相关文献也比较丰富，且多结合具体的实例展开，实现了理论框架在实践层面的运作与使用，并进一步通过理论与实践的结合对理论进行了可行性论证，以实现理论优化与升级，这为跨界环境行政执法协同机制形成提供了保证。我们应进一步选择性地借鉴西方先进经验理论，为落实我国跨界协同执法添砖加瓦。

与此同时，理论的运用不仅应该关注理论的内容与框架，更应该注意到理论产生的深刻现实背景。协同理论或府际协同植根于国外的政治体制与机构设置，因此，传统的协同模式更侧重于强调参与协同的行为主体的平等性、利益的互惠性和关系的网络化等因素。但是，立足于中国本土实践的协同治理必然产生与国外不同的情境与变量，从而导致传统协同模式在中国话语体系内的失效。因此，我们要重点把握协同治理理论的内核，使协同治理更加符合中国国情。

1.3.2 国内文献综述

1.3.2.1 关于协同治理理论的研究

（1）协同治理理论内涵

协同治理（Collaborative governance）是20世纪末发展起来的治理理念，它充分体现出对以科层制为组织体系和以传统的官僚制为运作逻辑的政府管理理念的批判和超越。

近年来，国内有关协同治理的研究日益增多，学者多从“协同”和“治理”这两个较为宽泛的概念出发来解释“协同治理”的内在含义。何水认为，“所谓协同治理，是指在公共管理活动中，政府、非政府组织、企业、公众个人等社会多元要素在网络技术与信息技术的支持下，相互协调合作治理公共事务，以追求最大化的管理效能，最终达到最大限度地维护和增进公共利益之目的”[70]。李汉卿将协同治理定义为“寻求有效治理结构的过程，在这一过程中虽然也强调各个组织的竞争，但更多的是强调各个组织行为主体之间的协作，以实现整体大于部分之和的效果”[29]。郁建兴、任泽涛则将协同治理定义为“通过促进多个独立的组织安排其自身的运行过程，以解决单个组织不能或不宜解决”的具体问题[71]。刘光容认为协同治理是“为了实现与增进公共利益，政府部门和非政府部门私营部门、第三部门或公众等多元合法治理主体在一个既定的范围内，运用公威、协同规则、治理机制和治理方式，共同合作、共同管理公共事务的诸多方式的总和”[72]。整体看来，以上概念界定尚未突破对治理理念的理解，局限于多主体、网络化等治理理论的基本内涵，尚未体现出协同治理理论的沿革脉络。

郑巧、肖文涛认为“协同治理是指在公共生活过程中，政府、非政府组织、企业、公众等子系统构成开放的整体系统，货币、法律、知识、伦理等作为控制参量，借助系统中诸要素或子系统间非线性的相互协调、共同作用，调整系统有序、可持续运作所处的战略语境和结构，产生局部或子系统所没有的新能量，实现力量的增值，使整个系统在维持高级序参量的基础上共同治理社会公共事务，最终达到最大限度地维护和增进公共利益之目的”[73]。其进一步主张，协同治理“包括治理主体的多元性、治理权威的多样性、整体系统的动态性、自组织的协调性以及社会秩序的稳定性等”。该定义与之前的定义相比更为注重协同治理过程中的价值理性与工具理性的统一。

总体来说，关于协同治理尚缺乏共识性界定。但是，作为一种新兴的理论，它具有区别于其他理论范式的典型特征。有学者主张，“协同论坛将协同治理的概念归结为六点：协作论坛由公共机构发起；论坛参与者包括非国家行为者；参与者必须直接作出决定，而不仅仅是作为顾问的公共机构；论坛应该是正式的，且所有成员都要参加；论坛的目的是做出决定；合作的重点是公共政策或公共管理”[74]。一些学者还将协同治理的特点概括为五点：“以解决问题为导向；利益相关者参与决策过程；形成临时决定；超越传统的公私合作角色；建立一个开放性的执行机构。”[75]姬兆亮等认为“协同治理主体是多元、非排他的，协同治理的权威是分散的，协同治理的主体关系是对等、非单向的，协同治理的愿景是共同、非单方的，协同治理具有自组织的协调性”[27]。张贤明、田玉麒进一步提出协同治理具有目标一致、资源共享、互利互惠、责任共担、深度交互的特征[76]。

（2）协同治理理论的背景

第一，协同治理理论是协同论与治理理论融合后的理论建构，前面已对协同论进行了概述，下面简要梳理治理理论的特点。

国内学者立足于中国场景进行了本土化的治理理念描述，较有代表性的是俞可平提出的“治理”定义，他认为“治理”的基本含义在于维护“公共管理组织在既定范围内借助公共权威以维持秩序、满足公众的需要。治理的目的是在各种不同的制度关系中运用权力去引导、控制和规范公民的各种活动，以最大限度地增进公共利益。其重要内涵包括了必要的公共权威、管理规则、治理机制和治理方式”[77]。由关于治理理论的概述，可以将治理理论的特点总结为以下几点：一是开放的社会系统是治理理论得以存在的前提，包括政府、企业、非政府组织等在内的复杂主体都被囊括在组织系统中。二是各主体之间存在互动交流，并由此产生了竞争与协同。三是在竞争与协同的过程中形成了自组织网络，成为治理的重要资源[78]。

第二，从实践背景来看，协同治理理论发展的实践背景可以从两个方面进行总结，一是区域公共管理的兴起，二是国家与社会关系的重塑。在传统的农业社会或者工业社会，社会公共事务问题一般比较单一，而且多集聚在一个区域内，这为地方政府独立供给当地的公共服务并解决社会事务问题提供了可能性。然而，随着经济全球化、区域一体化、社会信息化、市场无界化的快速发展，区域内部的公共问题开始转向“外部化”和“无界化”[79]，跨行政区划的区域公共问题大量兴起，且逐渐变得复杂、多元。单一政府主体所展开的单边行政已捉襟见肘，必须依赖于众多地方政府、非政府组织和市场组织的联合协同治理。区域公共管理的兴起为协同治理理论的发展加上了一个关键的注脚。

另外，从国家与社会关系的视角来看，国家与社会的适当分离可以为社会发展创造空间并孕育社会的主体性，但是在实践过程中，国家与社会由于现代化的高度复杂与不确定性而呈现出背离形态，而协同治理提供了政府与社会之间重新建构合理规范的可能性，并重塑两者的互动模式以形成科学合理的互嵌结构[80]。同时，政府与社会之间开始呈现出新型的“委托—代理”

契约关系，“传统委托—代理理论话语体系中作为代理者的国家与政府开始扮演起委托者的角色，而作为委托者的社会与公众则开始履行代理职能”[81]，也就是说，之前存续于政府中的公共性扩散到了社会中[76]，这种公共性的扩散更加彰显出协同治理的必要性。

（3）协同治理的研究视角

一是新区域主义研究视角。相比于过于强调政府作用的传统区域主义，新区域主义更加看重多方主体之间合作模式的构建。新区域主义下的协同治理聚焦于“一系列主体之间的互动而不是国家官僚阶层之间的互动”[80]，在新区域主义指导下的协同治理具有一定的优越性和合理性。首先，新区域主义视角下的府际协同是对传统府际关系的超越，“跨域问题不能借由传统国家由上而下的方式处理和解决，而是应该寻求一种由计划与市场、集权与分权、正式组织与非正式组织相结合的‘新治理模式’来解决”[82]。其次，新区域主义强调形成文化共识，通过信任与沟通形成具有高端信任关系的网络，这能极大地降低交易成本，而不必依赖高层权力机构的介入抑或通过正式的制度来走出集体行动中出现的困境[83]。最后，新区域主义强调多元治理主体的作用，借助公、私部门多元互动模式的发展动力，奠定跨界协同治理的有利基础。新区域主义也强调政府与非政府组织以及其他利益相关主体的协同机制，与治理理论有所不同的是，它更加注重政府在治理过程中的中心地位，因此，新区域主义下的协同治理将府际协同作为协同网络中的关键一环。

二是国家与社会关系研究视角。从国家与社会的视角来看，协同治理是国家与社会不同力量对比下的阶段性产物，借由国家与社会关系的视角，能更加明确协同治理的理论定位。燕继荣认为，国家与社会的关系体现了社会结构功能的分殊程度，因此，也反映了社会现代化的水平[84]。一般来说，国家代表了统合性力量，社会代表了自主性力量，他将二者的关系分为以下四种类型：强国家—强社会；强国家—弱社会；弱国家—强社会；弱国家—弱社会。其中，“强国家—强社会”模式是最理想的模式。善治理论的三代版本也在国家与社会关系发展的基础上展开：善治理论 1.0 版本是以“政府治理”为核心，强调政府是公共管理过程中不可替代的主体，甚至可以直接将公共管理与政府管理两个概念对等起来；善治理论 2.0 版本以“社会治理”为核心，强调社会组织是最好的治理；在此基础上的善治理论 3.0 版本是“协同治理”，它把公共管理定义为政府、社会组织、社区单位、市场组织等利益相关者共同参与、协同行动的过程，认为“善治”意味着国家与社会良性互动、协同治理[84]。郁建兴等为了说明政府与社会的不同关系模式，选取“政府治理能力”和“社会发育程度”两个维度，并在每个维度中进一步区分为“高”“低”两个层次，两两组合后得出了四种不同的关系模式：“如果政府治理能力和社会发育程度都比较低，形成‘政府管控’模式；如果社会发育程度比较高而政府治理能力比较低，则形成‘社会自治’模式；如果政府治理能力较强而社会发育程度比较低，形成‘社会协同’模式；如果两者双高，形成‘平等合作’模式。在‘社会协同’模式下，政府在发挥主导作用的同时，为提高有效治理水平，则会为多种社会主体提供能够使其发挥作用的制度化渠道和平台，以充分利用社会自身的力量”[71]。

从新区域主义以及国家与社会关系的研究视角，我们可以更加明确协同治理的发展脉络与核心要义，以及其理论建构的重要基石。

（4）协同治理的机制

在实践中，协同治理的实现依赖于特定且完善的协同机制，协同机制实际包括协同的运行过程以及保障协同过程的措施[71]。

首先，从协同治理运行过程来看，国内外学者均有诸多论述，郭道久将协同治理的过程划分为四个阶段：一是协作触发阶段，包括发现问题、动员力量和获取资源；二是协作发展阶段，包括协商对话、建立信任和规划承诺；三是协作深入阶段，包括中间成果、共同愿景和变更与调适；四是协作的再循环，主要体现为协作者之间的依赖和共赢[85]。虽然不同学者对阶段划分的描述各有侧重，但是这些过程都会涉及信任的建立、持续的对话、信息的共享等内容，这彰显出协同治理流程与关键环节。

其次，从协同治理保障措施来看，郭道久针对“杭州城市治理案例的分析，从其较有效果的‘社会复合主体’的实际运作总结了四个协作机制”，即共识形成机制、行动整合机制、沟通交流机制和利益协调机制[85]。司林波、吴振其在研究雄安新区与京津冀协同发展的基础上，提炼了保障协同发展的区域沟通反馈机制、利益协调机制与联合监督考核机制[86]。叶大凤提出要构建“政府主导、社会协同”的多元主体治理结构、建立利益相关者共同参与及协同行动的集体决策机制，健全多层次的政策利益协调机制，完善政策信息共享机制和法律保障机制[87]。协同治理的保障措施与运行过程紧密结合，也十分注重达成共识、集体决策与沟通反馈等内容，其中，利益协调机制值得进一步关注。在协同治理过程中，多元行为者的利益呈现出复杂、交织重叠、冲突等特征，处于主导地位的政府作为一个利益仲裁者，如何更好地发挥其核心主体的作用是关键。“政府舍弃了静态的和短期的蛋糕分配比例换来了间接和长期利益，从而实现了整体利益关系的帕累托改进，即任何一个主体利益的增加不会损害其他主体的利益”[88]，这要求政府主体能够跳出琐碎的利益纷争，协同其他主体之间的利益关系，明确多方成本分摊以及利益分享与补偿机制，推动协同治理向纵深发展。

（5）协同治理的研究内容

协同治理的研究内容主要集中于以下三个领域。

一是公共危机协同治理。在我国社会转型的大背景下，各类公共危机呈现出高发的态势[89]。面对自然危机以及社会冲突带来的公共危机常态化，我国政府对传统公共危机的应对能力有所欠缺，仍未摆脱“政府中心论”的控制[70]，使得公共危机管理有效性有所缺失。协同治理作为破解公共危机管理难题的有效模式被提上日程。张立荣、冷向明认为“公共危机管理系统复杂且开放，且内部存在大量的非线性作用”，使得系统并非处于平衡发展状态。因此，协同学原理与我国公共危机管理具有强烈的契合性[90]。故本书将协同学引入我国对公共危机管理的研究中，以期创建更适合新时代社会发展需要的公共危机管理模式。还有学者认为恶性的社会资本会引发公共危机，而良性的社会资本则能发挥积极作用，促进协同治理模式转变。因此，“需要培育良性社会资本，抑制恶性社会资本，构建公共危机协同治理的体系”[91]。从解决路径角度来看，有学者提出“由管理理念向协同治理理念的转变、协同治理结构的建立、协同治理机制的塑造、社会资本的培育是构建我国公共危机协同治理的主要路径”[74]。

二是区域合作协同治理。随着区域主义的兴起以及跨界公共问题的涌现，跨界合作问题受到越来越多的重视[92]。但是，受到传统的等级制以及地方保护主义等因素的影响，跨界合作未能达到预期成效。如在等级制下，跨界合作多依赖于上传下达的行政命令，这种模式下存在中央政府非理性行为以及地方政府应付策略的可能。为弥补传统的跨界合作模式的缺陷，探索更富成效的合作模式，学者们将协同治理理念引入到跨界合作领域中来，以此打破科层行政思维的束缚，构建了一种平等参与、共同协商、责任分担的协同治理模式。在具体操作上，有学者提出“通过设立合作委员会大会、秘书处、合作专门委员会等机构来建立更加高效、科学、精简的决策系统”，并利用具备某些专项功能的区域公共基金来缩小多元合作主体之间的差距，夯实跨界合作的根基、丰富层次与拓展深度等[93]。李金龙等在分析长株潭区域合作治理时，“提出要实现公共合作治理的主体从‘一’到‘多’、合作治理的方式从政府完全提供和生产公共产品转到基于市场原则的契约安排、三市政府合作治理的形式从政府主导到多层面合作”[94]。叶林和宋星洲以粤港澳大湾区的建设为分析对象，从“制度协同创新、主体协同创新、要素协同创新以及网络协同创新等方面”分析大湾区发展过程中面临的困境，并以此构建跨境区域协同创新系统的理论[92]。

三是生态环境协同治理。环境保护是我国一项长期坚持的基本国策，“绿色发展”作为我国五大发展理念之一，是关系我国发展全局的一个重要理念。保护生态环境就是保护生产力，改善生态环境就是发展生产力。然而，伴随着城市化和工业化的“高歌猛进”，大气污染、水污染、辐射污染等“副产品”也随之而生，并愈加显示出跨行政区域的特征。近年来，学界对这个问题给予很大的关注，其呈现出广阔的研究图景。汪伟全通过分析北京地区空气污染跨域治理的历史与现状，归纳出跨域治理中存在的利益协调不足、碎片化现象和单中心治理等问题，并提出“建立国家层面的空气污染防治战略、健全空气污染跨域治理的利益协调和补偿机制”，完善跨域治理机构的结构设计与组织功能等针对性对策[75]。魏娜、孟庆国则以京津冀地区为研究对象，基于“结构—过程—效果”分析框架对京津冀大气污染跨域协同治理的协同结构、协同过程和协同效果进行了考察，发现京津冀大气污染治理的跨域协同实质上是一种应急式“任务驱动型”协同模式，得出了构建常态化大气污染协同治理机制的结论[95]。与此类似，陈晓运也关注到京津冀地区空气质量起伏不定，认为焦点事件触发跨域治理，正是由于高层动员、激励调整和政治介入对政策行动者注意力的影响，才触发了超常规执行，导致跨域治理出现[96]。湛学勇等在2000年的调查中发现，环保政策执行效率的感知与中央政府的支持存在显著的正相关关系。因此，他呼吁建立一种横向协同机制，以确保环境政策的有效执行[97]。

1.3.2.2 关于府际协同的研究

府际协同作为协同治理的重要组成部分，同时也是区域公共事务治理和区域协调发展的必然要求[98]。结合前述内容，在我国目前的治理体系构架下，政府仍然在多元治理主体中承担关键角色且处于核心地位。因此，纵向协同以及不同政府之间横向的协同就构成了府际协同的重要研究内容。学者们的关注重点主要集中在以下四个方面。

（1）府际协同的动力因素

聚焦于影响府际协同的动力因素，首先有必要讨论一下跨界治理的发生缘由，这有利于从本质上了解府际协同的原因与动力。张成福等将跨域治理的发生缘由概括为：资源的稀缺性和组织的互赖性、公共问题和公共议题的跨域性、公共服务和公共产品的外溢性、城市化进程和城市群建设的需要、区域发展疑难问题的求解、对原有体制诸多弊病的超越、治理能力提升的实质要求[99]。在此基础上，再进一步来看府际协同产生的背景与动力。

单一、碎片和分割的地方政府治理模式无法满足繁复的社会治理场域的需要，这种现实需求倒逼出府际协同的勃兴，以此实现政府治理转型并摆脱实践的泥淖。但受传统的政府治理模式的限制，地方政府间的横向关系仍以“竞争有余而合作不足”为主[100]，政府间的纵向关系呈现出“上有政策、下有对策”的纵向压力不足的局面——府际协同治理的困境与协同动力机制密切相关。李金龙等认为，所谓“地方府际协同治理动力机制”是指在复杂的政府治理场域，从导向、激励、促进、阻碍四大机制的角度出发来观察地方府际协同治理主体的主动性、积极性、自主性的态度与行为，并通过合理优化机制，使得地方政府间在责、权、利方面进行合理配置与实现动态平衡，进而实现自主性协同治理，达到“无为而治”的协调发展局面[100]。他们以京津冀地区为例，将府际协同治理动力机制分为四力，即引力、推力、压力以及阻力，前三者为正作用力，阻力为负作用力。所谓引力是指京津冀地方府际协同首要的内在驱动力，主要是指地方政府间协同治理中存在的共同利益；推力主要指京津冀府际协同的环境，包括经济、政治、文化、社会、制度等；压力主要是指行政系统内部对不采取实质性措施推进京津冀府际协同治理的地方政府所给予的行政或政治压力；阻力则指向地方保护主义以及地方政府间的恶性竞争。

杨华锋进一步对协同治理的动力机制进行了分类，按照产生来源将动力机制分为内生型和外生型。前者主要表现为政府对社会治理的秩序压力。促进协同治理的落实，一方面是因为政府对社会结构性变化的反馈，另一方面是因为重构国家治理秩序的关键抓手。后者主要表现为社会力量维护其合法权利与参与政治过程的协作活动能力[19]。在表现形式上，杨华锋将其总结为利益驱动、命令驱动和心理驱动。吴春梅等从显性因素、隐性因素和共享因素三个角度出发，把协同治理的影响因素归结为三点，即网络关系结构中的利益状况、协作互动机制中的社会资本以及整合功能下的制度和信息技术[101]。与吴春梅等所提出的协作互动中的社会资本相似，锁利铭在探索地方政府协作的微观动机时也提出了近似的描述，他将地方政府的协同动机分为"集体性收益与选择性收益"：集体性收益就是通常理解的协作收益，即多方协同过程中可能产生的规模经济和内化外部性等；选择性收益则嵌入了多样的协作动机，如地方政府人员有意愿进入某种府际协作中以获得个人收益，这些收益包括社会声誉、缓解信任危机、扩大影响力等[102]。

总之，府际协同治理结构从本质上来说还是利益的格局，利益关系才是政府之间最根本、最本质的关系，府际关系"首先是利益关系，然后才是权力关系、财政关系、公共行政关系"[103]。虽然对府际协同动力机制的划分标准有所差异，但是问题的倒逼以及共同的利益驱动是府际协同得以达成并持续发展的关键因素。

（2）府际协同失灵的原因

府际协同是大势所趋，但是在实践过程中，其失灵的可能性也存在，一些研究关注到这个问题并展开了对府际协同失灵缘由的探索。周志忍梳理了跨部门协同失灵的表现及其背后的原因，他将协同失灵的表现描述为公共政策制定中的协同失灵、政策执行与项目管理中的协同失灵以及公共服务供给中的协同失灵[104]。公共政策制定中的失灵，主要体现为政策产出相互矛盾以及决策的碎片化，“似乎各个职能部门都在力所能及的范围内为国家‘排忧解难’，所缺乏的是解决问题的总战略和系统方案”。政策执行与项目管理中的协同失灵又可以细分为管制型政策执行中的协同失灵、资源吸取政策执行中的协同失灵以及分配型政策执行中的协同失灵。公共服务供给中的协同失灵特别体现在社区服务这一新兴服务领域，呈现出业务分散与服务割裂的特征。周志忍和蒋敏娟从技术理性和制度理性的角度探讨了以上协同失灵现象的原因，一方面，政治与行政体制、相应的行政文化以及程序性机制中的技术细节影响着府际协同的效果；另一方面，组织结构、官本位、跨部门文化障碍等深层次原因在协同失灵中发挥着重要作用[105]。

臧雷振、翟晓荣发现，在区际协同方面，原本走在国内前列的京津冀的协同效果与发展速度逐渐被后来居上的长三角地区所赶超[106]。尽管其在经济建设领域取得了令人瞩目的成就，但区域经济发展失衡以及环境恶化等问题也掣肘京津冀可持续发展。他对京津冀地区协同治理进行壁垒类型学分析，并将其归纳为技术、经济和环境三个方面。技术壁垒可以概括为信息网络不健全及发展阶段的非均衡性、技术差距显著、交通运输桎梏；经济壁垒在于要素禀赋差异和地方保护主义窠臼；环境壁垒则内生于京津冀三地环境治理政策并植根于环境治理成本之中[106]。孟庆国、魏娜等从制度和资源两个维度分析了府际协同的约束，制度约束包含中央政府强力政治与政策驱动以及发展型地方主义，资源约束包括治理资金不对称、法理型权威不足等[107]。锁利铭对府际协同失灵要素的研究进行了聚焦，认为府际协同机制的建构与发展受到了外在交易成本和契约风险的双重作用，并建立了“交易成本—契约风险”的二维模型，进一步揭示出地方政府开展协同的内在机理。除此以外，还有学者提出跨域协调的碎片化现象以及治理主体的单中心问题也限制了府际协同的发展[95]。

综上所述，单个协同主体的地方保护主义以及各个协同主体之间非均衡的资源禀赋都隐含着府际协同治理失灵的可能性。为发展经济而恶性竞争、为比学赶超而产业同构等，都为府际协同失灵埋下了伏笔，在此基础上，彼此利益的冲突会进一步加剧集体不理性，由此，各类壁垒与鸿沟逐渐延缓并阻滞府际协同的步伐。

（3）府际协同的实现模式

府际协同的治理模式即府际协同的实现模式，作为府际协同得以实现的运行载体与制度框架，其决定了协同的绩效。张成福等在西方跨域治理先进经验的基础上，结合我国国情实际以及跨域治理现状，从宏观上将我国的跨域治理模式区分为中央政府主导模式、平行区域协调模式和多元驱动网络模式[99]。从短期阶段来看，协同治理主要为中央政府主导模式，中央政府拥有绝对的权威，所以跨域治理需要依靠中央政府以行政命令或政策支持的方式进行引导和推动；从中期阶段来看，地方政府出于追求自身利益的需要，具有更加强烈的主动合作的意愿，因此在平行区域协调模式下，各治理主体是基于互信互利而主动寻求协同治理的，在遵守协同规章的条件下，治理主体可自由地加入和退出；从长期阶段来看，多元驱动网络模式是主流，治理主体的多样性、主动性和独立性更强，政府、市场组织、非政府组织和社会的治理能力都会不断提升。在整体把握跨域治理模式的基础上，可以根据不同的维度标准对府际协同模式进行划分，既有相关研究主要体现在以下三个方面。

一是社会治理机制维度。饶常林以市场、网络和科层三个相互独立又相互补充的社会治理机制为维度，将府际协同模式划分为契约模式、网络模式和科层模式[98]。契约模式是将市场经济中的契约理念移植到政府管理中，区域内地方政府都是追求独立经济利益的平等主体，对其行为的调整必须符合市场规律的要求，要尊重地方利益与自主发展，实现地方利益和区域利益的双赢。在契约模式下，府际协同的策略工具表现为各种政府间的协议。网络模式下，地方政府之间的关系是松散的，多元主体以沟通和信任为基础，自愿协同、共同协商、平等参与、自由退出；网络模式下的策略工具主要体现为区域政府间会议和政府委员会。在科层模式下，需要通过组织内部自上而下的层层授权以及明确的分工来推进政府间关系的协同和区域公共事务的治理，府际协同的科层模式主要体现为非常正式的、高度组织化的机构的设置。

二是“横向—纵向”维度。周志忍等立足于“结构性协同机制”描述了我国跨部门协同的主要模式，他们将模式划分为“以权威为依托的等级制纵向协同模式、以‘部际联席会议’为代表的横向协同模式、围绕专项任务开展的条块间横向协同模式三类”[105]。纵向协同模式又可进一步划分为以职务权威为依托和以组织权威为依托；横向协同中的“部际联席会议”更多的是一种工作机制，而非一种领导岗位或实体组织；条块间横向协同机制的典型例子是“省部际联席会议制度”。

在“横向—纵向”维度下，又有学者分别对“横向”与“纵向”的机制和逻辑进行了深入挖掘。王勇探索了流域政府间的横向协调机制，认为由于流域政府基于各自的辖区利益以及官员私利而采取的地方保护策略会给其他区域造成不利影响，得出政府权力产权和政府外部性的存在[108]。因此，为消解外部性，制度是至关重要的。按照新制度经济学对制度的划分，进而将流域政府间横向协调机制归结为科层协调机制、市场协调机制和府际治理协调机制。

在对府际纵向协同逻辑的研究中，文宏、崔铁提出的“运动式治理中的层级协同逻辑”对于理解层级协作的路径作出了较大贡献。他提出，层级协作的内在互动有权力下行与治理上行两种路径，权力下行逻辑内含竞争性授权和政治忠诚测试，治理上行逻辑包括行政结构整合以及治权再生[109]。另外，为更深入地理解纵向政府间的关系有必要理解控制权的概念，周雪光、练宏将组织内部实际运行过程中的“控制权”分为三个维度，包括目标设定权、检查验收权和激励分配权，进而提出一个中心命题，即“构成产权的约束控制权在概念上是可以分解为不同维度的，在实际过程中、在组织各层次、各部门间可以有着不同的分配组合，从而导致了不同的治理模式”[110]。作为我国政府的常态治理模式，行政发包制就是委托方保留目标设定权和检查验收权，但把政策执行和激励分配等剩余控制权都赋予管理方。控制权的概念对从本质上把握府际协同的内涵具有重要意义。

三是战略问题分析维度。还有学者以问题类型为维度对府际协同模式进行了分类。于鹏、李宇环依据地方政府所处的环境状况和多主体协作方向将其面临的战略问题划分为重大自然与社会危机、基础设施建设、重大政治经济以及跨行政区四种类型。环境维度的两个变量是常规环境和动荡环境，协作维度的两个变量是内部协作和外部协作，将四个变量两两交叉组合，得出在面对差异化战略问题时，地方政府应采用的四种协作治理模式，即动荡环境下的外部协作治理模式、常规环境下的外部协作治理模式、动荡环境下的内部协作治理模式和常规环境下的内部协作治理模式[111]。

（4）府际协同的运行机制与发展路径

第一，从运行机制来看。为建构府际协同治理模式的制度框架，需要制定一套系统的机制。张成福等借鉴国内外的相关机制，将跨域治理的基本机制总结为八项，包括利益机制、互助机制、沟通机制、协商机制、信息机制、资金机制、规划机制以及评估机制[99]。杨志云、毛寿龙则以激励和约束机制的构建来提高和加速府际合作的实效，约束机制包括政治驱动、正式合作协议或非正式承诺，激励机制包括组织架构、目标考核和收益共享。双重机制中的政治驱动、目标考核责任制等都体现出我国府际协同的相对独特的变量[112]。由于利益是府际协同的关键变量与促成因素，因此，针对利益设计的相关机制具有独特的地位。有学者认为，关于利益机制的设计应该包括诱因机制、共享机制和补偿机制，府际协同的多元主体实质上就是利益共同体，有必要实现府际协作的利益共享以及针对利益受损方的合理补偿，以提高可持续合作的可能性及质量。同时，信息是具有高协同度的府际合作得以达成的重要保障，因此，要建立良好的信息支撑、信息整合和信息服务机制，提升府际合作的信息化水平。另外，统一、整体、全局性的规划是府际协同不可或缺的，府际协同必须超越单一的行政区划，要以整体眼光和长远思维进行空间设计，在规划过程中要特别重视多元行动者的参与及意见表达。

第二，从发展路径来看。在运行机制下，有学者对府际协同的发展路径进行了具体设计。司林波、吴振其以雄安新区与京津冀协同发展为分析对象提出了四项对策。一是要加强雄安新区与京津冀协同发展的顶层设计，规划引领是协同发展的启动点，要树立整体性与公共价值至上的发展思维，科学定位雄安新区与京津冀城市的协同功能。二是要构建协同发展的交通圈、产业圈、智慧城市圈、环境治理圈，推进与优化高新产业的发展和布局，建成以“京—津—雄”为中心的智慧城市圈并加强雄安新区与京津冀生态环境协同治理。三是要促进政府引导与市场调节功能的发挥，一方面通过府际合作充分发挥政策工具的激励引导作用；另一方面，要打破京津冀的协同壁垒，通过构建统一、共享、开放的市场来促进域内资源的合理流动。四是要完善区域沟通反馈机制、利益协调机制与联合监督考核机制，为避免府际协同过程中出现零和博弈，要促进多领域、多渠道的信息共享，并建立中央层面的权威仲裁机构，公平公正地解决利益纠纷[86]。李金龙、武俊伟在分析京津冀地方协同的引力、压力、推力、阻力的基础上针对性提出了促进府际协同的路径选择：一是培植平等的治理主体，构建共享的利益机制；二是营造良好的制度环境，充分发展非政府组织；三是建设开放的有限政府，确立全面的政绩考评；四是打破“一亩三分地”思维定式，消除协同治理的阻力[100]。

1.3.2.3 关于环境行政执法的研究

全球化、信息化以及区域经济一体化使大量社会公共问题“无界化”和“外溢化”，环境问题是其中的一个突出问题。随着经济的快速发展，当前的环境问题不再局限于某一固定区域内，环境污染问题很难再由某一地方政府独立解决，促进地方政府在环境行政执法领域的协作，建立跨地域和跨流域的有效治理机制成为学界的共识，各级政府及相关部门围绕环境治理开展协同工作是公共管理的应有之义。然而，在实现跨行政区环境行政执法的具体过程中，难免产生区域环境的整体性与属地性之间的冲突。本部分将整体梳理国内关于环境行政执法的相关研究，并重点关注针对跨界环境问题的行政执法的协同治理等问题。

（1）环境行政执法研究的学科视角

学者们对环境行政执法的相关研究主要从以下四个学科视角展开。

第一，就经济学的学科视角而言，学者的关注点集中于区域环境规制和生态利益补偿两个方面。20 世纪 60 年代以前，主流经济学主要采用两种方法来分析与完善外部性问题，一是征收庇古税，即根据污染所造成的具体现实危害对排污者征收税费，进而增加排污者的生产成本，并力求使其与社会成本之间的差距为零。二是在产权划分明晰且谈判成本较低的情况下，当事人通过协商以自愿交易的方式解决矛盾，即通过有效干预实现环境问题的外部性内在化。吴晓青等指出区际生态补偿体系应由政策法律制定机构、补偿计算机构、补偿征收管理机构等组成；区域生态补偿计算应当考虑具体的计算思路、方法、过程、结果表达等多阶段；在建立区域生态补偿机制的过程中，在环境资源管理体制、绿色国民经济核算体系、环境问题争端协调等多方面均面临困难[113]。崔晶认为，破解区域生态治理协作的困境，需要建立以政府为主导的生态治理利益补偿和财政转移支付制度，同时，完善以市场为主导的水权和污染权交易机制，形成一个水权和排污权的交易市场[114]。杜秋莹、李国平提出用区域间货币补偿、资源环境的全成本定价、区域间资源环境的产权交易、生态特区建设的方法来实现跨区域环境成本的补偿以及可持续发展[115]。

由于跨界公共产品缺乏明确的产权界定，单纯依赖市场机制的调节并不能很好地解决跨界环境矛盾与平衡环境公平，因而需要借助国家行政强制的力量。在此前提下，有学者从规制的角度进行了跨界环境行政执法的制度设计。曾文慧从政府规制的视角出发，结合国际流域治理的先进实践，在新制度经济学的产权理论框架下，针对跨界水污染的环境规章制度、结构与工具展开了理论探讨[116]。还有学者提出可以效仿证券市场对污染市场进行监管，并分析和评价了产权合并与排污许可证制度两种治理方法。

第二，从法学视角来看，主要针对环境法的立法与执法问题展开相关研究。曹锦秋、吕程以跨行政区域大气污染防治为例，指出了实践中存在的问题，包括我国目前的区域大气污染联防联控法律机制缺乏合宜的指导原则、区域大气污染联防联控法律机制的主体不健全以及区域大气污染联防联控的区域联动措施不完善，提出确立“共同但有区别”的区域联防联控法律机制的建议，建立区域大气污染联防联控管理委员会并作为常态机构，以法律规范的形式来配置区域联席会议下设的协调小组，最后需要完善相关联动措施，建立健全区域联合预警体系与信息共享制度[117]。龚扬帆、董雪烈认为，要通过打破《大气污染防治法》中依据行政区划防治大气污染的体系限制，以有效应对区域性大气污染并实现区域内的共同合作，主要措施包括建立区域性环境影响评价会商制度，建立区域性总量控制与排污交易制度，等等[118]。还有学者指出水污染防治立法中存在重复性立法、法规内容冲突、法律形式不协调等问题，提出要进一步完善处理跨行政区域水污染纠纷的方法，须非诉讼方法和诉讼方法并重使用。

第三，在环境学视角下的研究更加侧重从技术、指标等问题出发探讨行政执法问题。有学者针对水环境承载力和污染物总量控制展开了分析，在此基础上针对太湖流域水环境状况进行了研究，并通过探究太湖流域社会经济发展对水环境的影响，从总量控制、减少污染物排量、加强城市生活污水治理等方面提出提升太湖治理效率的对策建议[119]。还有学者从技术手段和技术指标等方面探讨了环境行政执法中地方政府协同体系的建设，展开了多层次的博弈分析以及多元机制设计[116]。

第四，在行政管理学视角下，府际事权划分、网络体系建构、跨界环境治理机构建立等都是备受关注的议题。崔晶、孙伟以跨域公共事务协同治理和环境行政执法中的府际关系理论为基础，指出在我国的跨域大气污染治理中，应该以公共物品属性为标准进行中央政府与地方政府事权的划分，一方面要加强地方政府之间的权力让渡，另一方面还要积极鼓励私人部门和非营利组织共同参与到区域大气的治理中来。同时，创新性地提出了“环境竞次”和“环境竞优”效应，强调以让渡地方政府行政管辖权以及建立跨区域合作组织的方式来优化地方政府环境行政执法的合作与协同，将大气污染的跨界溢出效应内部化[120]。刘芳等以水权科层结构与制度建设概念模型为基础，构建了“以最严格水权制度为核心的水权管理改革框架体系”，为转型期我国跨域水权管理提供了一种整体思路和改革对策[121]。杨妍、孙涛认为“环境污染是无法由某一地方政府独立而有效地解决的，需要建立跨地域、跨流域治理的有效机制，而地方政府合作机制是解决跨区域环境问题的重要途径”[122]，提出要完善跨区域环境治理地方政府合作的法制体系，建立合作行政以转变地方政府关系模式和政府职能，为合作行政创造条件。

（2）跨界环境行政执法的实证研究

关于跨界环境行政执法的实证研究，可以从域外经验介绍和国内实证研究两个维度展开梳理。

首先，对于域外经验的介绍，美国在环境领域行政执法协同方面已经积累了大量的经验。王玉明、刘湘云介绍了美国目前比较典型的三种协作模式，包括联邦政府有关部门间的协调与合作、区域或流域环境保护中政府间的合作、联邦环保局对州环保机构的监督与合作等，强调政府应该在跨界环境治理中发挥核心主导作用，并在协作的法治建设、创新协作方式、建立协调机构、强化环保职能等多个方面提出了值得借鉴的意见[123]。蔡岚梳理了美国加利福尼亚州在治理空气污染的各项政策中存在的大量横、纵向政府间合作的行为，提出治理污染的根本之策，一方面依赖于纵向上中央政府和地方政府在标准控制、法规制定、监督管理等方面的有效互动；另一方面还取决于横向政府之间为构筑合作平台、创新合作方式、调动各政府主体参与积极性等付出的共同努力[124]。他还对英国的空气污染治理进行了研究，英国曾是空气污染最严重的国家之一，其最终成为空气污染治理的成功典型，恰恰在于央、地政府的协同。英国中央政府在全国范围内展开战略规划、政策指导和技术支持，实行整体性治理，同时，地方政府广泛开展跨部门合作与跨区域合作，使得空气治理得以收效。孙迎春分析了美国国家海洋政策中的协作治理，介绍了其协同框架内容与具体实施战略，论证了在面对海洋污染之类的跨界公共环境问题时，建立完善的协作机制是解决问题的一种途径[125]。

其次，近年来，国内关于环境领域行政协同执法的研究呈现大幅上升的态势，很多学者运用比较研究的方法对国内跨界环境问题的治理进行了对比，以此进行经验的总结和提炼。张彦波、佟林杰、孟卫东以京津冀地区的生态治理为例，总结了京津冀政府在生态治理协同中的四个限制性因素，包括京津冀区域生态协作治理理念认知模糊、区域利益协调机制失衡、京津冀区域生态治理保障机制不健全、区域生态协作治理中政府失灵等，为达成更高层次的区域环境行政执法的府际协同，应该转变生态治理理念、健全协作的运行、建立协作机制[126]。高建、白天成同样对京津冀的协同治理进行了研究，提出要以强有力的合作机构来打破传统行政区域划分和环境治理的阻碍，在行政执法过程中建立环保工作的协商交流与定期通报制度[127]。张紧跟、唐玉亮以小东江流域治理为例，探讨了跨界河流污染治理中的政府合作机制[128]。

除了对某一区域环境行政执法问题的研究，学者们还对国内不同地方的环境行政执法进行了比较研究。范永茂、殷玉敏通过对比分析“APEC 蓝”、珠三角大气污染治理、泛珠三角水污染治理三个典型案例，印证了与之相对的科层元机制主导的合作治理模式、契约元机制主导的合作治理模式、网络元机制主导的合作治理模式三种跨界环境问题合作治理模式的合理性[129]。赵新峰、袁宗威在针对雾霾协同治理的府际合作研究过程中，对京津冀地区与珠三角地区两种不同实践状况进行了比较[130]。崔晶通过对比长三角地区、珠三角地区及环渤海地区的环境治理状况，研究了跨界环境行政执法协同的路径[114]。

总的来看，对于国内的跨界环境行政执法问题，学者们多针对长三角、珠三角和京津冀等区域展开研究。同时，又以京津冀的跨界大气污染问题、长三角和珠三角的跨界水污染问题为主要研究对象。

（3）基于跨界环境行政执法困境的审视

首先，需要关注几对关系。跨界环境行政执法的困境研究主要集中于矛盾症结、原因和改进路径这三部分内容。殷培红针对流域水环境行政执法中出现的职责交叉、多头执法、协调不畅、重复执法和效能不高等问题，提出要理顺以流域管理与行政区域管理、综合执法主管部门与相关行业管理部门横向执法权力配置、中央和地方纵向行政执法权力配置为核心内容的“三大关系”[131]。要明确设置流域内的环境监管以及行政执法机构并不是要取代流域内各行政区划的水环境管理职能，构建生态环境综合执法体制也不意味着取代行业主管部门对自然资源资产管理和开发利用进行行业内部监管，而是要处理好综合和专业的关系，行业内部资源利用与外部监管的关系。徐艳晴、周志忍也得出了相似的三个逻辑推论，即“只有承担水环境治理主导责任的政府实现纵向和横向的有效协同，才有可能有统一政策、统一标准规范和统一行动；只有政府形成统一政策和统一行动，才有可能与社会进行有效沟通，并对微观主体实施有效指导、引导和管理，才能形成政府与社会的良性互动；只有政府与社会之间实现有效协同，才有可能形成人与自然之间的和谐”[132]。

其次，在执法现状的研究中，陆新元等人更加系统地梳理了我国环境行政执法体系的现状[133]：从人力投入来看，目前环境执法人员数量较少、工作压力大且日益复杂、棘手的环境保护问题也对执法人员的素质提出了新的更高的要求；从资金支持来看，长期以来，环境保护行政执法部门资金主要依赖于预算外资金，如排污费与行政收费、专项资金等。与此同时，随着国家对预算外资金使用的逐步规范，环保行政执法部门的资金来源受到限制。从技术保障来看，环境行政执法的设备得不到保障是全国性的突出问题；从执法产出来看，省、市两级执法机构的执法具有威慑性，而县级执法机构的执法威慑性较差，即随着执法监察频率的增加，违法案件的数量也在增加，这给县级环境行政执法带来了更大的挑战。从执法手段来看，现行法律法规所规定的罚款额度难以对违法者构成有效威慑。从执法阻力来看，在我国的环境行政执法过程中，由于处罚弹性比较大，行政相对人常通过非正式渠道来应对环境行政处罚，进而影响到环境执法的独立地位。从社会动员来看，行政执法部门尚未撬动更多的社会资源参与到环境领域的行政执法过程中，公众参与时缺乏必要的渠道，同时也缺少对本级行政执法机构的足够信任。从企业激励来看，目前企业通过环保表彰实际所获得的利益与企业本身重视的利益存在较大差距，以经济利益为主要驱动力的企业组织难以拥有充足的动力参与到环保行动中。杨妍、孙涛也总结了目前环境行政执法的困境，如政府间环境合作共识多依靠领导人作出承诺，缺乏足够的法律效力；合作行动多以集体磋商的形式进行，制度化程度相对较低；由于多元行动主体的经济发展不平衡而导致环保目标的差异性；等等[122]。

最后，针对原因探析与路径探讨，赵新峰、袁宗威将大气污染治理中政策不协调的原因归结为经济基础、行政体制和协调机制三个方面[130]。在经济基础方面，区域内地方经济发展极不均衡，这容易导致“机会主义”和“搭便车”现象的出现；在行政体制方面，“压力型体制”下的任务分解与“行政区行政”下的刚性切割体制共存，最终导致传统的内向型行政决策成为解决污染问题的主要策略；在协调机制方面，区域大气污染联防联控机制不完善。魏娜、孟庆国进一步聚焦于京津冀大气污染治理中应急式“任务驱动型”协同模式的成因，指出协同立法的抽象规定与合法性缺失、跨界协同结构的“位势差异”与规范性不足、协同过程的“非均衡性”与协同意愿分野以及协同取向中的“思维定式”等是致使环境行政执法应急式协同模式形成的主要因素[95]。

在对策建议上，有学者提出，需要关注“职责分工明晰论误区”，即从我国现实情况出发以研究职责分工明晰化不可能条件下的协同；要避免“权威思维定式”，避免权力的过度集中以及对权威的过度依赖；应该矫正“重结构性机制，轻程序性机制”的偏差[132]。还有学者提出，要在价值层面上以善治理论为先导，在组织架构上以多元化网络区域合作机构为载体，在实现机制上以协调整合、信息沟通、建立法律法规体系为保障，在利益平衡上，以生态补偿机制的建立健全为切入点，使环境行政执法过程中的“不同主体在进行决策时充分考虑相关的社会效益及其成本，最终实现外部效应内部化”[130]。

1.3.2.4 国内文献研究成果评价

综上所述，目前我国学界关于协同治理、府际协同、环境行政执法等方面的研究颇丰，且取得了显著的研究成果，主要可以概括为以下三方面。

第一，针对协同治理的研究正在向纵深推进。协同治理理论从国外引进，由对这个从国外引入理论的基本探讨与理论阐释到运用该理论解决中国场景下更加具体的问题，再到构建起符合中国实际并具有中国本土特色的协同治理理论框架，国内学者推动协同治理研究实现了飞跃性发展，它对于我国公共事务管理实践的指导充分体现出其理论有效性。在我国当下环境中，府际协同是协同治理理论的关键一环，既有研究描绘出横向与纵向府际协同的丰富图景，为指引未来相关研究打下了坚实基础。

第二，全球化、市场化、信息化浪潮迭起，各类跨界环境问题也越来越受到人们的重视。如何突破既有的立足于固定行政区划的环境行政执法，探索出一条合作、协商、共赢的环境治理之路成为理论界与实务界的共同期盼。环境行政执法的协同治理是破解传统问题的关键一招，国内外学者充分探索了环境行政执法的现状、困境、成因并制定了对策，不断深入挖掘并精准把握跨区域环境行政执法问题的关键、本质与核心，这对今后的研究有十分重要的参考价值与借鉴意义。

第三，我国目前的跨界环境问题正日益增加，但是与之相对应的区域行政执法协同治理却呈现出疲软无力的状态。较之于我国，英、美、日等发达国家在环境治理领域已经开辟出一条比较正确的道路，成为各类环境治理领域的成功典型，国内学者广泛地介绍了这些国家在跨界环境执法协同治理方面的典型实践，并进行了深度的分析、总结和凝练，这对切实完善我国环境行政执法协同治理机制有重要的启示意义。

目前，虽然学者已经取得了较为丰硕的研究成果，但仍存在以下不足。

首先，“协同治理”中协同的意蕴仍需明确。国内学者对协同治理的研究虽然在不断深入，但是极易囿于“治理”而忽视了“协同”。相比之下，国外学者对协同治理理论的探讨除了具有“治理”的属性，还格外重视对“协同”的分析。因此，未来对协同治理的研究有必要使其内涵更加科学化，使“协同”的意蕴更加明确化，使多元主体之间的关系更加明晰化，以深入理解并探索利益相关者之间的关系。

其次，国内有关环境协同治理研究的着力点主要偏重政府与公众以及社会组织之间的协同，而对行政主体之间的协同执法研究有所欠缺，这种研究偏向脱离了我国当前环境治理的实际，没有抓住关键点。在我国的环境治理体系中，政府是核心主体与关键力量。因此，对政府在环境治理中的作用研究的忽视无法反映我国真实的环境治理图景，有必要开展对政府这个核心主体的分析。

再次，很多学者强调环境行政执法过程中的协同治理的关键在于多元行动者的利益协调与均衡，但是，不可否认的是，现有研究存在将地方政府间关系简单化、线性化的趋势，即将环境行政执法中府际协同困境的一切矛盾归结为地方利益使然；同时，对地方政府间不能深度协同、平等协商背后的地方利益产生的深层诱因缺乏合理有效的阐述。也就是说，对环境行政执法协同治理困境的原因解释框架尚不完整，需要进一步明确根本性问题以及由根本性问题诱发的其他问题。

最后，在利益协调的基础上，如何形成合理配置权力、有效明确责任的环境行政执法协同框架是未来需要着力研究的方向。在实证研究中，国内学者借鉴了很多西方国家在跨区域环境协同治理中的经验，但是滋生这些实践的土壤与我国存在很大差别，仍需要研究者立足本土实际对既有理论框架和实践模型进行检验和修正。现有研究鲜见在一个统一理论框架指导下展开的对跨区域环境行政执法的协同问题、成因与对策分析的研究，这也是本书期望有所突破的方向。

1.4 技术路线与本书结构

1.4.1 研究思路

本书研究议题的提出首先基于一个目前面临的“环境治理悖论”，即在其他约束条件没有发生明显改变的前提下，我国环保投入力度逐步加大，但环境污染问题依然严重，有些领域反而更趋恶化。为破解这个悖论，国内现有研究倾向于基于环境治理的多中心主义完善治理体系，强调政府、市场、公众以及社会组织形成多元主体的互动共治格局。但是，一方面，第三方组织经常出现缺位；另一方面，由于我国正处于社会转型期和产业结构调整升级的关键时期，且环境具有外部负效应特征，政府在我国环境治理体系中仍居于主导地位。因此，环境行政执法仍然是我国环境治理的核心和关键，对其进行重点关注和讨论更为务实，本书的立足点就在于此。

长期以来，环境行政执法的效率低下、执法难、执法软等现象较为普遍，地方政府“重增长、轻环保”的陈旧观念是一个重要原因，另一个重要原因是环境的整体性、区域性特征，导致依靠单一辖区内的行政执法力量很难有所作为。然而，在区域性环境治理问题上，各地方政府却囿于诸多现实障碍或基于自身利益考虑，跨界执法工作难以推进。因此，建立及完善跨界环境行政执法协同机制是解决当前日趋严重的跨界环境污染问题的必由之路，这便是本书的研究目的，研究过程也围绕此展开。

考虑到跨界治理多层次下的复杂性，本书主要聚焦于省级层面。本书围绕我国跨界环境行政执法协同机制的生成及完善这一主线，以基于府际协同理论和机制设计理论提出的研究分析框架为基础，使用文献研究、案例研究、访谈调研、定量分析等研究方法，对我国跨界环境行政执法协同机制的生成过程、协同机制的构成内容与现存缺陷及相应的原因、协同机制的生成逻辑及现实解读、协同机制生成的关键性动力因素与实证检验、协同机制的完善路径等多个方面进行了探讨。

依据上述研究思路，绘制出技术路线图（见图 1.2）。

1.4.2 技术路线图

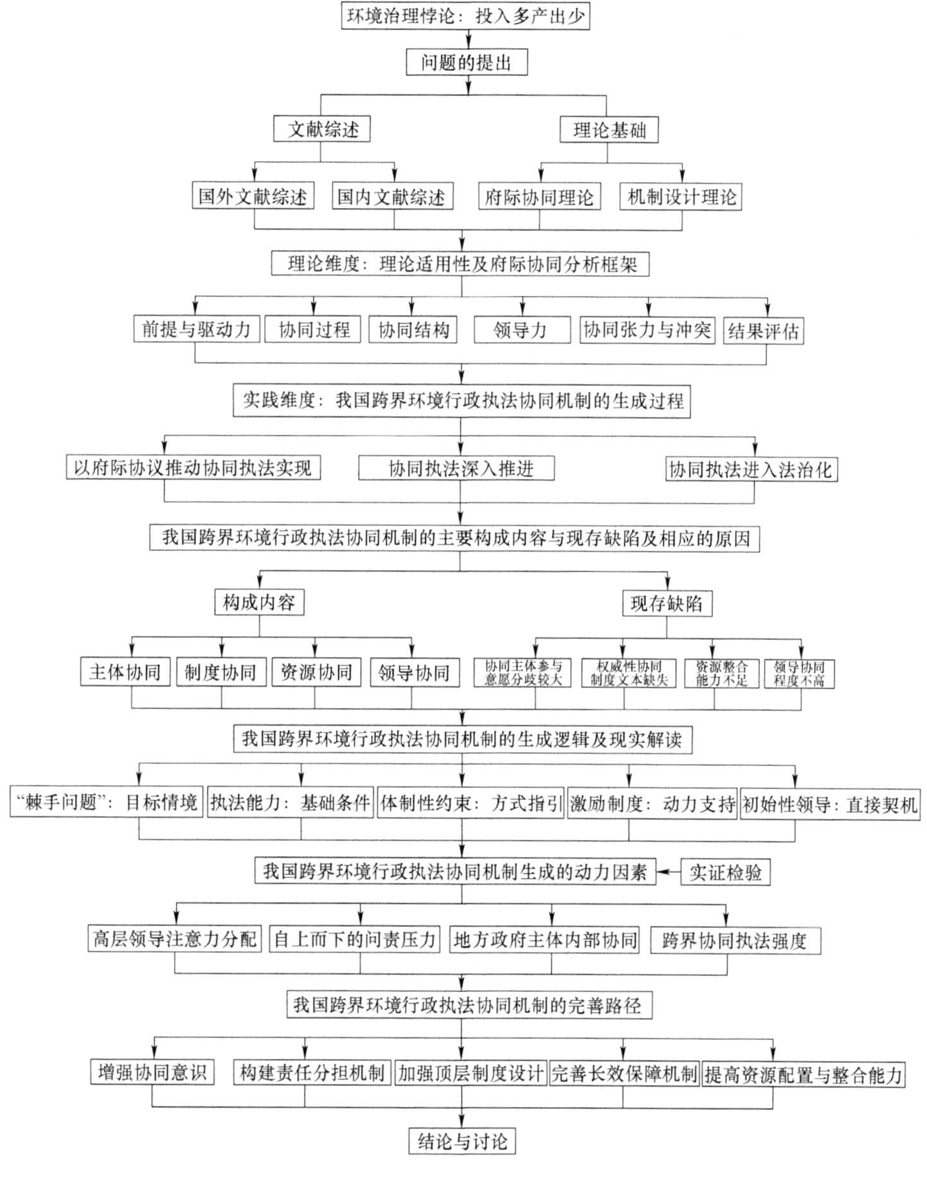

图 1.2 技术路线图

资料来源：笔者自制。

1.4.3 本书结构

本书共有八个章节。

第一章为绪论，提出研究背景和讨论议题，对国内外现有文献进行梳理和评估，基于已有研究成果发现值得拓展的研究空间，在此基础上提出本书的研究思路和研究方法。第二章是核心概念、理论基础与分析框架。主要厘定核心概念，选取并探讨本书所依据的基本理论，基于府际协同理论和机制设计理论构建了由协同前提与驱动力、协同过程、协同结构、领导力、协同张力与冲突等构成的分析框架。第三章阐述我国跨界环境行政执法协同机制的生成过程。主要依据协同机制生成起始时间上的不同和协同结构及过程上的些许差别，将协同机制生成过程区分为早期阶段（以府际协议推动协同执法实现）、拓展阶段（协同执法深入推进）与深化阶段（协同执法进入法治化），并根据这三个阶段协同机制生成过程中协同主体间的互动关系总结了各自的特点。第四章阐述我国跨界环境行政执法协同机制的主要构成内容与现存缺陷及相应的原因。根据已有文献将协同机制的构成内容概括为主体协同、制度协同、资源协同与领导协同四个方面，以京津冀地区经验案例从上述四个方面讨论了协同机制目前存在的缺陷，并从“压力型协同”模式与利益协同机制不完善、对环境保护的立法意识不强与体制上条块关系的障碍、资源整合能力不足、领导协同的程度不高等方面进行了原因分析。第五章探讨我国跨界环境行政执法协同机制的生成逻辑及现实解读。对协同机制生成过程中关涉的目标情境、基础条件、方式指引、动力支持和直接契机五个要件及其相互依赖关系、如何共同促成协同机制生成等问题进行分析，并基于现实情况对其进行解释。其中，解决区域性环境污染这个共同面对的“棘手问题”为协同机制生成创设了目标情境；环保机构执法能力的提升为协同机制生成提供了相应的基础条件；体制性障碍及利益补偿机制的缺失是跨界协同执法的基本突破点，为协同机制生成提供了方式指引；环保政绩考核、问责机制及环保督察为协同执法机制生成提供了内外部动力支持；中央领导对生态文明的高度重视及政策制定成为协同机制生成的直接契机，促进了协同机制的生成。第六章讨论我国跨界环境行政执法协同机制生成的关键性动力因素并进行了部分实证检验。基于上述论证内容与讨论结果并结合经验案例，总结提炼出协同机制生成过程中的高层领导注意力分配、自上而下的问责压力、地方政府主体的内部协同与跨界协同执法强度四个关键性动力因素，对其内容及选取原因进行了解释，并运用省级面板数据，结合固定效应模型和一阶差分广义矩模型，实证检验了高层领导注意力分配、自上而下的问责压力与地区环境治理效果之间的关系。第七章基于上述讨论，从增强协同意识、建立责任分担机制、加强顶层制度设计、完善协同长效保障机制、提高协同资源的配置及整合能力五个方面提出了我国跨界环境行政执法协同机制的完善路径。第八章为结论与展望。

1.5 研究方法

研究主题与研究思路确定以后，研究的开展需要选择合适的研究方法。由于社会是多面的、多层次的和多视角的，所以，研究者需要能够融合各种形式的材料和证据并整合多种研究视角。近几年，社会科学的研究趋势表明，将定性研究与定量研究相结合会受到广泛好评。在对我国跨界环境行政执法协同机制的研究讨论中，本书就采用了将定量研究与定性研究相结合的混合研究方法，之所以如此安排，是出于对该研究问题的综合考虑。

此外，本书还结合了国内外环境治理方面的主要文献，展开了较为深入的文献研究，进行了 Citespace 文献分析和环保相关政策的自动文本分析（Automated-text Analysis）。前者可以梳理国内外环境执法领域研究的主要学者、学术概念、机构和发展演变过程；而后者则可以实现对文本的自动分析，按照词频的大小进行词云图的展示，快速显示所有文本的主要内容。

1.5.1 文献研究法

文献研究方法不同于文献综述，后者几乎是社会科学类研究中必然涉及的部分，目的在于总结前人针对特定研究问题的贡献和不足。而本书所采用的文献研究方法则是基于对环境行政执法类政策性文本的分析，发现和探究环境行政执法的发展和变化。鉴于此，选取了北大法律信息网的数据——法律法规数据库（以下简称“北大法宝”）。北大法宝于 1985 年由北京大学法律系建立，经过几十年不断的改进与完善，是目前最成熟的法律信息全方位检索系统。该检索系统在全国率先进行法律信息的数据挖掘和知识发现，独创了法规条文和相关案例等信息之间的“法宝联想”功能，同时收录了 1949 年以来的政府法律法规，为政策性文本的分析和研究提供了有效素材。具体操作如下。

运用 python 软件，编写爬虫代码，采集京津冀地区的相关政策性文本。国家环保部门发布的政策性文本共有 21 份，时间涵盖 2013 年 9 月 17 日—2018 年 9 月 18 日；北京市的环境政策性文本共有 366 份，时间涵盖 1983 年 2 月 6 日—2018 年 12 月 19 日；天津市的环境政策性文本共有 122 份，时间涵盖 1987 年 3 月 3 日—2018 年 12 月 28 日；河北省的环境政策性文本共有 268 份，时间涵盖 1989 年 2 月 17 日—2018 年 11 月 29 日。

此外，还依托 Citespace 软件对环境行政执法领域的文献进行了系统梳理，便于总结已有研究的成就并指出其中的不足，即环境行政执法协同机制的研究缺失之处。

1.5.2 案例研究法

相较于数据分析采用演绎的论证逻辑，案例分析则采用归纳的逻辑，在深挖材料内容、解释事物发展的具体演变机制和过程方面更具优势。研究者通过深入实地和现场进行调研，从深度的案例描述中获取丰富的研究数据和典型故事。案例研究的资料收集必须是研究者的亲身经历（如通过本人所从事的工作或深入实际的调查研究课题等）获得，而不能靠他人提供的文字材料等经整理、编写而成，案例资料所涉及的单位，原则上为某一政府部门及其行动者的亲身访谈。

访谈法是案例研究最重要的数据收集方法之一。典型的访谈包括开放型访谈、结构型访谈和半结构型访谈等。开放型访谈是在访谈之前，研究者不预先设定访谈问题。结构型访谈也称聚焦式访谈，研究者事前应准备很多访谈问题，但要避免提出引导性问题。半结构型访谈是在访谈之前预先准备好一系列访谈问题，但要保持灵活开放的态度，同时根据受访者的反应来提出后续问题和探究问题。

针对我国跨界环境行政执法协同机制的研究，经验材料的收集离不开深度访谈，以获取在环境行政执法，尤其是协同地区间和不同政府层级间执法时存在的问题。本书开展了针对京津冀地区基层环境机构工作人员的调研和访谈工作，访谈主要采取座谈的方式进行，试图了解不同地区间的环保机构如何治理环境污染，如何进行部门之间、层级之间和区域之间的环境行政执法协同。

选取京津冀地区作为案例分析的主要对象是基于以下三点。第一，京津冀协同发展是以习近平同志为核心的党中央作出的一项重大战略决策，近年来，在区域一体化发展方向上积累了较为丰富的经验，生态环境协同治理是该地区一体化进程的三个重点突破领域（交通、环保、产业）之一。同时，京津冀地区的环境污染问题在全国范围内比较突出，尤其是严重的雾霾天气、水资源污染及地下水污染等，使得京津冀地区的环境行政执法面临的问题比较严重，而党和国家的京津冀一体化战略部署为环境行政执法的跨界协同机制的探讨提供了比较扎实的研究基础和研究平台。第二，京津冀地区具有较高的案例典型性和代表性，突出表现在案例规模和案例所涉及的环境协同执法方面。在全国范围内，与京津冀地区一样面临环境协同执法考验的地区还有很多，例如珠三角地区、长三角地区及西南地区等，一些省份内部涉及跨地级市环境协同执法的情况就更多了。因此，京津冀地区跨界环境行政执法协同机制讨论具有较强的代表性和可推广性。第三，选取京津冀地区作为重要研究案例，还基于在收集经验材料时有一定的便利性，现场可进入性比较强。

在方法上，定性访谈对象的选取是基于以下两个维度。第一，访谈样本的选择不是遵循随机性而是遵循典型性，换言之，访谈对象应该具有足够的典型性，这种典型性体现为熟悉和了解环境行政执法的来龙去脉。具体来说，在京津冀地区选取若干地级市环保执法机构工作人员作为重要的访谈对象和深度了解的目标。此外，京津冀地区 H 地级市负责环境治理的副市长成为本研究的调研对象。第二，选取两名参与过京津冀地区协同领导小组的成员作为访谈对象，了解该地区在跨界环境协同执法合作过程中存在哪些问题。

表 1.1 显示了主要访谈对象个数的基本要求。

表 1.1　有效访谈数量

变量	低	中	高	汇总
环保注意力	2	2	2	6
环保问责压力	2	2	2	6
横向协调小组	2	2	2	6
经济发展水平	2	2	2	6
汇总	8	8	8	24

数据来源：访谈资料汇总。

1.5.3　定量研究方法

由于本书的研究问题的复杂性和相对新颖性，采用定性研究方法，尤其是典型案例分析能够帮助我们寻找和识别关键变量，例如，何种因素影响地区跨界环境行政执法协同机制的生成，领导力为何在协同机制的生成中扮演着关键角色。与此同时，考虑到访谈经验的总结能否推广到全国这个问题，本研究收集了全国 31 个省市区历时十年（2008—2017）的环境行政执法的数据，进行了一个面板模型的检验，采用定量研究的方法探究成因的普适性和一般性。

本书将环境质量尤其是空气污染指标［烟（粉）尘排放量］、水质量（化学需氧量排放量）和一般工业固体废物产生量等作为因变量。关于数据来源，环境污染治理投资总额、工业污染源治理投资、环境污染治理投资占GDP比重三个变量来自2009—2018年《中国环境统计年鉴》[1]；其余宏观指标来自2009—2018年《中国统计年鉴》。案件数来源于中国裁判文书网，词频与段落统计来源于各年度省级政府工作报告。

关于环境污染治理案件数（裁判文书）的搜寻。在搜索策略上限定的搜索条件有两个，第一个条件是时间，以一年为周期（如2017年1月1日—2017年12月31日）；第二个条件是“全文检索：环境污染”。然后按照地域划分，进行每一年的31个省市区的案件数量统计。其中，在地域上把“新疆维吾尔自治区”与“新疆维吾尔自治区高级人民法院生产建设兵团分院”合在一起，算作新疆地区的案件数。最后指出的是，近些年的数据比较全面，时间越早数据越不全面。表中未发现的数据是指经过检索后该省当年在裁判文书网中没有案件数据。

[1] 需要指出的是，废水排放总量与化学需氧量排放量这两个指标，在2011年进行了重新修订：（1）废水排放总量，由于2011年原环保部对统计制度中的指标体系与调查方法等统计技术进行了更正，因而将统计指标中的废水排放源修正为工业、农业、城镇生活、机动车、集中式污染治理五大来源。2010年及更早年份，废水排放总量与化学需氧量排放量这两个指标是分开的。其中，废水排放总量包含工业废水排放总量、生活用水排放总量。因此，按照2011的修改，二者不完全相等，2010及更早年份的废水排放总量为缺失值。（2）2010年及更早年份的化学需氧量排放量，单列在独立的一张表上；而2011年及以后的化学需氧量排放量，与其他变量一起出现在一张表上。前后数据统计口径一致，因而进行了数据采集。关于二氧化硫排放量、氮氧化物排放量、烟（粉）尘排放量三个指标：（1）自2011年起，三个指标在同一张表上，即总量已知。（2）2010年及更早年份，①二氧化硫排放量在单独一张表上，分为工业二氧化硫排放量和生活二氧化硫排放量，因此二氧化硫排放总量为两个指标之和，与2011年以后的统计口径对应起来，因而进行了采集。②氮氧化物排放量，统计年鉴未统计，因而未采集。③烟（粉）尘排放量，分为以下几个部分：工业烟尘排放量、生活烟尘排放量、工业粉尘排放量。因此，2010年及更早年份的烟（粉）尘排放量为以上三个指标之和，与2011以后的统计口径对应起来。在同一张统计表内，2011年及以后，叫作“节能环保支出”；2010年及更早，叫作“环境保护支出”。两个指标没做具体区分，默认为具有一样的含义。

关于政府工作报告中一系列变量的操作化。选取了环保（次数）、环境保护（次数）、生态（次数）、污染（次数）以及与环保事项相关的段落长度。具体而言，关于环保、环境保护、生态、污染的次数计算，直接搜索次数即可。但是环保与环境保护次数较少，其统计结果不能反映环境保护事项的具体情况。“生态”的次数多，覆盖面也较广，但有“政治生态”“金融生态”“生态旅游”等掺杂在里面，不过，这种情况不是很多，只有个别省份的个别年份出现过这种情况（在做段落统计时，这种情况被排除在外）。“污染”的出现一般都与环境治理，自然资源污染情况（水、空气等）等结合在一起，有一定的参考价值。

关于环保事项的段落统计。采取的措施是限定相关关键词（包括环保、环境保护、生态、污染等），然后人工通篇查验，摘取与环境保护与生态文明相关的语句计算而得。由于各地的环境保护侧重点不同，环境保护在政府工作报告中的体现程度也不同。人工筛选遵循的原则，一是上一年回顾中，有关环境事务的发展状况、环境资源拥有情况、开发状况等；二是环境问题所面临的发展障碍与严峻形势；三是新的一年政府准备如何进行环境事务的治理（包括资源开发、利用与保护），环境立法与执法，环境监督，环境方面的财政问题、与环境有关的产业与技术创新等。

考虑到本书所使用的数据是面板结构，即省份—年份。因此，面板统计模型（Panel Data Model）被用于估计模型参数和相关统计量。通常来说，面板模型分为静态统计面板模型和动态统计面板模型，基于所要研究的问题和数据本身具有的属性，本书首先采用静态统计面板模型进行参数估计，然后再使用动态统计面板模型进行因果推断。具体来说，选择常用的固定效应模型（fixed effects model）是因为它可以剔除那些不随时间变化的因素可能对参数估计带来的影响。至于使用固定效应模型还是随机效应模型，选择常用的 Hausman test 来检验，而使用动态统计面板模式是因为它可以提供大量的工具变量，有利于进行因果推断。

1.6 本书创新点

1.6.1 提出了跨界环境行政执法协同机制的理论分析框架

基于府际协同机理，本书提出了一个由前提与驱动力、协同过程、协同结构、领导力、协同张力与冲突、结果评估六部分构成的且具有内在运行逻辑的跨界环境行政执法协同机制的分析框架。在对我国跨界环境行政执法协同机制的研究讨论中，本书借助压力型体制、注意力分配、控制权、领导小组等理论概念，以协同机制生成为核心，充实了我国跨界环境行政执法协同机制的理论框架，并进一步衍生出环境协同执法的多重逻辑。研究证明，执法强度小是跨界环境行政执法难以协同的长期性制约因素，而高层领导的关切解决了议程设置问题，压力型体制则有效解决了自上而下的动员问题，控制权调试了上下级之间的关系，成立领导小组则在很大程度上解决了跨界协同的属地管理及条块障碍问题。从这个意义上来说，本研究在一定程度上实现了多重理论的有机整合，加强了理论探讨并拓宽了这些理论工具的分析领域。

1.6.2 探讨我国跨界环境行政执法协同机制的生成逻辑并进行现实解读

基于府际协同理论与经验案例对协同机制生成过程中关涉的目标情境、基础条件、方式指引、动力支持和直接契机五个要件及其相互依赖关系、如何共同促成协同机制产生等问题进行了分析，并基于现实情况对其进行了解释。笔者认为，解决区域性环境污染这个须共同面对的“棘手问题”为协同机制生成提供了目标情境；环保机构执法能力的提升为协同机制生成提供了相应的基础条件；体制性障碍及利益补偿机制的缺失是跨界协同执法的基本突破点，为协同机制生成提供了方式指引；环保政绩考核、问责机制及环保督察为协同执法机制生成提供了内外部动力支持；中央领导对生态文明的高度重视及政策制定成为协同机制生成的直接契机，促进了协同机制的生成。上述五个要件的交互作用，诠释了我国跨界环境行政执法协同机制的生成过程，本书以此讨论我国跨界环境行政执法协同机制生成的前提与基础。

1.6.3 提炼出协同机制生成的关键性动力因素并进行了部分实证检验

识别跨界环境行政执法协同机制的生成动力在理论和实践上来说同等重要。本书对我国跨界环境行政执法协同机制生成的关键性动力因素进行了识别及提炼，并进行了相应检验。本书通过实地访谈、调研和政策性文本分析，对京津冀地区跨界环境行政执法协同机制的生成过程、现实缺陷及其成因进行了分析，结合对我国跨界行政执法协同机制生成初始条件的讨论，总结提炼出：高层领导注意力分配、自上而下的问责压力、协同主体的内部协同和跨界协同执法强度四个动力因素构成了我国跨界环境行政执法协同机制。为检验这些因素的适当性和推广适用性以及它们对协同执法效果的影响，本书采用省级面板数据，综合使用固定效应模型和一阶差分广义矩模型，选取其中的高层领导注意力分配和自上而下的问责压力两个动力因素进行了实证检验。

1.6.4 阐释我国跨界环境行政执法协同机制生成的独特性并提出完善路径

就国际视角而言，跨界环境行政执法协同机制具有一定的普适性。然而，有别于西方发达国家跨界环境协同治理的多中心协同这一主流语境，环境行政执法在中国环境治理体系中始终占据核心地位，跨界环境治理也是如此。由此可知，我国跨界环境行政执法协同机制具有基于国情的独特之处，与西方发达国家相比，其在协同结构和协同过程上存在着较大差异。本书基于讨论指出我国跨界环境行政执法协同机制在以下五个方面具有其独特性。第一，条块关系是中国政府组织体系中基本的结构性关系，与西方国家相比，中国的条块关系复杂多样，条块矛盾突出，因此，我国跨界环境行政执法协同机制的生成面临着更大的困难。第二，基于发展中大国内部发展非均衡特征和协同主体间存在的地位、权力和目标不一致的属性，我国跨界环境行政执法协同机制的生成主要依靠更高一级政府发起和推动。因此，我国跨界环境行政执法协同过程自然与西方文献所阐明的样态不同。第三，我国跨界环境行政执法协同的动力一般来自上一层级领导的高度关注和组织上的负激励，大多属于“压力型协同”模式。第四，若非上层制度设计，我国跨界环境行政执法协同机制的过程和组织结构方式带有更多的非正式性和非契约性。第五，我国跨界环境行政执法协同机制的生成深刻地嵌入我国政府治理实践中，表现为以官僚机构任务驱动式推进。

基于这种协同结构和协同过程的独特性诠释，结合对我国跨界环境行政执法协同机制生成逻辑的讨论和关键性动力因素的探讨，本书提出了我国跨界环境行政执法协同机制的完善路径。

2 核心概念、理论基础与分析框架

2.1 核心概念厘定

2.1.1 行政执法

行政执法是学术研究中的常用概念，但目前学界尚未对行政执法概念形成统一认识。姜明安认为“行政执法”这一概念通常在以下三种情形中使用：首先，为说明现代行政的性质与功能，此时，“行政执法”这一概念与“行政”无异；其次，为区别行政的不同内容，该种场合下，行政执法只是行政行为的一种，行政行为还包括行政立法和行政司法；最后是作为行政行为的一种特定方式而使用“行政执法”，此时，行政执法只是行政主体实施特定行政行为的过程，其含义与范围小于前两种行政执法概念[134]。汪永清认为，作为现代行政权的重要组成部分，行政执法是“行政机关为了执行法律、法规、规章和其他具有普遍约束力的决定、命令，直接对特定的相对人和行政事务采取措施，通过影响相对人的权利义务，实现行政管理职能的活动，行政执法行为效力的恒定性是其突出的本质特征之一”[135]。这种特性决定了作为行政执法载体的行政执法体制必须依照反映人民意志的法律规范行动。许崇德等指出“行政执法是国家行政机关执行宪法和法律行为的总和，具体而言包括行政决策、行政立法与行政执法等行为”[136]，这种观点认为行政机关所实施的一切都可以归为行政执法。杨惠基认为，行政执法人员根据法定权限和法律程序执行法律法规，确保行政机关和行政执法人员实现国家行政目标，即行政执法行为的实质是履行管理职责、处理公共事务并对其权利与义务产生实际影响的行为[137]。

总体而言，行政执法有广义概念与狭义概念之分。广义上的行政执法包括行政立法、行政司法等行为，而狭义上行政执法只针对各类具体的行政行为。本研究将使用狭义上的行政执法概念，即指行政机关或者法律、法规授权的组织（以下统称“行政主体”）行使行政职权，将普遍适用的法律规范作用于具体对象并直接产生法律效果的行为。这种行为在法理上和有关法律中被称为具体行政行为，如行政检查、行政许可、行政征收、行政处罚、行政强制等。

2.1.2　环境行政执法

环境行政执法是行政执法的重要内容，也是政府开展环境治理活动的主要手段。学界对环境行政执法概念的认识也是仁者见仁，智者见智。整体来说，与行政执法概念相对应，可以从广义与狭义两个角度对环境行政执法概念进行分析与理解。陈仁、朴光洙从广义上将环境行政执法界定为：“具有环境行政执法与管理职能的公共组织，为贯彻与执行与环境保护相关的法律法规，针对特定的行政相对人展开行政事务管理，并采取相关具体措施，最终通过影响相对人的权利和义务关系从而实现环境行政管理与执法。具体而言，环境行政执法主要内容涵盖一般环境行政执法与准司法性环境行政执法，前者是指依法进行监督管理的行政活动，就后者而言包括环境纠纷产生的行政调解与仲裁、复议等行政活动。”[138]

在狭义角度上，陆新元等人认为，环境行政执法是指“国家环境保护行政机关的执法机构以环境相关法律法规为依据，为保证实现环境保护目标、保护生态环境以及公众健康而实施的监督检查、行政处罚以及行政强制等一系列行政行为”[133]。环境行政执法与立法、司法行为不同，其主要依据是环境保护法律、法规、规章、政策性文件以及环境标准，由国家强制保证实施。就内涵而言，具体包含监督与检查、奖惩、征收、强制等多种表现形式，其执行程序受到行政法与行政程序法的具体限制。杨惠基认为："环境行政执法是依法享有环境管理权的行政主体，依职权适用法律手段进行环境监督管理的活动。"[137]综合以上两种观点，行政机关制定行政法规与规章的过程，以及解决环境行政民事争议的行政司法行为没有包括在环境行政执法行为中。

环境行政执法的概念是由行政执法的概念推导而出的，因此，它具有行政执法的一般共性。同时，它作为环境治理的主要方式，又具有一定的特殊性。环境行政执法主体应当按照法定要求、符合环境执法程序，在此基础上实施多种环境执法行为。本书对环境行政执法概念采用狭义界定，仅指环境行政执法行为，而不包括环境行政立法与环境行政司法。即环境行政执法是指各级人民政府环境保护行政主管部门或者其他依照法律规定行使环境监督管理权的部门，依据环境保护法律、法规，对环境保护活动进行监督管理并处理环境违法行为的一种行政行为。环境行政执法手段主要包括环境行政处理、环境行政处罚、环境行政强制执行、环境行政监督检查等。

2.1.3 跨界环境行政执法

目前，我国针对跨界环境行政执法的实践探索已较为丰富，但学界对于跨界环境行政执法的具体内涵尚未作出统一规定。钱水苗、潘竞贵认为跨行政区域联合执法是指"不同省份或同一省份不同市县的环境行政执法机构为预防和处理跨行政区环境污染问题，通过各种方式和机制，共同进行的环境行政执法活动"[139]。方孝安认为，环境行政的跨域执法是指"执法机构对不属于其辖区的行政执法对象而展开的监督检查及处理与处罚的行政行为，这些行为涉及同一省份内的不同市县之间，有时也会跨省进行"[140]。胡晓红针对跨域环保行政执法展开研究，认为这一概念实际是环保行政执法主体对不属于其行政管理辖范围的执法对象展开监督检查并进行处理与处罚的行为，该行为同样涉及不同省市之间，甚至涉及省际之间[141]。

整体回顾国内跨区域环境行政执法的相关理论与具体探索，跨界环境行政执法是环境行政执法的延伸，其需要不断向区域环境治理方向进一步发展，也需要对我国现阶段国情下的跨界环境保护制度进一步进行创新和改革，需要区域内各地的环境执法机构不断去完善它们的组织结构框架、行为方式和职能范围。在此基础上，本书对跨界环境行政执法做出如下界定：跨界环境行政执法是指基于环境污染的复杂性和整体性特征，为摆脱地方保护主义对环境污染整治的干涉，扩大环境行政执法管辖范围，实现跨省或跨市、县（区）的多个环境行政执法主体协同实施的执法行为。在本书中，跨界与跨行政区、跨域等概念是同一指向。但鉴于跨界治理的多样性和复杂性，本书难以对所有的跨界协同模式进行讨论，本书将跨界环境行政执法主要聚焦于省级层面。这种界定主要基于如下考虑：第一，跨省域的协同执法涉及的行政层级更高、难度更大、影响更广，研究的必要性更强，意义更加重大；第二，对省级层面跨界协同执法的讨论更有利于概括和总结我国跨界环境行政执法协同的形成逻辑和实现路径，而基于较低层面的研究在结论的推广上具有一定的局限性；第三，省级层面跨界协同执法的实践较为丰富，例如京津冀地区、粤港澳大湾区、环渤海经济区和长三角地区等，多年来已积累了很多执法实践经验，可为本研究提供较为丰富的素材。

2.1.4 协同机制

德国物理学家赫尔曼·哈肯（Hermann Haken）创建“协同”这一概念，旨在表明同一系统内各个组成部门之间由于相互协作而产生的整体效应[28]。该理论表明，建立一个开放、复杂和稳定的系统应该通过子系统之间的协同和有序运动来实现，并且应加强其自身组织的有序运动，以便系统从无序结构变为特定且稳定的结构，最终使系统各个要素彼此协同运作，产生更大的集体效应。此后，协同理论被广泛地应用于管理学等领域[73; 84]。

自组织是协同学研究的重要内容，自组织的过程就是协同生成的过程，自组织现象具有开放、协同、随机性的特点[90]。正是由于协同学建立在一些普遍的原理之上，所以，人们可以在自然科学和社会科学领域使用这个概念[80]。所谓机制是指系统为实现某一特定功能，其结构内各要素在一定环境条件下相互联系并作用的运行规则和原理。具体来说，机制具有内在的逻辑关系：各构成主体间的联系形成静态的关系结构；各构成主体间的相互作用形成动态的表现形式，对系统的健康、高效运转有积极的作用。“协同机制”关注的是使系统各个部分得以有序运行的重要制度供给与政策设计，它关注协同过程中多方行为主体的互动与博弈、竞争与合作，研究协同主体平稳运行的内在规律，探究其中的影响要素与所需资源保障[71]。那么，协同机制是元素或主题通过互动（冲突与合作）、共同努力，以实现既定目标或协同目标的过程、作用方式和程序[142; 143]。协同机制的研究有必要深入探索内部利益相关者的相互关系，细致分析其运行的内在机理。

2.1.5 跨界环境行政执法协同机制

吕杨从行政壁垒、地方保护主义、制度保障、组织机构和体制等维度探讨了沈阳经济区范围内跨界环境行政执法协同机制的内容，但缺乏对跨界环境执法协同机制的明确定义[144]。谢伟基于粤港澳大湾区的协同执法实践分析认为，完善粤港澳区域跨界环境行政执法协同机制的关键在于有统一协调机构的领导，制定标准的一体化环境行政执法，在粤港澳大湾区环境共同体基础上保持三地环境法律制度差异性的妥协或折中，其目标是最大限度地保证区域环境污染防治和自然资源保护的共同利益。因此，粤港澳大湾区跨界环境行政执法协同机制应是动态调整的，需要根据粤港澳大湾区发展状况适时作出适应性改变，以求满足粤港澳大湾区不断发展的现实需求[145]。国外有学者则更加强调在不同制度约束下的行动者以及行动者之间的互动机制，这种互动机制有助于环境保护政策的制定，尤其强调多元主体参与环境保护政策的制定，因为多元主体的参与有助于环境协同执法的顺利开展[146]。因此，该观点认为跨界环境行政执法协同机制的典型特点是，各行动者之间的互动机制，而且强调跨界行动者共同的政策制定行为与环境行政执法行为的一致性，彰显了政策与执法之间的统一性。

上述观点都强调了跨界环境行政执法协同机制中不同行动者间的互动机制这个基本特征。基于上述讨论，跨界环境行政执法协同机制可理解为建立在府际协同基础上的环境行政执法协作机制，范围包括具有隶属关系的纵向各级政府之间，或不具隶属关系的横向同级政府之间，或不具隶属关系的斜向政府之间，或具有隶属关系的横向同级部门之间，等等，围绕共同面临的区域性环境问题所建立起的环境行政执法协同结构及由内在因素互动生成的长效机制，包含协同的前提与基础、协同主体、协同内容、协同动力、协同过程和协同路径等内容。本书的跨界环境行政执法协同机制主要指不具隶属关系的省级政府之间所构建的执法协同结构及由内在因素互动生成的长效机制，但其中也不可避免地涉及上下级政府间的协同以及内部职能部门之间的协同等。

2.2 跨界环境行政执法协同机制的理论基础

2.2.1 府际协同理论

2.2.1.1 府际关系

1937年，美国学者克莱德·F. 斯奈德（Clyde F. Snider）在其著作《1935—1936年的乡村和城镇政府》中最早提出“府际关系”，但是并未对其进行概念界定。在20世纪50年代，美国国会先后成立了府际关系临时委员会和咨询委员会，至此，府际关系概念开始流行于美国国会。1960年，安德森（Anderson）给出了一个较为明确的府际关系定义，指出府际关系是“各类的和各级政府机构的一系列重要活动，以及他们之间的相互作用”。在安德森看来，府际关系的概念比联邦主义涵盖的范围要广。尼古拉斯·亨利（Nicholas Henry）则认为，政府间关系与联邦主义并无二致。

20世纪末，政府间关系成为我国相对独立的研究方向。林尚立在其著作《国内政府间关系》中将“中国的政府间关系分为纵向和横向两个层次”。纵向政府间关系主要是政治关系，横向政府间关系主要是经济关系[147]。谢庆奎认为“府际关系包括中央与地方政府、地方政府之间、政府部门之间、各地区政府之间的关系”[103]。在《公共管理学：一种不同于传统行政学的研究途径》一书中，陈振明提出，府际关系的主体应是一级政府而非地方政府部门[148]。

总体说来，国内外学者对府际关系的认知存在差异，但他们都认为，府际关系包含纵向与横向两个维度，即中央政府与各级地方政府间的纵向关系，以及同级地方政府之间的横向关系。

2.2.1.2 协同治理

协同治理理论生发于现实需求的土壤。面对日益复杂的社会问题以及这些问题愈加显著的跨界性质，单一组织难以仅凭其自身资源与行动来有效应对跨界问题的挑战。同时，也由于问题的复杂性特征，公共事务的治理对多部门组织间的及时沟通与充分协调提出了更高的要求，由此，组织间协同逐渐凸显。

自协同治理理论创立以来，其概念不一而足，但是整体核心围绕“渐进增强的组织间关系”来展开，正是通过正式或非正式的重复性协商、承诺和执行，组织间的协同随时间的推移逐渐形成。布赖森（Bryson）、克劳斯比（Crosby）、斯通（Stone）认为协同是两个或两个以上的组织自愿进行组织联结的共同努力，包括信息、资源、活动、能力、风险和决策制定方面的共享，并以达成一致的公共产出为目的，而这种产出在一个组织单独行动的情况下是很难或不可能实现的[149]。汤姆森（Thomson）也为协同下了一个定义，即协同是自主的行动者通过正式和非正式谈判进行互动的过程，他们共同制定规则和结构，以此来管理他们之间的关系，并就使他们聚合在一起的问题采取行动或作出决策；这是一个涉及共同规则和互利互动的过程[37]。

为了打开协同治理的“黑箱”，学者们构建了诸多理解协同治理的理论框架。伍德（Wood）、格雷（Gray）建立了“前提—过程—结果”框架，前提包括高层次的相互依赖性、资源需求与风险共担、资源短缺、之前进行协同的经历、每一个协同主体拥有其他主体所不具备的资源、复杂的问题等；过程包括治理、管理、组织自主性、互利相关的关系、互惠互信的关系；结果包括达成目标、撬动更多资源、建立新的伙伴关系等[150]。格雷（Gray）主张的理论框架包括三个阶段，即问题的设定、方向的明确和政策的执行[26]。瑞纳（Ring）和方德万（Van de Ven）为更好地理解协同过程构建了一个十分系统的框架，包括协商、承诺、执行、评估四个过程。他们认为协同的过程是回环往复的迭代过程而非单向的线性过程，如果协同过程是互利互惠的，那么参与主体就倾向于不断地相互扩大承诺，反之就会减少承诺[36]。汤姆森（Thomson）和佩里（Perry）深入阐述了协同治理的五个关键方面：治理、管理、组织自主性、互利、互惠互信，其中治理和管理属于结构层面，互利和互信互惠属于社会资本层面，组织自主性属于机构层面[37]。

2.2.1.3　府际协同

随着府际关系研究的深入以及协同理论的勃兴，府际协同应运而生。王明安、沈其新认为“府际协同是府际关系理论和协同理论相结合而产生的，区域府际政治协同就是指区域内各平级政府在政府管理行为、政府政策、地方性法规制定与执行上通过协商合作，实现高效、有序的整合，形成一体化协调机制、合作制度”[151]。刘伟忠认为“府际协同是府际关系理论的演进，泛指中央政府与地方政府上下层级间，以及地方政府间或不同部门间的互动合作关系，即强调不同政府间应基于协同原则来互动，以产生 1+1>2 的功效”[152]。本书中所指的跨部门协调是通过纵向和横向政府以及横向地方政府或不同部门之间的协调与合作，以最大限度地提高效率，实现共同目标，这意味着有必要建立一个长期稳定的合作机制。综上所述，府际协同的概念内涵具有以下特征：首先，府际协同强调协同共助、共谋发展的文化理念以及树立相互信任、彼此交流、大局为重的整体意识；其次，府际协同倡导建立长效机制，从而为政府间合作奠定坚实基础；最后，府际协同重视通过主体的协作、资源的整合、利益的表达来实现政府治理效能最优化。

府际协同可以按照不同的标准划分为不同的类型。以政府过程为维度，可将府际协同分为府际决策协同和府际执行协同；以政府层次为维度，可将府际协同划分为央地协同、各级地方政府之间的协同、区域内同级政府之间的协同以及相应的同级部门间的协同等。另外，府际协同的主要内容体现在理念、组织、法律和机制四大方面[132]。

2.2.2　机制设计理论

机制设计理论是经济学的分支领域，其代表人物是里奥尼德·赫维茨（Leonid Hurwicz）、罗格·B. 迈尔森（Roge B. Myerson）和埃里克·S. 马斯金（Eric S. Maskin）三位美国经济学家。20 世纪 60—70 年代，赫维茨开创了机制设计理论，迈尔森和马斯金则分别提出和发展了显示原理与实施理论，进一步对机制设计理论进行了完善。作为现代经济学的核心主题和热门领域之一，机制设计理论也为公共管理问题的解决提供了更多思路。

关于这场“社会主义大论战”的焦点就是中央计划经济体制能否获得成功。随着论战的展开，经济学家发现，“市场经济和计划经济的关键议题都包括信息分散与激励的核心问题”。因此，他们的关注点转向“什么样的经济体制才能实现资源的有效配置”。一般来说，评价经济体制优劣的基本标准有三个：一是资源的有效配置已达到帕累托最优，二是对信息的有效利用可以尽可能降低信息成本，三是激励相容力求个人理性与集体理性相一致。那么，应该如何设计经济体制以达到上述三个要求呢？机制设计理论应运而生。

赫维茨的机制设计理论包含两方面内容，即信息理论和激励理论。一方面，对于制度设计者来说，信息传递成本越低越好；另一方面，对于参与者来说，“即使每个参与者都按照自利原则制订个人目标，机制实施的最终效果仍能达到政策设计者的初衷。”[153]赫维茨在 1960 年发表的《资源配置最优化与信息效率》一文中着重分析了信息问题，“在信息不对称的情况下，人们在博弈决策过程中策略性地释放一些信号，最终导致资源配置效率发生扭曲”。为建立一个可以促进资源优化配置的机制，赫维茨将经济机制定位为信息交流系统，并认为这个系统会面临计算和信息传递两个难题，需要找到一种算法来实现每个信息集下的最优配置。但是，其并没有考虑到激励的问题，即个人目标与社会目标的相容问题。1972 年，赫维茨发表《论信息分散系统》一文，文中提出了激励相容的概念，因为在信息不对称的情况下，各个经济参与人会有不同的参与动机，激励相容要解决的就是这个过程中个人目标与社会目标如何调和一致的问题。赫维茨由于建立了机制设计理论的分析框架而被称为“机制设计理论之父”。但是解决了信息问题和激励相容的问题，是否就可以找到实现目标的最优机制呢？其实不尽然。机制可能存在或者不存在，如果存在，也可能出现存在很多机制的情况。之后，迈尔森[154]和马斯金[155]又分别提出了显示原理与实施理论，使机制设计理论趋于成熟。为解决寻找最优机制的问题，迈尔森提出了显示原理，即为实现给定的社会目标，只需要考虑一类特殊的机制，如果在这类特殊的机制中未能找到一个机制来实现这个目标，那么，任何其他机制都不能实现这个目标。其主要贡献在于降低了机制设计问题的复杂程度，简化了机制设计理论问题的分析，将其转化为可以用博弈论处理的不完全信息博弈。马斯金的实施理论则是在迈尔森的显示理论基础上进一步聚焦如何建立最优机制的问题，指出在一定条件下，人们可以找到实现社会目标的机制，且该机制的结果与社会目标相一致，单调性与无否决权是其中的关键问题。

总之，机制设计理论希望解决以下问题，即对于既定经济或社会目标，如何在信息分散与不对称的情形下，建立一个包括制度、政策、规则和条例等在内的机制，使得更多参与者在实现个人目标的同时也能使政府或组织目标最大化。信息效率与激励相容就是机制设计理论的核心关注点。机制设计理论的基本思想和框架已经深刻影响和改变了信息经济学、规制经济学、公共经济学等现代主流经济学学科。随着理论的完善与发展，其不再囿于市场机制的研究限制，开始翻越经济学的围墙，在公共事务治理、组织研究、制度研究等方面展现出其独特的魅力。

长期以来，我国的跨界环境行政执法协同问题一直为部门分立、利益分割等“痼疾”所掣肘。如何在跨界环境行政执法协同过程中实现充分的信息共享与行动协调？如何使执法过程中的多元主体都能在实现自身利益目标的同时促进区域利益的提升？机制设计理论为以上问题的解决提供了一个新的视角与思路。就我国跨界环境行政执法协同的问题而言，长期以来，信息和激励的问题一直未受到足够的重视，虽然目前有关环境治理的协同执法已经进行了诸多实践，包括府际协议、部门间联合执法、多部门多主体联合行动、探索建立协同执法机制等，但是跨界环境问题中的多主体究竟应该如何高效地参与到环境治理中来，主体间的信息应该如何共享，怎样实现发展差异较大的主体间的共同治理目标，这些问题尚没有一个明确的答案。借鉴机制设计理论的研究成果，发掘我国在跨界环境治理中的固有缺陷、设计合理的跨界环境行政执法协同机制是非常有必要的。在这个过程中，同样应该引起重视的是机制设计理论方面的不足，比如，机制设计理论强调制度的建构性和外生性，认为能够实现特定社会目标的机制是有意识设计的结果，但是制度演进主义认为，有些制度的变迁是可以内生的。因此应把这种有意识的机制设计置于制度自发演进的过程之中，将设计的机制嵌入原有制度或体制中并实现整合，弥补机制设计中可能存在的缺陷。

2.2.3 理论适用性分析

2.2.3.1 环境问题的跨界性特征

随着我国经济发展的快速推进，环境污染这个沉疴积弊也逐渐显示出对经济社会的负面效应。近年来，不论实务界还是理论界都在不断深化对环境治理的认知，其中，一个极其重要的方面就是对环境问题跨界性的思考。环境污染治理很难被单独界定为环保部门的职责，同时也很难被控制在某一特定行政区域内不扩散，因此，环境问题的跨界性促进了我国跨界环境行政执法协同的发展，而这也必然需要深层次与高质量的府际协同。环境资源作为公共池塘资源，是不可或缺的公共产品，但产权界定的困难性以及模糊性极易产生“公地悲剧”，环境资源的过度使用与严重破坏屡见不鲜，行政区域的交界处更易沦为环境破坏者的庇护所与“法外之地”。因此，面对强跨界性的环境问题，为了更好地捍卫公共利益、保护有限的环境资源，政府有必要进行跨界环境行政执法协同。

2.2.3.2 府际协同的有序性需求

跨界的问题需要跨界的治理。从环境资源自身属性来看，其具有内在的整体性特征，但是环境治理却呈现出碎片化、分割性的特点。一方面，从同一行政区域来看，环境保护涉及生态环境部、农业农村部、自然资源部、发展改革委等多个部门，而传统的环境治理一般将环境保护纳入环保部门的职责，但是，单凭其“一部之力”是难以抗衡系统性的环境污染问题的。另一方面，从不同行政区域来看，行政区划为跨区域的环境治理问题制造了很大的难题与阻隔，整体性环境问题易为行政区划所分割，而导致治理绩效大打折扣。面对府际协同中出现的碎片化状态，有必要切实根除部门间职责不清、推诿扯皮、合作无力的“痼疾”，增强府际协同的有序性，进而形成跨界环境行政执法协同的合力，提升环境治理成效。

2.2.3.3 个体与组织利益的互促

众多国内外学者一致认可，协同过程中多元行动者的利益协调问题是影响协同绩效的重要变量[156; 157]。这一方面涉及自愿构筑协同关系的多元主体的自身利益和集体利益的冲突与协调；另一方面也涉及在协同过程中，不均衡的协同关系所带来的不稳定的协同格局与不对等的协同话语权。机制设计理论为解决这个问题提供了一个很好的思路。激励相容是机制设计理论乃至现代经济学的一个核心理念，强调每个行动主体都能在追求个人利益的过程中提升集体价值，实现个人与集体的双赢。那么，在跨界环境行政执法协同过程中，努力实现协同框架下多元主体的共同目标与每个主体的独立目标的互促共进，成为建立跨界环境行政执法协同机制的关键要义。

2.3 跨界环境行政执法协同机制分析框架

府际协同包括不同层级、不同地区政府之间的协同，机制设计则内含组织结构、运作过程、激励相容等多重意蕴，基于上述对府际协同和机制设计理论基础的分析，本书尝试构建“跨界环境行政执法协同机制分析框架”，如图 2.1 所示。

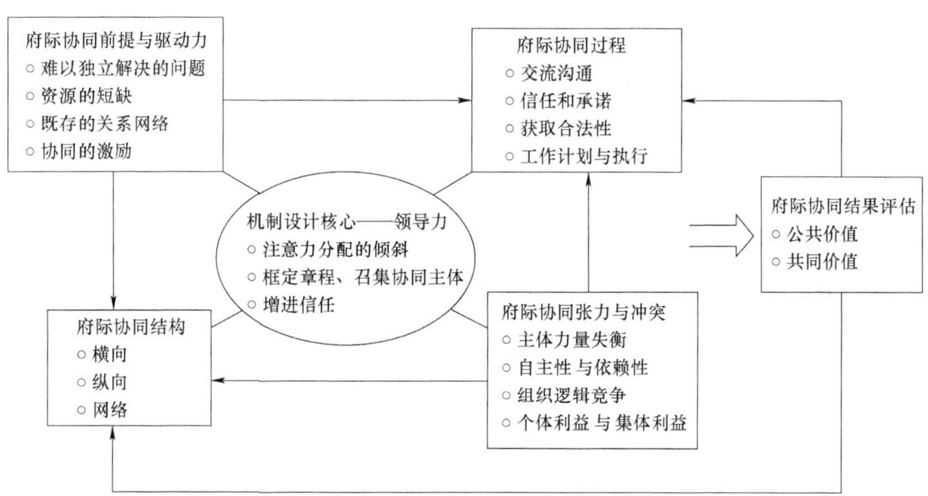

图 2.1 跨界环境行政执法协同机制分析框架

资料来源：笔者根据文献整理分析后自制。

2.3.1 协同机制分析框架的组成要素

协同机制的分析框架共包含六部分内容：府际协同前提与驱动力、府际协同过程、府际协同结构、府际协同张力与冲突、机制设计核心——领导力和府际协同结果评估。府际协同前提与驱动力描述了在跨境环境行政执法协同过程中，协同得以达成的初始条件。协同的原动力在于环境问题日益严峻，而环境问题的跨界性特征与巨大的治理成本决定了该问题难以由某地或某级政府独立解决。因此，难以独立解决的问题成为推动府际协同的第一前提[158]，资源的短缺也会倒逼地方政府主动寻求合作。既存的关系网络也在推进府际协同的过程中发挥着重要的作用，各地可能已在环境问题外的经济、金融等领域建立了广泛的合作与稳定的互惠网络，这对共同致力于环保问题的解决有很大的提促作用。同时，如果组织为协同机制的建立设计了明确的激励机制，那么，府际协同的构建将受到显著驱动[159]，这种激励机制不仅是正向的激励，还包括负向的问责，其既能够为参与跨界环境行政执法协同的各方发挥积极的驱动作用，也为他们设置了刚性的底线。此外，这种激励机制应该能够实现多元行动主体的激励相容，既保证提高各方环境治理绩效的同时，也达成协同行政执法的共同目标，实现参与主体的激励相容也是机制设计理论的关键。

府际协同前提与驱动力造就了协同过程与协同结构[160]。实现府际协同一般需要经历以下过程：面对共同的且亟待解决的问题，协同主体间会逐步建立起交流机制，通过沟通实现对问题的共同理解[161]。在此基础上，主体间信任持续加强并做出相应的组织承诺。此时，多元行动主体不断获得来自内部以及外部的合法性，进而开始制订切实的工作计划，并予以执行[149]。府际协同过程并不是一蹴而就的，而是行为主体经过不断的尝试与合作逐渐构建起来的[162]。最初的协同形态可能呈现出间断、不连续特征，是两个或多个主体为了达成某个目标而在政策和程序方面进行的相互调适。随着协同的深入，可能会针对特定目标建立一个类似协同小组的机构，进行统筹协调，一旦任务完成，该机构就会解散。协同的最高阶段是制度化、常态化的协同。随着协同过程的循环往复与不断深入，协同机制得以完善和健全。

府际协同结构在前提与驱动力的作用下，形成了横向、纵向与网络三种形式。对于跨界环境行政执法协同问题，横向结构指不同地域间相同级别的环保部门的协同；纵向结构指环保系统内部自上而下的环保部门的协同；网络结构指环保部门与其他与环境治理相关的广大政府部门的协同。不同的协同结构形式分别存在着四类不同的协同深度：一是信息型协同，即协同结构仅仅在交换与特定问题相关的信息时发挥作用；二是发展型协同，该种协同结构能在交换、共享信息的同时，提高行为主体解决特定跨界问题的能力；三是外展型协同，在共享信息并提升能力的基础上，能够为行为主体提供一揽子资金、技术与方案；四是行动型协同，其会展开正式的集体协同行动[163]。应注意的是，协同结构建构中，传统的科层制与协同治理并不是绝对对立的，反而体现出一定的契合性[164]。

府际协同张力与冲突指的是协同过程中各主体间与环境治理问题的立场、对策、措施等方面的对立。主体力量失衡是府际协同中最常见的问题，由于达成协同共识的各主体在区位、功能、经济社会发展等方面均存在较大差异，因此，合作过程中极有可能出现话语权的不对等以及弱势方对强势方的单方面依赖[165]，即自主性与依赖性之间的张力，京津冀地区是比较典型的案例。由于各地均有其独特的组织逻辑，如以经济发展为重心或者更加重视环境治理，不同的组织逻辑造就了迥异的政策设计，那么当协同达成时，各地方差异化的组织逻辑如何在协同网络内进行重塑就成为需要关切的问题。同时，在这个过程中，个体利益与集体利益如何进行平衡也是府际协同的棘手问题。

上述四个方面的内容都可以经由领导力进行调和。领导力的关键要义在于注意力分配的倾斜，注意力的概念早期发端于心理学，赫伯特·西蒙将注意力的研究引入管理学，认为组织决策的关键在于如何分配注意力。政府组织面临的治理任务是复杂多元的，在资源、能力、人员等因素的限制下，组织必须区分事项的轻重缓急，对注意力进行重新分置。而领导者的注意力更是组织中有限的稀缺资源，当领导者对环境治理跨界协同问题倾注更多注意力时，协同机制可以获取更多的资源保障与支持认可。在约束方面，领导力以其权威特质可以进行协同章程的框定并召集相关者，快速有效地推进协同机制的构建工作，促进彼此沟通，提升信任度[166]。

最后，需要对整体府际协同机制进行结果评估，公共价值与共同价值是两个重要的评估维度。公共价值指向协同机制外部，即促生协同机制的初始公共问题已然得到解决，公共利益得到提升。环境问题是一个典型的治理问题，而“公共价值”这一概念体现了在治理过程中多方协同的政府主体为社会创造出符合当地居民所期待的新的效用，更好地捍卫了居民应享有的环境权利[167]。以公共价值为维度的评估反映了环境治理不应该只是决策者想当然地认为好的东西，而更应该反映一种公众偏好。这就对环境治理的协同框架提出了更高的要求，公共价值导引下的协同框架理应包含政府、企业、非营利组织等多元主体，以共同创造公共价值。如果说公共价值更多的是呈现政府与外部治理环境关系的维度，那么，共同价值则指向协同机制内部，即协同主体间达成互惠与信任以及长期合作的可能。环境治理从来不是一蹴而就的，在不同发展时期，环境治理会面临具有不同特征的问题，这种长期性挑战需要建立稳定、可持续的环境协同执法机制，应环境变化并长期合作，不断深化、达成对跨界环境治理问题的认知和共识，以共同体的姿态及时、有效地解决区域内可能出现的各类环境问题。

2.3.2 协同机制分析框架要素间的关系

协同是由问题倒逼形成的，解决问题的紧迫性、单一主体资源的缺乏、负向的问责机制、激励相容的设计成为协同机制生成的主要驱动因素。在具备基本前提与驱动力的情况下，协同过程开启，主体间的沟通交流加强，并做出相应的协同承诺。需要指出的是，协同过程与协同结构并不具有天然的因果关系，协同过程不一定能构建协同结构，协同结构也不一定能催生协同过程。两者有可能同步出现，也有可能异步发展。初始的府际协同结构以横向、纵向为主，理想的结构类型应该向网络结构发展。由于我国目前的协同治理仍然处于初级阶段，更多的是纵向的上下级政府以及横向政府部门间的协同，本书立足点也正在于此，但是也需要关注在协同治理框架中其他行动主体的积极作用。

在协同不断推进的过程中，府际协同的张力和冲突是不可避免的，避免这些冲突也是提高协同质量的重要环节。力量失衡、利益失衡等是需要重点关注的问题。此外，府际协同过程中所确立的横向或纵向的协同结构也使得府际协同的张力和冲突特别表现在主体间关系的划定上，比如，不同层级行政机关之间的关系，同一层级不同执法机关之间的关系，按照综合执法模式设立的新行政机关与原行政主管机关之间的关系，以及新设立执法机关相互之间的关系，等等。由府际协同结构带来的矛盾会进一步流向府际协同过程，可能破坏多元行动主体间的信任共识，阻碍协同行动的进程。只有清晰地捋顺这些关系，才有可能破除行政分割和地方保护主义，使府际协同的过程更加平稳、高效，进而深化共识，促进合作。而这些关系的统筹有赖于更多的立法规制和规范性文件，通过法律的形式来明确多元协同主体的权利、义务，建立科学有效的利益关系调节制度和程序，以构建真正意义上的协同执法共同体，而非流于表面上的合作。从我国目前的法律规范来看，尚缺乏统一的行政程序法来对这些问题进行界定。

领导力是贯穿全部协同过程的关键核心，如果领导足够重视，那么更多的注意力资源会匹配到环境执法协同机制的建设中来，协同的过程得以推进，协同的结构得以构建，协同的冲突得以调和。随着协同治理下的环境问题得到持续改善，府际协同的公共价值与共同价值也随之实现了持续地跃升。环境治理事关民生福祉，是一项需要久久为功、常抓不懈的艰巨工作，2015 年实施的《中华人民共和国环境保护法》中明确提出，“地方各级人民政府应当对本行政区域的环境质量负责”，这就是将地方政府作为环境问题的第一责任人。这就要求面对没有边界的环境问题时，政府主体既要立足“一亩三分地”，了解清楚本区域内的基本环境状况和亟待解决的污染问题，同时又要打破“一亩三分地”的思维禁锢，从区域发展的全局出发，统筹谋划，将各自的资源禀赋放到整体区域中进行考量，优势互补、相辅相成，避免“零和博弈”、各自为战。我国在环境治理中已经进行了诸多探索，为建立更全面的跨界环境行政执法协同机制奠定了坚实的实践基础。

3 我国跨界环境行政执法协同机制的生成过程

我国国土广袤，区域之间的资源禀赋、经济结构、发展阶段等差异较大，面临的环境问题类型及环境治理侧重点也各有不同，导致各区域的跨界环境行政执法协同实践呈现出不同的形态，各区域在协同执法实践中也逐渐形成了具有一定自身特征、协同深度各异的协同机制。因此，有必要对全国范围内跨界环境行政执法协同机制的生成过程进行整体性梳理，展现我国跨界环境行政执法机制生成及发展的全貌，进行全局性把握与理解。

本研究选取粤港澳大湾区、长江三角洲、京津冀地区这三个代表性区域作为描述样本，依据区域协同执法实践起始时间上的不同和协同过程及协同结构的差异，将我国跨界环境行政执法协同机制的发展过程概括为早期阶段、拓展阶段和深化阶段，并对这三个阶段协同机制生成的特点进行总结，以便更加清晰地论述和解读我国跨界环境行政执法机制的生成及演化进路，并对其各自的特点进行总结。这三个区域是我国区域协同发展的典范，其区域性跨界环境行政执法协同机制的生成过程基本代表了全国的样态。

具体而言，依据府际协同机制生成框架，跨界执法协同机制需要通过协同主体的互动、协同协议的制定、协同规则的确立、协同行动的展开以及相应运行机制来实现。协同过程通常取决于共同面临的问题，基于此，协同主体会建立起交流沟通渠道并努力达成共识，通过签署相应的合作协议来促进协同执法实现，但此时的协同机制往往不具有强制约束力，协同执法的制度保障力度不足，此时期对应我国跨界环境行政执法协同机制生成的早期实践——粤港澳大湾区府际协议；此后，因问题解决的迫切性，协同主体之间信任持续增强，做出相应的组织承诺并细化协同计划，使协同执法行动更加细致和有效，此时期对应长三角的协同执法稳定化发展；最后，多元行动主体需要不断获得来自内部与外部的合法性，需要将协同机制生成的理念、结构及规则加以制度化，为长效性协同执法提供法制基础，此时期对应京津冀地区的法治化实现时期。

我国跨界环境行政执法协同机制形成趋势如图 3.1 所示。

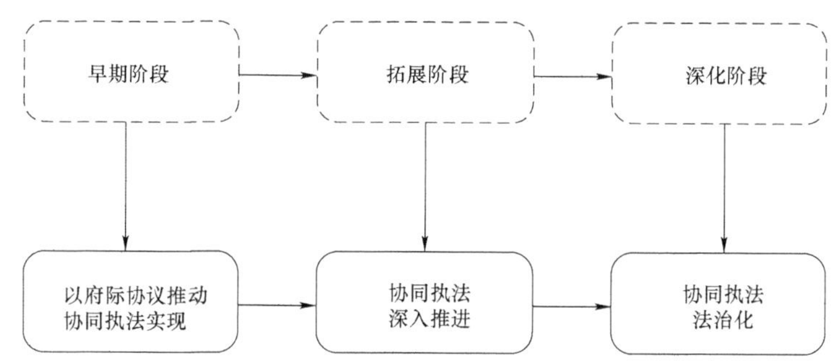

图 3.1　跨界环境行政执法协同机制的生成过程

资料来源：笔者自制。

3.1　早期阶段：以府际协议推动协同执法实现

我国较为清晰的跨界环境行政执法协同机制起源于粤港澳大湾区的环境行政执法实践[168]。改革开放以来，该地区作为我国经济发展的先行者，环境污染问题较早进入政府与公众的视线。在对早期的深圳河、淡水河多重环境治理采取举措之后，面临着难以深入推进的治理困境，粤港澳大湾区开始探寻新的环境治理方案，寻求更为坚实的府际协同执法，由此建立了具有以协同执法平台为机构保障、以府际规划与协议为行为保障两大特征的协同执法机制。

粤港澳大湾区的跨界环境行政执法协同的实践探索早在 20 世纪 80 年代

已经开始，但是自1998年粤港合作联席会议举行后才加快进程，此后，粤澳合作联席会议、联络办公室、环保合作小组与专项小组协作平台相继成立，该协作平台至今仍在发挥作用。2008年，《珠江三角洲地区改革发展规划纲要（2008—2020年）》通过，此后，府际各种类型的规划与协议顺次签订。

3.1.1 粤港澳大湾区概述

粤港澳大湾区由广东省的广州、深圳、珠海、佛山、中山、东莞、肇庆、江门、惠州九个城市以及香港与澳门两个特别行政区组成。本区域拥有5.6万平方公里的疆域，约为7 000万人口（截至2018年底）。该地区在全国发展中占据重要的战略地位。在几十年的发展历程中，建设粤港澳大湾区从学术界讨论到迈入地方政策范畴，最终上升为国家战略。早在1994年，吴家玮就提出建设深港湾区，这可视为粤港澳大湾区的最早雏形。21世纪初，广州市明确提出，以东京湾为参考，以南沙港为腹地构建区域经济带。在2009年10月，广东、香港和澳门三地区政府联合发布《大珠江三角洲城镇群协调发展规划研究》，明确提出了构建珠江口湾区的战略构想。粤港澳大湾区概念首次正式出现于2015年3月发布的《推动共建丝绸之路经济带和21世纪海上丝绸之路的愿景与行动》中，该文件由发展改革委、外交部、商务部联合发布，并提出"深化与港澳台合作，打造粤港澳大湾区"的要求。此后，粤港澳共同签署了《深化粤港澳合作推进大湾区建设框架协议》。2019年，中共中央办公厅、国务院办公厅印发《粤港澳大湾区发展规划纲要》。以上文件的出台说明了建设粤港澳大湾区在国家发展战略中占据重要地位。

但是，粤港澳大湾区在工业化、城市化不断加快推进的过程中，也面临着严峻的环境问题。粤港澳大湾区的绿色发展方式尚未形成，资源能源利用率和环境质量还存在一些较为严重的问题。2019年，粤港澳大湾区每1万美元GDP用水量为214.47m^3，比国际一流湾区要高。该区空气质量也有待进一步改善和提高。上述环境污染问题在区域内各城市间交互作用，影响了人民的生活质量，降低了区域现代化水平，亟须加大环境治理力度，逐步建立及完善环境行政执法的协同机制。

3.1.2 协同执法起因：早期执法效果欠佳

20 世纪末，该地区在经济快速发展的同时，资源浪费、环境破坏的现象屡屡发生，然而环境问题本身所具有的跨界特征使得单一的治理主体往往无能为力，或者虽然相关主体采取了一些合作共治的治理措施，但是由于没有达成合作共识且无相应的协调机构对合作主体的行为进行调控，导致环境治理绩效一直比较低。下面以该地区深圳河与淡水河的治理为例进行阐述。

3.1.2.1 深圳河治理

深圳河是深圳与香港的界河，二地分别占其流域面积的 60%和 40%。关于深圳河的治理，1981 年 12 月，深圳市政府与港英政府就此进行了沟通，对该河流将进行治理规划。1982 年 4 月，深港两地建立联合小组，编制深圳河治理的早期规划，并出台《深圳河防洪规划报告书》。该报告书将深圳河的治理过程分为三期工程，且工程的治理由深港两地政府共同出资。首期工程是料堂、落马洲河段的裁弯取直工程，二期工程为梧桐河口至深圳河口段的浚深扩宽工程，三期工程为平原河口至梧桐河口段的河道整治工程。由于当时香港还没有回归，深圳市政府与港英政府之间没有达成合作共识，更没有成立凌驾于二者之上的调节机构，因此，直至 1995 年，深圳河治理工程才正式动工，协同执法才得以实现。

3.1.2.2 淡水河治理

20 世纪 90 年代初开始，深圳与惠州两地工业企业数量日益激增、人口规模日渐庞大，由此导致工业、生活污水大量增加，淡水河水质逐步遭到污染，长期处于劣 V 类水质。淡水河的污染问题不仅关系到区域经济社会的良性发展，而且直接影响到居民的生活健康水平。因此，粤港澳大湾区的相关治理主体纷纷致力于改善该流域的生态环境问题。广东省政府最先行动，于 1993 年下发《广东省跨市河流边界水质达标管理试行办法》，其目标是到 1995 年，淡水河上游龙岗河、坪山河的交接标准达到Ⅲ类标准。1996 年，广东省人大、省政府联合对淡水河流域的治理情况进行监督管理，广东省环保局下发《关于做好淡水河流域污染整治工作的通知》，对淡水河流域的环境治理进行了部署。1998 年 10 月，深惠两地政府达成合作共识，并在省环保局的领导组织下，制定了《淡水河流域污染源调查整治工作方案》。虽然广东省政府对淡水河流域治理给予了较大关注，并出台了各种政策进行规划部署，但是治理绩效整体来看并不理想。现实环境的逼迫呼吁府际建立更为有效的跨界环境行政执法协同机制。

3.1.3 签署府际协议并推动协同执法

3.1.3.1 搭建协作治理平台

港澳回归以来，为加强香港、澳门与广东省之间的合作并共同应对环境问题，粤港澳三地政府探索搭建环境协作治理平台。在该平台中，粤港澳确立合作框架，举办起联席会议，并以此为核心，下设联络办公室、环保合作小组，而且在环保合作小组下成立专项小组。具体包括以下四方面。

一是举办联席会议。联席会议是粤港澳政府深入推进跨界环境行政执法协同工作的重要高层领导组织，对粤港澳环境协同执法有深远的现实意义。联席会议主要包括粤港合作联席会议和粤澳合作联席会议两个方面。

首次粤港合作联席会议于 1998 年举办，该会议最初由广东省常务副省长和香港特区政府政务司司长牵头举办并主持，但随着两地合作的不断深入，2003 年，经国务院批准，该会议升格为由双方行政首长（广东省省长和香港特区行政长官）共同主持，并坚持每年举办一次会议，会议地点通常为广州和香港。粤澳合作联席会议举办时间稍晚于粤港合作联席会议，于 2003 年由广东省省长和澳门特区行政长官共同主持。粤港澳联席合作会议的召开旨在深入推进粤港澳地区重大事项的合作进程，确定协作方向与制定原则，为粤港澳大湾区环境治理的有序开展奠定基础。

二是设立联络办公室。粤港、粤澳合作联席会议下设粤港合作联席会议联络办公室和粤澳合作联席会议联络办公室，主要负责合作事务的日常联络、统筹协调以及跟进汇报。前者主要由广东省港澳事务办公室和香港政制及内地事务局组成；后者由广东省港澳事务办公室和澳门特区行政长官办公室组成。

三是组成环保合作小组。环保合作小组是粤港澳大湾区重要的区域环境治理机构。“粤港持续发展与环保合作小组”和“粤澳环保合作专责小组”是在粤港、粤澳联席会议制度的支持下建立的，前者由广东省环保厅厅长担任粤方的主要领导，并由香港环境保护署署长担任港方的主要领导人，后者由广东省环境保护厅及水利厅、珠海市环保局以及澳门环境保护局、民政总署等机构的人员组成。环保合作小组主要负责粤港澳三地政府在环境问题协同治理方面的政策、措施的制定，对具体协作项目和执行情况进行跟踪与调查。

四是成立专项小组。专项小组隶属环保合作小组，是应环保治理的多重需要而生的，主要职责是落实环保合作小组制定的政策计划、对实施期间出现的问题进行纠正等。粤港澳大湾区历经多年环境的协同治理，成立了包括林业与护理、海洋资源与环境保护以及水浮莲专项治理等多个专项小组，在多个方面获得了良好的治理效果。

3.1.3.2 签订区域规划与府际协议

粤港澳环境协同执法平台促成了进一步的府际合作，通过共同制定跨区域的规划与协议来协同发展目标与发展措施，谋求区域之间的协同发展。同时，相应的区域规划与府际协议进一步推进了跨界环境协同的执法进程。

（1）粤港澳发展规划

粤港澳发展规划主要包含大珠三角区域规划和小珠三角区域规划两个方面。就前者而言，2008 年，发展改革委通过了《珠江三角洲地区改革发展规划纲要（2008—2020 年）》。该文件就环境保护提出，该地区要“加强资源节约与环境保护”，加快构建“绿色大珠三角地区优质生活圈”，进一步完善粤港澳的沟通协作机制。2009 年，粤港澳三地政府出台《大珠江三角洲城镇群协调发展规划研究》，提出要打造粤港澳富足、文明、和谐、宜居的优质生活圈，共同推进可持续发展。2012 年，粤港澳三地编制出《共建优质生活圈专项规划》，提出构建具有低碳发展、文化民生、空间发展、绿色交通等特征的生活圈。就后者而言，小珠三角区域内的城市间合作意向明显，推动出台了多项规划，致力于解决区域内的环境污染问题。规划具体分为综合性与专题性两种不同层级的规划，其中，前者更强调区域内的生态环境优化，体现在 2004 年国家建设部与广东省委、省政府共同编制的《珠江三角洲城镇群协调发展规划（2004—2020）》；后者体现为 2005 年出台的《珠江三角洲环境保护规划纲要（2004—2020）》、2010 年出台的《珠江河口综合治理规划》以及 2016

年出台的《珠三角国家森林城市群建设规划（2016—2025年）》等。

（2）粤港澳府际协议

府际协议是指针对公共事务，并无隶属关系的政府组织在平等协商的基础上所达成的公法性契约[169]。政府间合作协议秉持平等、自愿、协商的原则，针对区域内的公共事务达成书面协议。粤港澳大湾区府际合作协议主要分为框架协议和具体协议两个层面。

第一个层面是框架协议，以2009年的《广佛肇经济圈建设合作框架协议》和2011年的《粤澳合作框架协议》为代表，其所包含的内容虽然宽泛，但或多或少都涉及跨界环境保护议题。第二个层面是具体协议，主要有2002年的《改善珠江三角洲空气质素的联合声明》、2009年粤港签订的《粤港环保合作协议》、2015 年珠海市与中山市签订的《中山珠海两市跨界区域防洪及河涌水污染综合整治合作协议》、2016年港澳两特区签订的《港澳环境保护合作协议》以及 2017 年粤澳签订的《2017—2020 年粤澳环保合作协议》等，这种合作模式旨在通过签署环境合作协议，将环境保护协作治理的诸多方面进行细化，包括防治空气污染、跨界河流治理、环保产业合作等。

政府间环境协议的签订能够有效推进跨界执法进程，改善环境治理问题，粤港澳大湾区的各地政府纷纷出台相关条例与规定，投入到环境治理中。如在空气污染治理方面，为改善区域空气质量，广东省人民政府出台了《广东省珠江三角洲大气污染防治办法》，要求区域内人民政府及环境管理部门利用综合性手段，积极提升城市空气质量。广东省环保厅针对清洁空气这一共同目标，专门印发了《广东省珠江三角洲清洁空气行动计划》，广东省人大常委会为加强机动车排污治理修订了《广东省机动车排气污染防治条例》。在水污染治理方面，2009年出台的《深圳市东莞市惠州市界河及跨界河综合治理计划》专门对石马河开展专项保护与治理工作，2000年，深港两地共同制定了《后海湾（深圳湾）水污染控制联合实施方案》，使深圳湾水污染问题得以改善。

粤港澳大湾区通过府际协议及相应行动来解决跨界环境污染治理等牵涉面较广的问题，在全国范围内首次建立了比较清晰的跨界环境行政执法协同机制，具有重要的历史意义。尽管通过府际协议来规范政府行为并不具有强制力，也没有采取奖惩等措施，但该区域府际协议的签订标志着我国跨界环境行政执法协同机制建立的开端。

3.1.4　该阶段协同机制生成过程中的特点

粤港澳大湾区的环境行政执法协同机制的生成主要是由区域内各地方政府主动推动的，具有典型的地方主动式协同特征。这种主动探索诞生于东南沿海地区浓郁的市场经济土壤，该地区各地政府在合作意识、主体地位、协同规则等方面具有较为统一的认识。但政府间签署的府际协议不具有强制约束力，属于“软法”范畴，难以保证跨界环境行政执法协同机制的稳定性和长效性。

3.2　拓展阶段：协同执法深入推进

3.2.1　长江三角洲概述

长江三角洲以上海为中心，位于长江入海之前的冲积平原，根据 2019 年出台的《长江三角洲区域一体化发展规划纲要》，该区域的范围正式定为苏、浙、皖、沪三省一市全部区域。长江三角洲（以下简称“长三角”）位于“一带一路”经济区与长江经济带的交会地带上，有着重要的战略地位，在推动国际竞争、经济社会发展和城镇化发展方面，发挥着极为重要的战略性作用。长三角拥有广阔的经济发展区域，并且拥有综合立体交通架构，如现代化江海港口群和机场群、健全的高速公路网、全国先进的公铁交通干线等。

虽然长三角地区经济社会发展迅速，取得了长足的进步，但是其环境污染、水污染和生态环境退化问题较为严重。该区域的人口和产业高度集聚，城市间距离较近，环境污染存在明显的区域关联性。比较突出的是城市间大气污染扩散比较显著，区域内河网分布广泛，水污染跨界的现象比较常见，污染较为严重。因此，探索区域内的跨界环境行政执法协同机制，加大协同执法力度是必然选择。

3.2.2 组织机构推动区域协同执法

伴随着绿色 GDP 概念的提出，上海、江苏和浙江于 2002 年提议建设“绿色长三角”，这标志着区域环境协同执法开启地方探索时期。事实上，有几个重要的正式和非正式的机构影响着长三角地区跨界环境行政执法协同机制的生成，从一定程度上来说，长三角地区的这些组织为跨界环境行政执法协同的开展提供了重要的组织和制度支撑，进而使得区域跨界环境行政执法协同成为一个实实在在的抓手。

3.2.2.1 调解纠纷与工作小组（长三角跨界环境污染）

2013 年 5 月，长三角地区跨界环境污染纠纷处置和应急联动工作领导小组成立，这标志着区域跨界环境协同执法迈出了重要一步。该领导小组由沪、苏、浙、皖三省一市环保厅（局）分管环境应急工作的厅局级领导组成，主要负责牵头制定整体工作规划，协调、处置重大跨界环境污染纠纷和突发环境事件。领导小组设 1 名执行组长，由沪、苏、浙、皖三省一市环保厅（局）分管领导轮流担任，主要负责牵头制定和实施当年工作计划；领导小组下设办公室，由沪、苏、浙、皖环境应急机构主要负责人和分管负责人组成，主要负责组织实施当年工作计划和召开联席会议，联席会议原则上每半年召开一次，交流工作进展，讨论并完善相关制度，及时研究解决各种问题，根据具体情况不定期组织召开会议。领导小组办公室下设联络员，由沪、苏、浙、皖环境应急机构分别指定一名分管领导担任，主要负责沪、苏、浙、皖之间的信息沟通和联络工作。

3.2.2.2 区域大气污染防治协作小组

大气污染防治协作小组于 2014 年 1 月正式成立，标志着在长三角城市群，正式的大气污染防治协作机制正式生成并被激活。其宗旨在于贯彻落实党中央关于大气污染防治的方针、政策和重要部署。同时，该小组致力于推进区域大气污染防治联防联控，协调解决区域突出大气环境问题，推进区域大气污染防治工作的交流，通报大气环境质量状况，推动环境标准的逐步对接，推进信息共享、预报预警、应急联动、联合执法和科研合作，如于 2014 年制定的《长三角区域落实大气污染防治行动计划实施细则》。大气污染防治协作小组每年召开一次工作会议，下设的协作小组办公室负责决策落实、联络沟通、保障服务等日常工作。协作小组还成立了专家小组，负责区域大气环境问题研判、总结大气污染防治的进展和进行效果评估、研究部署下一年的重点工作。

3.2.3　协同执法行动更加扎实

在上述协同执法机构的推动下，该区域政府间环境协同执法的广度和深度不断拓展，从最初研究确定工作重点、互通信息，到开展联合监测、协同预警、联合执法，协同执法机制在实践中逐步完善。

3.2.3.1　信息获取——联合监测

环境联合监测是跨界协同执法的基础工作，解决跨界环境污染问题需要建立联合监测制度。环境联合监测是指区域或流域内政府共同制定水质或大气监测方案，确定监测项目、监测点位、监测时间、监测频次、监测指标与方法，并报上级环保部门备案的过程。联合监测通过采样过程、分析方法、仪器设备和质控手段等的统一，确保联合监测出具的数据具有可比性。环境联合监测主要由两方面组成：一是交界水质联合监测[170]，如 2016 年 6 月江苏省环保厅就位于苏州境内的 6 个苏沪交界断面和 6 个苏浙交界断面联合监测事宜，与上海市环保局和浙江省环保厅分别进行了会商，对联合监测断面的具体位置、监测采样方式、监测项目分析方法和监测数据仲裁办法进行了确认，对 12 个跨界断面联合监测事宜基本达成一致[171]。二是大气污染联合监测。2010 年世博会期间，由原环保部牵头，组织长三角两省一市搭建了区域空气质量监测数据共享平台，为世博会空气质量保障提供了重要技术支撑。

3.2.3.2　行动开展——联合执法

联合执法是指区域内不同政府间，特别是相邻政府间通过开展联查、互查行动，采取有效措施，联合打击各类环境违法行为，协调处理环境事件。通过交界区域联合治污、交界区域联合执法、异地交叉执法等方式，合力查处交界区域环境违法行为。2008 年，杭州、湖州、嘉兴、绍兴四地环保部门先后制定了《2008 年杭湖嘉绍地区边界环境联合执法实施方案》和《杭湖嘉绍边界环境联合执法工作制度》两项制度，杭、湖、嘉、绍跨行政区域环境联合执法全面启动。2009 年 3 月，成立杭、湖、嘉、绍边界环境联合执法小组，组织性开展常规环境执法或应急环境执法。采取直接交叉检查这一创新形式，提升了对边界企业的威慑力，尝试经相邻地环保部门相互授权，允许一方单独跨界进行环保检查，并向属地环保部门提出对违法企业的处理建议[139]。

3.2.4 该阶段协同机制生成过程中的特点

长江三角洲的跨界环境行政执法协同机制的生成过程体现了明显的央地互动式特征，其形成的协同机制也更趋稳定。一方面，作为国内最发达的地区之一和最为密集的城市群，该区域各地政府在面对突出的跨界污染问题时具有较强的主动性。与粤港澳大湾区相比，长三角区域关涉环境协同执法的府际协议更加密集，府际协议的内容也更为翔实，更注重可操作性，如 2009 年的《长三角地区跨界环境污染事件应急联动工作方案》由苏、浙、沪三地共同制定，2013 年的《长三角地区跨界环境污染事件应急联动工作方案》由沪、苏、浙、皖三省一市共同制定，等等。另一方面，国家层面进一步推动了该区域协同执法机制的生成进度，如 2008 年 5 月发展改革委、原环保部、住建部、水利部、原农业部制定并出台了《太湖流域水环境综合治理总体方案》，推动流域内二省一市加强太湖主要出入湖和跨界河流的综合整治，2014 年 11 月，原环保部制定实施《长三角地区重点行业大气污染限期治理方案》，部署深化跨区域水污染联防联治工作。

3.3 深化阶段：协同执法进入法治化

3.3.1 京津冀地区概览

京津冀区域位于我国东北亚环渤海心脏地带，是重要的政治中心和北方经济中心，也是北方经济规模最大、最具活力的地区。2020 年，京津冀地区常住人口规模已超过 1 亿人，且经济体量大、发展速度快，在我国经济发展大局中占据重要地位。该区域地缘、人缘、文化、历史等积淀深厚，具有较强的区域融合发展的可能性和较大的一体化发展空间。然而，受制于传统粗放型经济增长方式与区域内部不协调发展，区域经济社会发展面临较为严重的资源环境问题。该区域曾是雾霾问题比较突出的地区之一，区域的工业化、城镇化、汽车保有量与华北地区大气环境变化相关联，形成了“燃煤—机动车—工业废气排放”多种污染物共存的局面。华北地区大气污染沿太行山山前地带呈现面域扩展、转移和复合加重态势。同时，水环境污染、农村面源污染和特大城市环境污染等也在一定程度上危害着该地区人们的健康。生态环境的外部性、空间外延性又使得治理这种“复合型”污染超出了局部地区单独治理的能力范围。

2015 年 4 月，中共中央政治局审议通过的《京津冀协同发展规划纲要》强调，协同发展的近期目标是要在交通、生态环境、产业三个重点领域率先取得突破。2016 年 2 月，发展改革委制定《“十三五”时期京津冀国民经济和社会发展规划》，这是全国第一个跨省市的区域“十三五”规划，进一步明确了生态环境区域协同治理的目标和任务。在国家顶层制度设计和大力推动下，京津冀地区环境协同执法快速推进，协同机制不断得到完善，并向制度化、法治化深入推进。鉴于治理京津冀地区大气污染问题的重要性，以及该区域在大气污染防治过程中逐步生成了更加完善的协同机制，本书主要从大气污染防治角度描述该区域跨界环境行政执法协同机制的生成及完善过程。

3.3.2　协同执法驱动：大气污染倒逼

由于重工业污染和独特的地理位置，大气污染一直是京津冀地区较为突出的环境污染问题，尤其自 2010 年以来，该区域多次出现持续大范围的雾霾天气，“十面霾伏”一度成为该地区环境污染的代名词。京津冀地区的雾霾天气受到全国关切始自 2013 年，该问题持续数年难以解决。原环保部 2013 年的城市空气质量监测结果显示，京津冀地区的空气污染状况在当年非常严重（该区域平均达标天数仅为 130 天），并且该区域内有 7 个城市位列全国空气质量最差的 10 个城市。表 3.1 为 2014—2015 年京津冀地区主要污染物情况表，表中反映了该区域面临的严重污染问题（参考标准《环境空气质量标准》GB3095—2012）。

表 3.1 2014—2015 年京津冀主要污染物情况

污染物	2014 年	2015 年
PM2.5	93 微克/立方米，仅张家口市达标，其他 12 个城市均超标	浓度为 77 微克/立方米，有 12 个城市超标
PM10	年均浓度为 158 微克/立方米， 13 个城市均超标	平均浓度为 132 微克/立方米，13 个城市均超标
SO_2	SO_2 年均浓度为 52 微克/立方米，有 4 个城市超标	SO_2 平均浓度为 38 微克/立方米，13 个城市均达标
NO_2	年均浓度为 49 微克/立方米，有 10 个城市超标	平均浓度为 46 微克/立方米，有 11 个城市超标
CO	日均值第 95 百分位浓度为 3.5 毫克/立方米，有 3 个城市超标	浓度为 3.7 毫克/立方米，有 4 个城市超标
O_3	浓度为 162 微克/立方米，有 8 个城市超标	浓度为 162 微克/立方米，有 7 个城市超标

资料来源：生态环境部网站公开数据。

京津冀及周边地区（包括山西、山东、内蒙古、河南等地）在 2015 年有 70 个地级及以上城市共发生了 1 710 次严重污染。2016 年，情况虽有好转，但是该区域面临的大气污染形势依然严峻。据统计，2017 年京津冀地区 13 个主要城市的空气优良天数比例范围为 38.9%～79.7%，平均为 56.0%，与长江三角洲（比例范围 48.2%～94.2%）和珠江三角洲（比例范围 77.3%～94.8%）的差距较大。

大气污染不仅制约了京津冀地区社会经济的良性运转，而且对民众的身体健康产生了危害，受到举国上下的重点关注。基于此，在严峻污染形势的巨大压力下，寻求根治雾霾的方法，改善京津冀地区大气环境，营造宜居、和谐的生态环境便成为京津冀三地政府的重要工作内容，这也是京津冀地区环境协同执法的重要驱动力。

3.3.3 跨界执法协同机制快速生成

环境污染本身就具有较强的跨界性特征，对其治理通常需要政府之间协同提供跨界性公共物品，雾霾治理更是如此，这是因为空气具有较强的流动性，某一城市具有的大气污染可能“传染”至其他城市，城市间大气污染的互相影响程度更为强烈。面对如此情况，中央政府与京津冀地方政府开始寻求跨界性、协同性治理措施来应对大气污染问题，由此京津冀三地紧密的协同执法行动应运而生。京津冀地区跨界环境行政执法协同机制的生成，或来自解决污染问题的迫切需要，或来自有效维护国家形象，或来自政府之间协同执法的意向。针对京津冀地区大气防治过程中跨界执法实践的不同表现形态，可以将该地区协同机制的形成过程区分为三个阶段：应急式协同、稳定式协同、法治式协同。本节总结、阐述前两个阶段，为突出京津冀地区协同机制生成过程中的法治化特点，将法治式协同作为单独一节加以论述。

3.3.3.1　应急式协同：重大事件的孵化

京津冀地区环境协同执法肇始于两个国内重大事件，即 2008 年北京奥运会与 2014 年亚太经合组织（APEC）峰会的举办。为应对国内重大事件而生成的跨界环境行政执法协同机制可称为应急式协同。

奥运会的举办是向世界展示我国形象的重要机会，为办好奥运会，树立起良好的国家形象，中央政府要求各地方政府通力配合、采取配套性措施以实现对大气污染的治理，共建碧水蓝天。京津冀及周边地区根据中央政府的要求，面对本区域以及周边区域出现的大气污染问题，采取了一系列跨界联合治理行动，该行动的主要特征表现为依据中央政府强制命令实现府际协同，具体措施如下。

首先，成立专门协调小组指导环境治理工作。2006 年 11 月，国务院批准成立“北京 2008 年奥运会空气质量保障工作协调小组”（以下简称“协调小组”），2006—2008 年初，协调小组先后召开了多次会议，分别审议了协调小组的工作方案、保障措施等，部署保障措施的落实工作。

其次，制定保障措施。以国家环保总局和北京市为主导，联合天津市与河北省、山西省、山东省、内蒙古自治区政府，解放军总后勤部营房部、北京奥组委共同研究制定并组织实施“第 29 届奥运会北京空气质量保障措施”（简称“保障措施”），将此作为各地政府携手共治的指导纲领。

再次，加强技术协同，搭建北京奥运大气环境监测协同平台。以往，各地方环保系统在监测范围和监测手段上存在技术性障碍，对环境监测容易出现偏差。因此，通过建立该平台，以统一、规范的技术监测为基准，借助技术间对比、补充、融合等方法，完善京津冀地区的环境监测系统，提升监测效果。

最后，开展联合监督，严格执行环评制度，从源头控制污染。提高了电力、钢铁、石化等高耗能、高排放行业建设项目的环评标准，否决不符合产业政策、违反环保法律法规的建设项目。原环保部联合监察部于 2008 年 4 月、7 月两次组织对保障措施的执行情况进行检查，在工业污染治理、关停污染企业、机动车污染控制、加油站污染控制等方面采取了有力措施。同年 8 月原环保部又组织 5 个大区环保督察中心分别赴北京、天津、河北、内蒙古、山西、山东，配合地方环保部门开展督察工作。

为成功举办 2014 年亚太经合组织（APEC）峰会，北京及周边地区参照“奥运治污”模式进行环境治理，开展联防联控，制定污染物减排方案，并且启动制定京津冀及周边区域空气质量达标规划，实现区域油品和车辆环保标识的统一。北京、天津、河北、内蒙古、山西、山东六省区市搭建空气质量预警平台，建立区域内信息共享机制，优先开展区域联动执法。以山东与河北为例，山东省政府批复《山东省 2014 年亚太经合组织会议空气质量保障措施》，要求参照“奥运模式”改善环境空气质量，遇到极端不利气象条件和当北京市可能出现重污染天气时，要及时采取果断的应急减排措施；河北省召开保障 2014 年亚太经合组织领导人非正式会议空气质量工作会议，强调要在治、控、防、调、管五方面发力，打一场全方位、多层次、大力度的空气质量保障战役。

总之，奥运期间与 APEC 峰会期间，大气污染治理的关键在于中央政府以强制性行政命令要求地方政府采取协同措施以治理环境。在该种协同模式之下，协同的动力来自自上而下的权威命令，协同执法的目标是保障奥运与 APEC 峰会期间的环境质量，协同缺乏长效性配套保障措施。因此在上述国内重大事件结束后，协同执法的目标与动力均消失，使区域性协同行动具有不可持续性特征。

3.3.3.2 稳定式协同：应急式协同的纠偏

奥运会和 APEC 峰会期间的治污模式已证明，单纯以行政命令迫使地方政府合作治理污染往往会产生短期治污行为，无法真正实现空气质量的持久性改善。因此，京津冀地区环境协同执法迈入第二个阶段——谋求稳定的、可持续的协同执法。为了实现此目标，中央政府与京津冀三地政府陆续出台了一系列相关政策文件，以确保京津冀地区环境协同执法的长期化。

2010 年，原环保部、发展改革委、科技部、工信部等 9 个部门共同发布了《关于推进大气污染联防联控工作改善区域空气质量的指导意见》（国办发〔2010〕33 号）（以下简称《意见》），该《意见》明确提出建立统一规划、统一监测、统一监管、统一评估、统一协调的区域大气污染联防联控工作机制。确立了建立大气污染联防联控机制，形成区域大气环境管理的法规、标准和政策体系。《意见》实施后，京津冀及周边地区主要大气污染物排放总量显著下降，重点企业排放全部达标，重点区域内所有城市空气质量达到或高于国家二级标准，酸雨、灰霾和光化学烟雾污染明显减少，区域空气质量大幅改善。这一文件是国务院出台的首个专门针对大气污染协同治理的政策性文件，明确提出将联防联控机制作为协同治理的保障，标志着我国环境协同治理进入新的阶段，为构建长期协同机制奠定了基础。

2012 年，原环保部发布了《重点区域大气污染防治“十二五”规划》，该规划在建立联防联控机制的基础之上，提出建立五大制度机制：一是联席会议制度，在全国环境保护部际联席会议制度下，定期召开区域大气污染联防联控联席会议，统筹协调区域内大气污染防治工作。二是区域大气环境联合执法监管机制，加强区域环境执法监管，确定并公布区域重点企业名单，开展区域大气环境联合执法检查，集中整治违法排污企业。三是重大项目环境影响评价会商机制，对区域大气环境有重大影响的项目，要以区域规划环境影响评价、区域重点产业环境影响评价为依据，综合评价其影响。四是环境信息共享机制，围绕区域大气环境管理要求，依托已有网站设施，促进区域环境信息共享。五是区域大气污染预警应急机制，加强极端不利气象条件下大气污染预警体系建设，加强区域大气环境质量预报，实现风险信息研判和预警。这些体制机制的建立，为京津冀地区环境协同执法长期开展提供了制度保障。

2013 年，国务院出台的《大气污染防治行动计划》（国发〔2013〕37 号）（以下简称“大气十条”），明确提出“建立区域协作机制”，建立京津冀、长三角区域大气污染防治协作机制，由区域内省级人民政府和国务院有关部门参加，协调解决区域内突出环境问题，采取环评会商、联合执法、信息共享、预警应急等大气污染防治措施，通报区域大气污染防治工作进展，研究确定阶段性工作要求、工作重点和主要任务。国务院“大气十条”还明确了政府企业和社会的责任，动员全民参与环境保护。之后，为进一步加大京津冀及周边地区大气污染防治的力度，原环保部等多部门联合印发《京津冀及周边地区落实大气污染防治行动计划实施细则》（环发〔2013〕104 号），提出建立京津冀及周边地区大气污染防治协作机制，规划部署重点任务，实施综合治理。

2013 年 10 月，“大气十条”出台后，为贯彻国务院“大气十条”的方针，京津冀及周边地区大气污染防治协作小组成立。协作小组成员包括北京、天津、河北、山西、山东、内蒙古、河南七个省区市以及原环保部、发展改革委、工信部、财政部、住建部、气象局、能源局、交通运输部八个部委。国务院于 2018 年 7 月将京津冀及周边地区大气污染防治协作小组升格为京津冀及周边地区大气污染防治领导小组，组长由国务院副总理担任，领导小组成员包括以前组成协作小组的七省区市及八部委，并增加了公安部，变成了七省区市及九部委。领导小组办公室设在生态环境部，部署领导小组日常工作，办公室主任由生态环境部副部长兼任。领导小组实行工作会议制度和信息报送制度。工作会议由组长召集，也可由组长委托副组长召集，根据工作需要定期或不定期召开；参加人员为领导小组成员，必要时可邀请其他有关部门和地方人员参加。相关部门和省级政府每年向领导小组报告区域大气污染防治年度任务完成情况和下一年度工作计划[172]。高规格、制度化的领导小组的设立，更有利于完善制度化决策机制，加大统筹协同力度，提高环境保护整体效能，也将更有力地推进污染防治攻坚工作的深入开展。

以上政策文件的出台和权威性领导小组的组建，为京津冀地区建立长效性大气污染协同执法机制奠定了良好基础，促成该区域跨界环境行政执法协同机制进入长期性、制度化协同阶段。

3.3.4 实现法治式协同

环境协同执法的法治式协同是对于长期性协同的进一步巩固，其目的是对京津冀地区生成的协同执法机制进行归纳总结，提升至法律高度，为今后京津冀三地政府携手推进环境协同执法提供法制保障。2015 年 8 月，第十二届全国人民代表大会常务委员会修订通过《中华人民共和国大气污染防治法》，该修正法案的出台是跨界环境行政执法协同机制法治式协同生成的标志。该防治法论述重点区域大气污染联合防治，要求建立区域大气污染联防联控机制，规定重点区域应当制订联合防治行动计划，提高产业准入标准，实行煤炭消费等量或者减量替代，并在规划环评会商、联动执法、信息共享等方面建立起区域协同机制。

为实现京津冀地区的环保一体化这一重点领域的突破，京津冀三地政府探索建立协同立法机制，陆续制定相应的环境保护地方性法规，进一步推动该区域跨界环境行政执法协同机制进入法治式协同阶段。2015 年 3 月，经京津冀三地人大常委会和法制工作机构多次充分交流和磋商，首次京津冀协同立法工作会议通过了《关于加强京津冀人大协同立法的若干意见》，京津冀协同立法就此破题。2016 年 1 月，《河北省大气污染防治条例》经河北省十二届人大四次会议表决通过。在河北省制定此条例过程中，京津冀三地首次开展立法协同工作，就建立协调机制、环评会商、协同监管、联防联治等作出规定，并建立了三地立法工作联席会议机制。联席会议每年至少召开一次，采取三地轮流负责的方式，交流年度立法计划和汇报三地重要法规的立法工作，研究讨论协同立法相关文件，研究协同立法有关专门问题。通过这一机制，京津冀三地在制定大气污染防治、国土保护和治理、地下水管理、水土保持等条例过程中，全程沟通和完整对接，在立法宗旨、规范内容、法律责任方面谋求共识、相互补益、实施联动，三地的环境保护立法质量和效率明显提高。2017 年，京津冀协同立法工作会议通过了《京津冀人大立法项目协同办法》，规定涉及三地的重要立法将由三方共同商定，这标志着京津冀人大立法项目协同机制正式建立。2018 年，京津冀协同立法工作联席会议通过的《京津冀人大立法项目协同实施细则》，进一步完善了协同立法制度体系，标志着三地协同立法走向深入。

在具体生态环境保护立法项目协同工作中，京津冀着重推动立法内容协同，并实现从内容到进度全面协同，实现题目一致、框架结构一致、适用范围一致、基本制度一致、监管措施一致、区域协同内容一致、行政处罚一致，而且审议节奏、出台时间也一致。2018 年 7 月，京津冀立法协同工作联席会议将机动车和非道路移动机械排放污染防治立法确定为重点协同项目，此后，三地先后召开 11 次会议，反复协商努力、求同存异，探索出区域立法同步制定、协同起草、同步审议通过、同步实施的协同立法新模式。2020 年 1 月，《天津市机动车和非道路移动机械排放污染防治条例》经天津市十七届人大三次会议审议通过，此前，河北版、北京版的同文本条例已分别于当年经两地人大会议通过，三部条例于 2020 年 5 月 1 日起同步施行。这标志着京津冀首次区域协同立法，同时也是全国首部区域全面协同立法项目的完成。同时，三地还着手对不适应、不合拍、相冲突的现行有效地方性法规开展了清理工作。2014 年，河北省已废止 24 部、打包修改 68 部地方规章。自 2015 年三地环境保护协同立法机制建立至 2020 年，京津冀三地共协同立法 10 多部，为该区域跨界环境行政执法协同机制的稳定运行提供了坚强的法制保障，并与国家治理体系与治理能力现代化接轨。

3.3.5 该阶段协同机制生成过程中的特点

与前两个阶段相比，京津冀地区跨界环境行政执法协同机制的生成过程带有明显的自上而下推动实现的特点，该区域的协同机制在环境污染形势倒逼和国家京津冀协同发展战略部署的双重驱动下得以快速实现，并在国家一系列政策推动下不断深入，最后通过法制建设加以保障，实现了法治式协同。无论《京津冀协同发展规划纲要》和《“十三五”时期京津冀国民经济和社会发展规划》确定生态环境保护成为京津冀协同发展率先取得突破的二个领域之一，还是《重点区域大气污染防治“十二五”规划》《大气污染防治行动计划》等，都体现了鲜明的顶层设计和上层推动的特点。2015 年 8 月，国家修订通过的《中华人民共和国大气污染防治法》和京津冀三地通过协同立法机制陆续制定并实施的十余项地方性法规，为该区域跨界环境行政执法协同机制奠定了法制基础。

综上所述，基于府际协同理论的内在逻辑与我国特定的跨界协同执法实践，本书以粤港澳大湾区、长江三角洲、京津冀地区这三个代表性区域为描述样本，依据协同执法实践起始时间的不同及协同机制发育成熟程度的差别，将我国跨界环境行政执法协同机制的发展过程概括为早期阶段、拓展阶段和深化阶段，从全局性角度解读我国跨界环境行政执法协同机制的生成及完善过程。需要指出的是，本书对这三个阶段进行划分主要是为了便于观察和讨论协同机制生成过程中所呈现的不同生成方式、生成过程及其特点，实际上，这三个阶段之间并不是泾渭分明的。例如，随着时间发展，粤港澳大湾区和长三角的跨界环境行政执法协同机制都逐步完善，最终实现协同机制的稳定。而且三个阶段虽然在区域内地方政府的主动性、自上而下的推动程度等方面呈现出差异，但最终都需要通过府际协同协议、府际协同组织、上层制度设计、具体协同行动等环节综合作用，从而形成合力，只是在互动过程中四个环节的次序、所起作用的程度等方面有一定的差别。总体而言，基于共同环境治理的迫切需要，我国各区域陆续进行跨界协同执法实践，并随着时间的推移逐渐生成相应的跨界环境行政执法协同机制。

4 我国跨界环境行政执法协同机制的主要构成内容与现存缺陷及相应的原因

系统梳理我国跨界环境行政执法协同机制的生成过程为本章的分析提供了充分的经验证据，准确把握现阶段我国跨界环境行政执法协同机制的实践内容，找准问题和缺陷，并做充分的原因分析显得尤为重要。因此，本章主要探讨当前我国跨界环境行政执法协同机制的主要构成内容、现存缺陷和相应的原因。对于跨界环境行政执法协同机制存在的现实缺陷及其成因的分析，主要建立在京津冀地区协同执法实践和访谈调研基础之上。这是因为京津冀地区在跨界协同执法上有着较为成熟的经验和做法，对京津冀地区的讨论具有较强的代表性。

4.1 我国跨界环境行政执法协同机制的主要构成内容

虽然已有研究对我国跨界环境行政执法协同机制进行了讨论，但对其构成内容的讨论较少。综合借鉴其他领域（水下文物保护、电子商务知识产权、环境保护、铁路监管和交通运输等）已有文献的主要内容[173-175]和基于对京津冀地区的一手访谈材料，本书认为，我国跨界环境行政执法协同机制主要由主体协同、制度协同、资源协同与领导协同四部分构成（见图 4.1）。为实现跨界协同执法的顺利开展，主体、制度、资源和领导四要素至关重要。其中，主体协同是我国跨界环境行政执法协同机制的核心，处于主导地位，它要解决的问题是让各主体能够相互配合、共同完成集体性任务——协同执法；各种制度协同是基础和依据，目的在于构建起主体间激励约束、行动策略和权责划分等机制；资源协同是保障，解决的核心问题是如何实现信息资源的共享，人、财、物等资源的配置等，实现跨界资源的整合；领导协同是中介力量和触发因素，它事实上影响着协同执法的议程设置、制度建设、资源保障等多个方面，同时也作为协同的执行力。

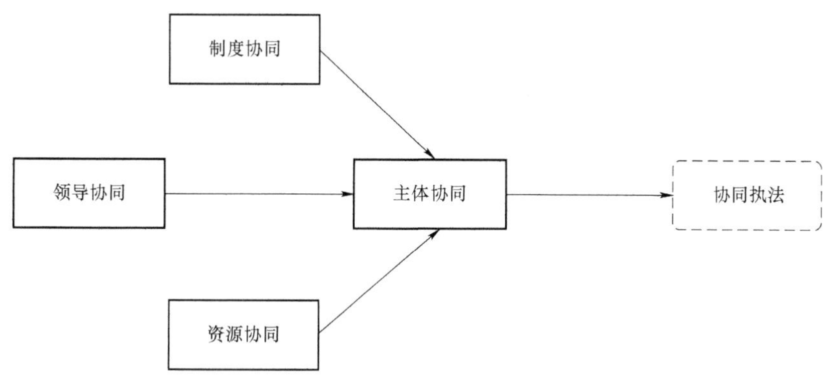

图 4.1 协同执法机制构成内容

图片来源：笔者根据文献整理分析后自制。

4.1.1 主体协同

协同机制是跨界环境行政执法的平台或关键因变量，具体来说，是为了让多个地方政府部门可以在一定的协同规则下开展区域内环境行政执法工作。主体协同是跨界协同的基础，是跨界协同最主要的内容。以京津冀地区为例，如何让北京、天津和河北三地的环保机构共同参与区域协同执法是问题的关键和建立协同机制的根本目的。

从广义上说，区域内的主体协同可以体现在不同层面和不同维度上，构成一个横纵交错的协同网络，主要表现为三种形式：横向的地方政府之间的协同、政府内部横向的部门之间的协同、纵向的上下级政府之间的协同。另外，由这三种协同形式还可以发展成一个纵横交错的协同网络，甚至可以将政府系统外的一些主体纳入其中，如企业、非政府组织、公众等。

本书将协同主体限定在政府体系之内，主要探讨横向的省级层面地方政府之间的协同。以京津冀地区为例，如何让北京、天津、河北三地的环保机构共同参与区域协同执法是问题的关键和建立协同机制的根本目的。当然，就京津冀地区跨界环境行政执法协同而言，三地之间的关系说到底不只是北京、天津、河北之间的三方关系，而是包括中央层面在内的，中央、北京、天津、河北四方之间的关系。没有中央参与，结果就很难预料。另外，横向层面的政府之间的协同执法的推动，需要各地方政府整合以环境保护部门为主的所有部门，推动当地各部门之间就跨界环境行政执法展开协同行动。

有效的沟通是各主体之间实现协同的基本需要。不论协同是何种层面或何种维度上的，其基本点都在于通过跨越边界的多主体间顺畅的沟通打破行政壁垒，从而展开共同行动。实现信息高效流转的目的是能够达成有关协同行动的共享与共识，以便进一步促动和协调不同主体间的协同行动。

4.1.2 制度协同

在协同机制建立过程中，面临诸多制约因素以及现实中环境行政执法开展的不确定性，因此，制度协同就显得更为重要。一方面，制度是有层次的，有法律层面上的制度，还有各部门的规章，各地区的一些规定；另一方面，制度又有务虚和务实之分，有些制度的出台仅仅是从宏观上制定的计划，而有的制度则能够切实影响区域内行动者的行为和态度，甚至思想认识。

基于此，制度协同需要多向度的联动，不仅包含横向维度的协同，即同一水平和同类内容的协同性制度；还包含时间维度的协同，即对同一时期的制度进行归类和整合，明确时间段内行动者受到哪些制度文本的指引或约束，在什么时间段内行动者的行动对协同更为有利，确保制度的前瞻性和灵活性。

在制度协同的组织结构中，宏观层面的制度应该更加关注跨界环境行政执法协同的战略目标和组织定位，建立和运用“大制度”；而在中观层面上，制度协同应该聚焦于不同地区间协同制度的建立和运用，主要目的在于形成具体的制度规则；而微观层面的部门政策，主要目的是明确在跨界环境行政执法协同过程中各生态环境部门应该怎样行动、如何激励和奖惩等。当前，我国跨界环境行政执法的制度协同还存在着较大的空白，不论宏观、中观还是微观层面的制度规定都还存在着一些空白，后续需要从制度协同的角度出发，更加快速有效地开展相关立法、制定规章等。

在跨界环境行政执法协同的制度安排中，应特别注意激励因素。从根本上来说，跨界环境行政执法协同机制的稳定性、长效性取决于各地政府的积极性和主动性。如何持续激发多元主体在协同行政执法中的积极性有赖于合理的激励制度的设计。在跨界环境行政执法协同的过程中，各部门、各地区有必要构筑既符合当地实际，同时又彼此契合的激励制度文本，其中应该包含正向与负向的双重激励内容。正向的激励制度设计在于使政府的绩效考评和官员的评价晋升与区域环境治理绩效紧密结合起来，负向的激励制度则尤其体现在针对区域环境污染问题严重、各主体协同执法不力等问题的问责上。区域内各方应就跨界环境行政执法协同过程中的正向和负向激励制度进行有效的沟通与彼此充分的调和，在为各行动主体设置不可触碰的刚性底线的同时，也为他们长期开展环境保护工作提供源源不断的动力支持。

4.1.3 资源协同

协同执法离不开对组织资源尤其是人力、物力和财力的整合，这充分影响到协同执法的效果。一方面，跨界协同所需的人、财、物等资源支撑需要通过各协同主体共同商定的协议，甚至是相应的正式制度予以确立；另一方面，各协同主体需要进行内部人、财、物等资源的调配，包括明确界定哪些人、财、物等资源用于跨界协同执法，哪些部门专门负责相关的沟通和协调，否则，协同执法难以为继。

资源协同的目标非常明确，即整合有限的人、财、物等资源以服务于区域环境行政执法的协同开展。原本各地执法机构缺乏足够的人手进行环境行政执法，如今又要开展跨界环境行政执法协同工作，这增加了这些部门和地区环境行政执法单位的工作负荷和压力，因此有必要对现有的人、财、物等资源进行协同安排、统一调配。

此外，资源协同的表现形式不仅包含协同执法所需要的人、财、物等资源，更需要协同执法的关键内容——信息资源的协同。执法信息能否在不同的协同主体之间进行高效、无障碍交流是极其关键的。这包括执法信息的采集、处理、共享和再利用等，都需要有明确的正式制度作为保障和支撑，最好采用一站式收集，而且是自动产生数据，避免因信息的碎片化收集和二次加工而导致信息曲解。另外，跨界环境行政执法协同的信息如何发布，也需要建立相关协同制度作为支撑。

4.1.4 领导协同

在跨界环境行政执法协同过程中，除需要正式制度和相关资源作为保障外，各地领导之间的协同最为关键。“当正确的政策方针制定之后，干部是关键。”一方面，领导是否具有主观能动性至关重要。换言之，即便有相关的前提和基础以及一些制度保障，但是在具体的协同执法的过程中还是有很多问题需要解决，而这些挑战和难题均需要通过各地领导之间的协同来应对和解决。另一方面，之所以认为领导协同是协同执法的关键因素，是由于跨界执法协同的实现不仅有赖于正式领导，还有赖于非正式领导。有研究指出，在缺乏层级控制和权力的前提下，区域内各地领导之间通过沟通交流和各自的影响力，依然能够使区域协同成为可能[176]。

另外，我国的行政体系是一个条块结合的矩阵结构，跨界环境行政执法协同的实现，需要地方领导在这个矩阵结构中进行合纵连横，这首先需要区域内各地领导之间达成广泛共识，并在此基础上围绕协同执法目标设置任务及方案，最后由当地领导在本辖区将相应的任务及方案加以推进。当然，在此过程中还可能涉及跨界执法力量的调动和异地执法，这些都需要建立在区域内各地领导协同的基础上。

为实现区域内各地领导之间的协同，区域内地方政府间建立合作交流的渠道至关重要。区域内协同渠道最为常见的形式是协同领导小组。京津冀地区跨界环境行政执法协同机制中的领导小组及专门小组是典型代表。

4.2　我国跨界环境行政执法协同机制的现存缺陷

4.2.1　协同主体的参与意愿分歧较大

京津冀地区跨界环境行政执法协同有其自身的目标，即实现该地区环境治理效果的总体改善和快速提高。然而，从每个行动者自身的角度来说，其意愿又各有差异。从三地参与区域环境行政执法协同的动机和意愿的角度来说，河北省的协同意愿估计最低，因为其所监管的工业企业数量最多，即执法的负荷最高。尽管河北省如果能有效参与到三地协同执法过程中，可以在一定程度上降低河北省环境行政执法的压力和行政负荷，但艰巨的执法任务和巨大的经济损失估计是河北省不愿意面对的。

如图 4.2 所示，党的十八大以来，三地总体工业企业数量减少，但是各

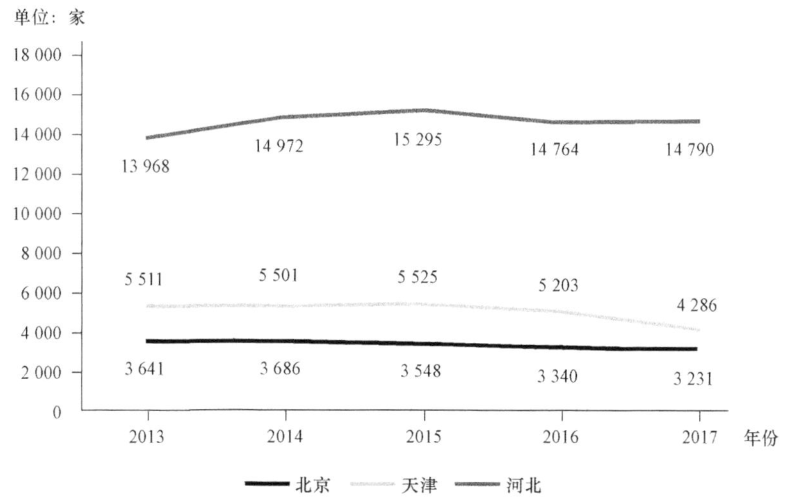

图 4.2　京津冀三地工业企业规模

数据来源：笔者根据 2014—2018 年《中国统计年鉴》数据整理而得。

地的基数差别较大。大量的工业企业撤出北京，进入河北省境内，给河北省环境行政执法工作带来了更大的压力和挑战。2017 年天津和北京工业规模企业之和大概为 7 500 家，而这仅是河北省工业企业规模的一半。

此外，三地参与环境行政执法协同的成本各不相同。环境行政执法协同的开展必然要提高执法标准，加大执法力度，进而需要在短期内警告、处罚、整顿甚至关停一些企业。这给经济发展水平相对落后的河北省带来的阵痛是巨大的。

如图 4.3 所示，京津冀地区经济发展水平存在着严重的不均衡性，北京市的人均 GDP 高达 12 万多元，而河北省的人均 GDP 只有 4.5 万多元，大概是北京市的 1/3。居于中间位置的天津市人均 GDP 比北京少 1 万多元。对于参与协同的三地来说，短期内因为环境执法力度的加大而可能导致的 GDP 下降是可以预见的。因此，在协同执法过程中，河北省面临的环境执法阻力最大。

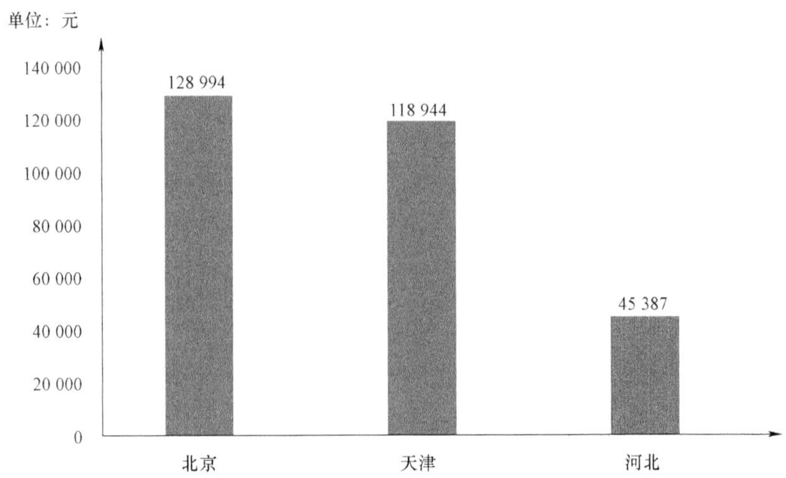

图 4.3　2017 年京津冀地区人均 GDP

数据来源：笔者根据 2018 年《中国统计年鉴》数据整理而得。

一般来说，一项公共政策的执行有赖于地方财政实力的配套和财政收支状况。财政收入越高，可支配的财政资金就越多，行政管理的水平也许就越高。2017 年，三地的财政收入状况的差异如图 4.4 所示。进一步分析京津冀地区预算收入状况，发现三地政府之间的财力水平差异很大。毫无疑问，北京市的财政实力最为雄厚，其次是河北省，最后是天津市。然而，考虑到河北省要管辖的行政区域和人口负荷，也就是治理成本问题，河北省可支配的人均财政资金却是最少的。

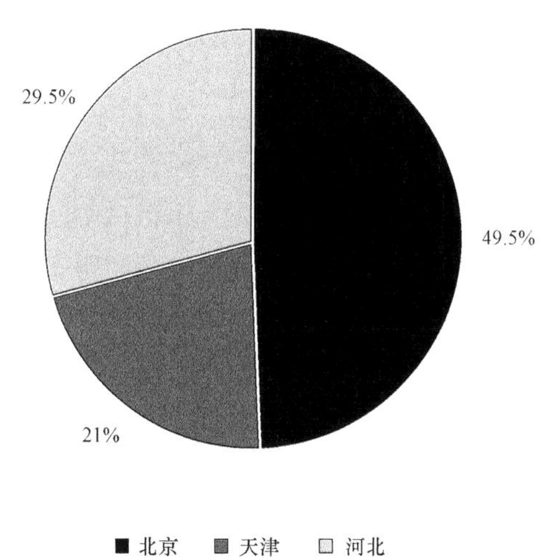

图 4.4　2017 年京津冀地区一般公共财政预算收入占三地总收入的比重

数据来源：笔者根据 2018 年《中国统计年鉴》数据整理而得。

基于三地的实际状况，本书进行了京津冀三地跨界环境行政执法协同机制行动者意愿—阻力分析，如表 4.1 所示。

表 4.1　协同机制行动者意愿—阻力分析

意愿—阻力	北京	天津	河北
意愿—必要性	强	中等	强
阻力—成本	小	中等	大

资料来源：笔者自制。

从三地协同执法机制构建的角度来说，总体收益是一致的，即实现京津冀地区环境治理问题显著改善和水平的总体提升，实现区域内空气质量的改善、城市污水的处理、城市固体废物等垃圾的处理等。然而，在真正分析各地跨界环境行政执法协同机制构建的意愿—阻力之后，发现其中又有很多值得深入思考的地方：一方面，北京市环境行政执法机构参与协同执法的意愿最强，因为其面临的环境改善的压力最大，来自中央的政治性任务需要尽快完成，这不是北京市环保机构独立执法能实现的；另一方面，河北省的环境行政执法压力最大，境内工业企业数量最多，从执法必要性的角度来看，加大对河北省境内工业污染企业的执法力度所取得的效果应该是最明显的，也是改善北京市和天津市环境质量的必由之路。然而，河北省在三地中经济发展水平最低，在经济发展是第一要务的前提下，又面临环境保护这一短期内可能与经济发展产生冲突的任务，所以，来自河北省的阻力（尤其是内部阻力）自然又是最大的。北京市和天津市工业企业数量相对较少，面临的整改压力也相对较小，并且经济发展结构较为多元化，因此，加大环境行政执法力度所带来的阵痛较小。在产业结构上，北京市已进入以第三产业为主的阶段，天津市处于由以第二产业为主向以第三产业为主的转型阶段，然而，河北省仍处在以第二产业为主的工业化加速发展阶段。由此可见，京津冀三地中，河北省发展经济的意愿最为强烈，这势必对三地的执法协同机制的构建带来阻力。

4.2.2　权威性协同制度文本缺失

在新制度主义学派[177]看来，制度的含义较为广泛，既包括法律、法规和部门规章等正式性文本，也包含一些非正式的制度，例如习俗、惯例、共同的期待等。2015 年，美国公共管理学界在庆祝 75 周年年会中达成共识，认为跨部门协同是公共管理的重要工具；同时，进一步强调了跨部门协同机制离不开基于协同议题的原始性协议，也就是权威性制度文本[178]。由此可见，权威性制度文本对于协同机制的构建来说，毫无疑问是最重要的环境条件。权威性制度文本旨在将行动主体的行为固定和常态化，以应对组织执法时的不确定性。

对于如何实现跨界环境行政执法协同，有诸多议题需要明确给出行动指南，包括跨界环境行政执法协同的发起制度、沟通与联络制度、跨界协同保障制度、激励与监督机制等。面对上述议题，正式的权威性制度文本就显得尤为重要，以法律、法规、规章和各种形式的制度文本固定协同参与者的行为和绩效，进而实现有效问责。科施曼（Koschmann）、库恩（Kuhn）和法瑞尔（Pfarrer）[179]认为，开发或形成权威性制度文本，有助于跨界协同主体达成共识，促进协同主体的集体行动。然而在京津冀地区跨界环境行政执法协同领域，权威性制度文本层面存在较大问题，主要表现在高层次的统一性制度文本相对缺乏，现有制度文本制定的目的、标准参差不齐等多个方面，这导致跨界协同执法缺乏可靠的遵循与依据。正如巴比亚克（Babiak）[180]所指出的，正式协议的缺乏使得协同行动变得非常困难，尤其是当各地行政能力不足的时候。

为观察京津冀地区权威性制度文本的结构及其演化进程，挖掘其在环境制度建设方面存在的一些问题，本研究对 1981—2018 年三地出台的环境保护类地方性法规、地方政府规章等制度文本进行了分析，另外，由于该地区的环境治理同样受到该时间段内国家出台的法律、国务院的行政法规和各部委的部门规章的制约，本书将这两类制度文本统一合并为政策性文本并进行了汇总分析。分析结果表明，环境保护类法律、法规、规章及规范性文件总体上呈逐年上升之势。

如图 4.5 所示，1981—2018 年，中央与京津冀三地发布的各类环境保护政策性文本数量虽略有波动，但是整体上均呈上升趋势。综观环境政策性文本变动趋势可以发现，以 2009 年为界，制度文本数量呈现出前后截然不同的变化态势，由此可将政策性文本的变动趋势划分为两个阶段。

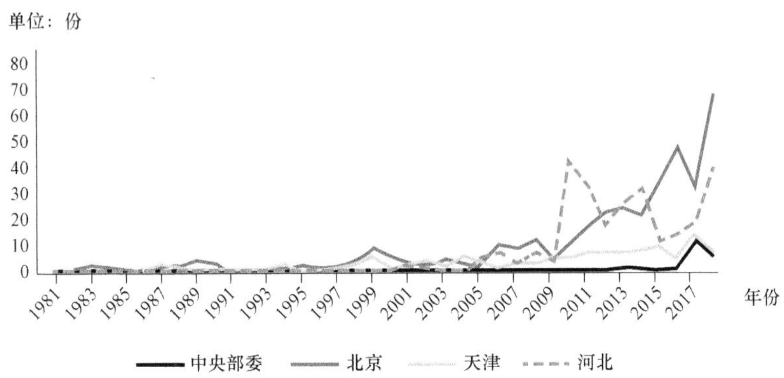

图 4.5 政策性文本演进趋势

数据来源：笔者根据采集的文本整理分析而得❶。

第一阶段是 2009 年之前，政策性文本数量总体上较少。但对这一阶段的文本类别进行分析发现，1992 年以前发布的法律等权威性制度文本占比较大，究其原因，一方面可能是这一阶段正处于各类法律体系构建期，另一方面可能是我国经济社会发展受计划经济影响仍较大，地方的发展活力和制度建设活力均不足；1992 — 2009 年，各类政策性文本数量较少，这一时期陷入一个长期低迷期，其原因可解释为，随着 1992 年邓小平南方谈话和党的十四大提出建立社会主义市场经济体制的改革要求，我国改革开放迎来新一轮热潮，

❶ 本书搜集了北大法律信息网的数据——法律法规数据库（以下简称为"北大法宝"）。"北大法宝于 1985 年诞生于北京大学法律系，经过 30 多年不断的改进与完善，是目前最成熟、最专业、最先进的法律信息全方位检索系统。该检索系统在全国率先进行法律信息的数据挖掘和知识发现，独创了法规条文和相关案例等信息之间的'法宝联想'功能"，同时收录了 1949 年以来的政府法律法规，为政策文本的分析研究提供了有效素材。

本书运用 python 软件，编写爬虫代码，采集京津冀地区的相关政策性文本。有关国家环保部门发布的政策性文本，本书共收集 21 份，时间涵盖 2013 年 9 月 17 日—2018 年 9 月 18 日；有关北京市环境政策性文本，本书共收集 366 份，时间涵盖 1983 年 2 月 6 日—2018 年 12 月 19 日；有关天津市环境政策性文本共有 122 份，时间涵盖 1987 年 3 月 3 日—2018 年 12 月 28 日；有关河北省环境政策性文本共有 268 份，时间涵盖 1989 年 2 月 17 日—2018 年 11 月 29 日。

地方政府经济活力得以释放，地方经济开始出现竞赛，“重增长、轻环保”正是这一时期发展模式的代表性概括。在这一阶段内，政策性文本数量在 2000 年节点、2003 年节点略有波动，其原因可解释为， 2000 年的波动主要是为了迎接新世纪到来和加入 WTO，2003 年节点的波动是由于当年中央提出科学发展观。总体而言，在 1992—2009 年这一时间跨度很大的阶段里，各类政策性文本数量总体上较少。在这一阶段里，促进当地经济发展与谋求职位晋升是地方政府主要领导人最为关切的内容，各地政府对环境保护问题并没有给予过多的关注，缺乏区域性环境治理的理念，跨界协同执法问题更是难以获得有效关注。

第二阶段是 2009 年以后，政策性文本数量呈现大幅度跃升趋势。该阶段对于生态环境保护的重视主要源自以下四个方面。其一，政府对大气污染的关注颇受 2008 年北京奥运会的影响。为保障奥运会的顺利举办，塑造我国良好的国际形象，中央政府发布行政命令，强制北京与周边地区提高环境质量。其二，2010 年，原环保部联合国家发展改革委等部门发布了《关于推进大气污染联防联控工作改善区域空气质量的指导意见》，明确提出联防联控的环境保护策略，并将京津冀三地作为联防联控的重点区域，体现出原环保部强调协同治理的意图。其三，2007 年，党的十七大首次把建设生态文明写入党的报告中，作为全面建设小康社会的新要求之一，推动了两年后政策性文本数量的大幅度攀升。其四，2012 年，党的十八大高度重视生态文明建设，提出“五位一体”的总体布局建议，并将生态文明建设写入党章，其后，又在 2018 年将生态文明写入宪法。这一阶段，各类政策性文本数量的跨越式上升，一方面是受生态环境污染形势的倒逼，另一方面是中央开始高度重视生态环境建设，也更加注重制度建设。

这一阶段，中央部委颁布实施了多项有关环境的政策性文本，并开始密切关注跨界协同执法问题。京津冀三地政府也根据本地实际情况制定了相应的政策措施。就政策性文本的数量而言，京津冀三地政府呈现出明显的差异：北京市制定政策性文本数量的增速最快；河北省制定政策性文本数量的增速较为平缓；天津市制定政策性文本数量的增速是三者中最低的。

虽然关于跨界环境行政执法协同的制度体系逐步建立，但是我国目前尚不具备一部完整的具有针对性、专门性的跨界环境行政执法协同的相关法律。针对跨界环境污染，相关规定散见于当前相关环境保护的法律之中，例如，《中华人民共和国环境保护法》（2014 年修订）中指出“跨行政区的环境污染和环境破坏的防治工作，由上级人民政府协调解决，或者由有关地方人民政府协商解决”。其他相关的条款散见于不同的环境法律法规之中。2008 年修订的《中华人民共和国水污染防治法》规定“跨行政区域的水污染纠纷，由有关地方人民政府协商解决，或者由其共同的上级人民政府协调解决”。这一规定传承环境保护法精神，同样作为原则性指导。2017 年《中华人民共和国水污染防治法》再次进行了修订，新修订的水污染防治法在协同治理污水方面作出了规定。例如，增加“省、市、县、乡建立河长制，分级分段组织领导本行政区域内江河、湖泊的水资源保护、水域岸线管理、水污染防治、水环境治理等工作”等内容。河长制的建立事实上为跨界协同执法提供了一定的制度依据。

跨界环境治理专门性相关法律的缺失，与我国各地的跨界环境污染治理实践需要产生了矛盾。为改善这种现状，一些区域基于需求经协商签署了跨界环境治理规范性文件。例如，湖北、重庆、青海、宁夏等地签署的《十一省（市区）环保厅（局）共同应对区域环境污染及突发事件框架协议》、泛珠三角区域环境保护合作联席会议出台的《泛珠三角区域跨界环境污染纠纷行政处理办法》、浙江省环保厅出台的《关于建立跨界环境污染纠纷处置与应急联动协调机制的通知》等。为弥补跨界环境治理在法律法规层面的制度缺失，中央全面深化改革委员会于 2017 年分别审议通过了《按流域设置环境监管和行政执法机构试点方案》和《跨地区环保机构试点方案》，为跨界环境行政执法协同提供了制度基础。但从内容上看，这两个方案在一些程序、规则、手段等方面的规定仍然不够详尽，其推进速度也比较缓慢，需要国家生态环境部进一步督促相关地方政府切实落实，并在实施过程中不断对其加以完善。

当前，在大气污染防治领域形成了相对完善的针对跨界协同执法的制度体系（见表 4.2）。大气污染防治的主要代表区域是京津冀地区，该区域大气污染防治的制度体系从 2013 年开始建立，到 2018 年初步形成。

表 4.2　京津冀地区大气污染防治制度体系

序号	时间	政　　策
1	2013 年 9 月	《京津冀及周边地区落实大气污染防治行动计划实施细则》
2	2015 年 12 月	《京津冀协同发展生态环境保护规划》
3	2016 年 7 月	《京津冀大气污染防治强化措施（2016—2017 年）》
4	2017 年 2 月	《京津冀及周边地区 2017 年大气污染防治工作方案》
5	2017 年 8 月	《京津冀及周边地区 2017—2018 年秋冬季大气污染综合治理攻坚行动方案》
6	2018 年 10 月	《中华人民共和国大气污染防治法（修正）》

资料来源：笔者根据相关政策性文本整理而得。

如表 4.2 所示，京津冀地区大气污染防治制度体系已初步形成，既有短期的《京津冀及周边地区落实大气污染防治行动计划实施细则》，又有中长期的发展实施规划和工作方案，尤其是生态环境部于 2018 年 9 月设立了大气环境司（京津冀及周边地区大气环境管理局），进一步为上述制度文本落地提供了组织保障。然而，在京津冀地区的全域污染治理中几乎仅有大气污染防治这一孤案。对于其他种类的跨界污染，例如水污染、土壤污染、固体废物污染等问题，跨界协同执法尚缺乏相应的制度安排。

4.2.3　资源整合能力不足

跨界环境行政执法协同所需资源主要体现在人、财、物、信息四个方面。在京津冀地区跨界环境行政执法协同中，对这四方面资源的整合能力还有所欠缺。其中，领导小组作为整合及调动区域执法队伍和物资的协同中介，其制度建设还需完善，资金保障能力、信息整合能力还需要提高。

第一，领导小组制度不完善导致资源整合程度不高。在过去十几年里，京津冀地区在中央高层的关注下，在协同执法实践过程中逐步形成了以领导小组制度为基础的组织架构，但作为一种较为先行的实践探索，其领导小组制度还不完善，领导小组对人、财、物、信息等资源的调配效果还不够明显。尽管就大气污染防治而言，京津冀及周边地区大气污染防治领导小组在统筹规划区域大气污染防治、推动大气污染重点问题专项整治、大气跨界执法效果评估与监督等方面发挥了重要作用，生态环境部更是进一步设立了大气环境司（京津冀及周边地区大气环境管理局），但在该区域的其他环境污染治理，均没有形成如此完善的领导小组制度。而京津冀地区大气污染防治领导小组及其功能发挥在很大程度上基于全国上下尤其是中央高层领导对这一问题的高度关切。京津冀地区的水污染、土壤污染、固体废物污染等治理领域，还需要相关领导小组发挥切实作用。区域环境治理整体效果距预期目标仍有一定距离。

就结构形态而言，除前面提到的大气污染防治个案外，京津冀地区跨界环境行政执法协同机制中的领导小组或专门小组均不是正式建制的协同机构，领导小组成员的编制、经费、规格等都没有正式规定，小组运作也存在很大的随机性。京津冀地区执法协同主要是通过领导小组会议来确定协同执法的重点工作或者落实环境治理方案，从本质上看，领导小组会议是一种以地方首脑倡导为基础的柔性协调形式，相对于正式的刚性协调而言，其存在着权威性和执行力有些不足的问题。简而言之，统领全域污染治理的领导小组制度建设还不完善，一定程度上影响了京津冀地区跨界环境行政执法协同的总体进程。

第二，跨界协同执法所需的资金保障能力不足。一方面是中央财政保障的不确定性。组织事务的有效安排及其执行离不开财政资源的支持与推动。中央政府的财政投入力度越大，也就有越大的话语权，越能推动各级地方政府落实政策，反之，则结果亦相反。京津冀地区的跨界协同执法主要由中央政府统一调配财政资源，这就使得中央财政支持一旦减弱就会直接影响区域内的协同执法效果。另一方面是地方财政保障的不确定性。已有研究指出，京津冀三地有关环境问题的财政投入占比不一致，表明区域内尚未达成高度一致的协同执法共识[181]。

我国当前正处于经济结构转型的关键期、深层次问题的累积释放期以及新一轮改革的推行期，同时，受世界经济复苏一波三折导致不确定性问题增多的影响，国家面临着经济下行压力加大、实体经济困难的局面，增加了科学判断经济形势的难度。尤其从 2019 年以来，美国加紧对中国的全面压制，加之 2020 年初新型冠状病毒肺炎疫情的暴发，都对中央财政带来了巨大挑战。在此背景下，中央财政势必将压缩一些预算项目，对京津冀地区环境治理的财政投入力度可能有所减小。同样，京津冀三地受新型冠状病毒肺炎疫情影响，其财政收入也将可能减少，加之三地在环保治理资金投入机制上的非制度化及投入比例分歧，将造成对区域环境治理财政投入上的削减，进一步导致跨界协同执法财力保障不足。

第三，跨界协同执法过程中对环境信息资源的开发利用不充分。近年来，尽管京津冀地区在环境信息开放共享建设方面取得了一定成就，京津冀地区协同执法的环境信息开放共享系统架构已初步建成，但在实际运用过程中缺乏统一的技术标准，各地、各部门缺乏统一的操作系统与应用系统，为具体的操作带来了多方面障碍。

首先，表现为环境信息监测能力较弱，各地区基础设施建设水平存在较大差异，天津市、河北省环境信息开放共享所需硬件建设滞后于北京市，污染源自动在线监测范围较窄，使得监测到的环境信息难以实现有效对接，监测系统在稳定性和速度方面仍有待加强。其次，环境信息整合处理水平有待进一步提升，环境信息共享平台标准的不统一增加了环境信息开放共享的障碍，使得信息孤岛和信息资源浪费问题得不到根本性解决，电子政务分析技术较为落后，仍主要采用 20 世纪 90 年代的日志分析技术，这种监测方式降低了协同执法信息的精准分析和量化管理，难以为协同执法提供有效支撑。再次，环境信息开放共享协同性不强，其系统功能需进一步完善，京津冀地区缺乏统筹环境信息化建设需求的部门，使得各政府门户网站缺少标准化数据接口，造成环境信息资源整合度不高等问题。最后，环境信息数据的加工与处理能力不足，获取相关环境信息后如何进行有效解读并支持决策及行动，值得进一步思考。

4.2.4　领导协同程度不高

京津冀地区协同执法过程中，区域内各地领导之间的协同主要通过领导小组制度设计来实现，但前述已论及该区域在领导小组制度建设上还需完善，缺乏刚性结构安排。从时间和频率看，协同执法相关领导小组会议的召开具有一定程度的随机性，通过对三地参与协同事宜的工作人员进行调研了解到，领导小组会议一般是由领导小组核心领导决定召开。由此可见，京津冀三地领导协同具有一定的随机性，协同执法工作常态化难以保证。

另外，由于京津冀地区的结构主体之间还存在一定的"位势差异"，一定程度上导致该区域各地领导之间的协同出现一些问题。京津冀地区跨界环境行政执法协同主要采取的是一种横向的跨区域协同形式，这种协同形式特别强调不同协同主体在身份和地位上的对等性，这里的对等性不仅意味着形式上的对等，更关乎实质上的对等[182]。但就京津冀地区的协同执法实践而言，在领导小组会议和执法行动上，北京市相比于河北省、天津市拥有一定的主导权。这种协同结构中的主体有些不对等状态，使得河北省和天津市的协同具有一定的被动性。地位有些不对等会进一步加深津冀两地领导在协同执法过程中责任利益分配有些不公平的认知。京津冀三地的有些不对等地位一定程度上阻碍了三地领导协同进程和降低了协同深度，致使京津冀地区三地领导之间协同程度不高。

4.3 我国跨界环境行政执法协同机制存在缺陷的原因

4.3.1 "压力型协同"模式与利益协同机制不完善

第一，"压力型协同"模式导致区域协同主体的应付式协同，实质性协同意愿不足。京津冀地区协同发展经历了一个"启动—徘徊—沉寂—重提—蹒跚—倒逼而催生复兴"的复杂演进过程[183]。总体上可划分为两个阶段，一是自 1986 年环渤海经济圈概念提出后的京津冀地区协同发展的蹒跚推进阶段，二是 2001 年京津冀一体化发展构想提出及其受到中央关注并介入推动协同进程，再到京津冀协同发展上升为国家战略以来的加速推进落实阶段。纵观京津冀地区协同发展的演进历程，国家战略的决策部署是至关重要的驱动力，而 2010—2018 年，京津冀地区的严重大气雾霾问题更是变相加速推进了京津冀地区跨界环境行政执法协同发展进程。因此，京津冀地区协同发展的关键因素可以理解为来自中央战略部署的决策压力和环境污染治理的迫切需要，共同倒逼京津冀地区跨界环境行政执法协同发展的理念认同、协同进程推进及协同机制构建，中央层面的压力式推动始终占据着主导地位。具体到跨界环境行政执法协同机制的形成及发展，这种倒逼式驱动作用表现得更为明显。简单来说，京津冀三地之间跨界环境行政执法协同主要是在中央层面的压力下而进行的“压力型协同”[184]。在“压力型协同”模式下，由于京津冀地区协同执法的内在驱动力不足，往往导致应付式协同，区域内各主体的协同意愿不足。

第二，利益协同机制缺失是导致区域协同主体在协同意愿上出现一些差异、协同机制不能有效建立的核心因素。就协同本质而言，京津冀地区协同执法表面上协同的是行动，但实际上协同的是利益。利益协同机制在京津冀地区协同执法的逻辑构造中处于最为核心的地位。因此，京津冀地区跨界环境行政执法协同过程本质上就是京津冀三地政府在环境利益上不断博弈和调和的过程。但是，利益共享机制这个最核心的问题却迟迟没有真正得到解决，跨界环境行政执法协同意愿的持续性和协同过程的常态化无法得到保证。面对跨界环境行政协同执法，京津冀三地在协同利益上存在一定程度的“非均衡性”，即京津冀三地在协同执法的成本和代价上存在一定程度的“不平衡”。而每一个参与协同的主体都具有“理性经济人”特征，会对协同的成本和协同的收益进行评价与权衡。当协同的成本大于协同的收益时，“理性经济人”对协同的积极性减弱。前述论及，京津冀三地之中，经济发展水平低、企业数量多、人均收入低的地区，面临的协同执法压力和执法成本最大，执法任务艰巨。另外，在环境治理过程中，执法成本最大，执法任务艰巨的地区不仅要付出高额的治理成本，还有更多隐性发展成本和民生成本。事实上，在京津冀三地面临协同执法成本投入有些失衡的情况下，如果能够建立良性的成本分摊或利益补偿机制，对在协同执法中产生的成本损失进行合理分派和补偿，那么，协同利益失衡问题便能得到有效解决。但是，由于“压力型协同”模式下的协同内在驱动力不足，京津冀在近年来的协同执法过程中并未建立起成熟的利益协调机制。

4.3.2 对环境保护的立法意识不强与体制上条块关系的障碍

立法意识是指立法主体有关立法的理论、观点、精神、原则、目的、价值观念和立法动机等。根据《中华人民共和国立法法》，我国的立法体制是由全国人大及其常委会的国家立法权以及行政法规制定权、地方性法规制定权、自治条例和单行条例制定权、规章制定权构成的。其中，行政机关的立法属于委托立法，包括国务院制定行政法规和国务院各部委等❶制定部门规章以及地方政府❷制定地方政府规章。立法意识的内容非常丰富，但一般来说，立法意识主要指向立法动机与决策的形成，即探讨哪些因素引导了立法的需求与意向，如何形成国家的共同意志或使立法者树立共同立法意识，作出有关法律的立、改、废的决策[185]。通过立法意识概念可以较为清晰地诠释我国环境保护立法的演进过程，下面将探究跨界协同执法方面权威性制度文本缺失，尤其是专门性跨界环境保护法律缺失的成因。

第一，总体上看，对环境保护重要性思想认知不足，导致立法机关、行政机关对环境保护的立法意识不足。1978 年改革开放以来的 40 多年里，尽管生态环境保护与经济发展齐头并进，取得了各种积极进展，但从效果来看，生态环境保护的成就似乎并没有经济增长这么“耀眼”，也就是通常所讲的，经济增长与环境保护并不协调和一致。与此相对应，立法机关、行政机关的环境保护立法意识亦呈现不稳定状态和总体性立法意识不强的状态。

在 1978—1992 年的第一阶段里，环境保护工作的进展基本上与经济增长是持平的，主要体现在各类环境管理制度体系的完善上，目前在环境管理上，

---

❶ 包括国务院各部委、中国人民银行、审计署和具有行政管理职能的直属机构。

❷ 包括各省、自治区、直辖市、设区的市、自治州人民政府和广东省东莞市和中山市、甘肃省嘉峪关市、海南省三沙市四个不设区的市（比照适用 2015 年 3 月 15 日通过的全国人民代表大会关于修改《中华人民共和国立法法》的决定中有关赋予设区的市地方立法权的规定）。

诸多制度的源头都可以追溯到这个阶段。其时带有较强中央计划性质的经济增长始终本能地警惕着在环境保护上重走西方国家“先污染、后治理”的发展道路，对于“先保护、后发展”有着较强的愿望。与此相对应，此阶段的立法机关和行政机关均具有较强的环境保护立法意识，环境保护法律制度体系初步形成。在 1992—2012 年的第二阶段里，这 20 年是中国经济增长的黄金时期，但在此阶段，生态环境保护管理体制在侧重经济增长的市场经济发展面前失去了“刚性约束”，逐步在执行上变得“富有弹性”。在这一阶段，经济体制从计划经济向市场经济的转变在一定程度上令环境保护在政府和市场两个层面上同时面临极大的困境，客观上体现为政府能力不足和市场力量过度强大，使环境保护变得越来越“弱势”。当经济增长成为压倒性政治任务后，在主观上极大减少了对“先污染、后治理”发展模式的认知，致使对环境保护工作重要性的认识明显不足，最终环境与经济关系逐渐失衡。这一时期，“重增长、轻环保”成为全国一种较为普遍的思想认识，立法机关和行政机关的环境保护立法意识被削弱，环境保护立法进程缓慢。2012 年后的第三阶段，经济发展趋于平缓，与此同时，生态环境保护工作重新被提上重要的议事日程，党的十八大将生态文明建设纳入“五位一体”总体布局，中央对环境保护高度关切，中央和地方政府相应制定了一系列政策性文件，进而呈现出经济与环境的再平衡动态关系，这一最新动态到 2022 年为止仍没有结束。但由于环境保护意识的重新树立需要一个过程，一些地方政府对环境保护迫切性、重要性的认知程度依旧不高。

第二，对环境问题整体性特征的认知不足和体制上的条块关系在一定程度上阻碍了跨界环境保护立法的进程。自 20 世纪 90 年代以来，我国工业化、城市化进程的迅速推进过程中，跨界环境污染事件增多，而此前各级立法机关、行政机关以及社会各界对环境污染的整体性、多样性和复杂性普遍缺乏认知，对跨界环境保护的立法意识不强烈。同时，我国行政管理体制上的条块结构增加了跨界环境立法在技术上的困难，进一步延缓了专门针对跨界环境保护的立法进程。立法意识主要包括四个方面的因素：客观需要的引发、主体利益的驱动、立法条件的具备和共同意志的形成。围绕上述四个要件，为促成我国跨界环境保护立法意识的形成及增强，在当前跨界环境污染治理已经成为迫切的客观需要的局面下，我国只有消除主体利益驱动和立法条件两个方面的障碍，才能切实达成共识，最后促成专门性跨界环境保护立法的实现。在生态文明建设已经得到中央高度重视并被写入党章和宪法的情况下，增强主体利益驱动主要是进一步提高地方政府对跨界环境行政执法协同必要性的思想认识，破除自利的地方保护主义和排他行为。通过对我国行政管理体制中的条块结构进行改革和完善，通过不断推进和深化省以下环保机构监测监察执法垂直管理制度的改革，能够进一步增强主体利益驱动。同时，对我国行政管理体制中条块关系的改善，能够进一步提供立法条件，因为行政管理的组织结构是跨界环境保护立法中必须考虑的一个问题，关涉相关立法内容设计和立法实施后面对的问题，是立法条件之一。另外，随着区块链、大数据分析等技术的有效运用，跨界环境保护的立法条件进一步成熟。

4.3.3 资源整合机制欠缺

第一，合法性不足是京津冀地区协同执法相关领导小组制度建设缓慢的主要原因。如图 4.6 所示，协同理论认为，彼此的信任、对问题的共识以及沟通的建立是协同过程生成的关键变量。这种信任、共识以及沟通的建立有赖于协同组织的合法性和协同规划的愿景。首先，由于不同主体之间往往存在着协同意愿和协同阻力上的明显差异，因此，如何基于共识建立彼此之间的信任关系显得尤为重要。协同的本质就是信任关系的构建[186]。其次，彼此之间的沟通至关重要，沟通可以加强信任。再次，协同组织需要获取必要的资源支持以实现其合法性，这里的合法性不仅包括程序上的合法性，还包括认知的合法性。前者强调协同行动者拥有平等参与决策的地位和建立信息共享的沟通机制，后者则包括对相互依赖性的认知以及彼此之间的信任。最后，通过协同规划落实协同行动。协同规划是信任、共识、沟通以及合法性认知的结果，协同的使命、目标及任务都要在协同规划里阐释清楚。

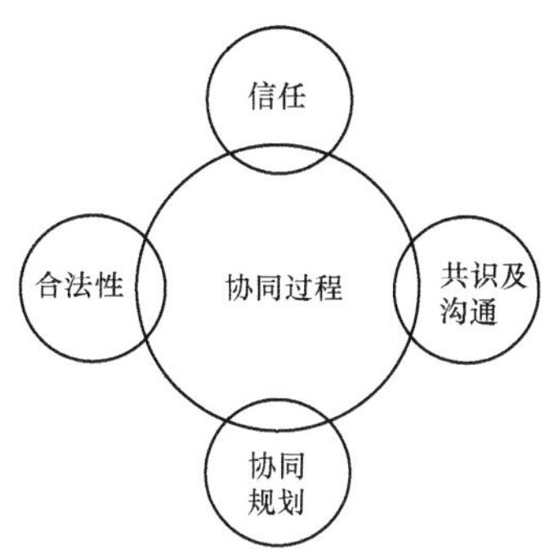

图 4.6 协同过程分析图

图片来源：笔者根据文献整理分析后自制。

在上述协同体系内，协同组织的合法性是信任、共识及沟通得以强化的基础，因此，协同组织应当具有较强的包容性，并实现包容性的协同。所谓包容性协同是指要将不同的利益相关者纳入其中，帮助其建立包容性结构，创建统一的愿景，降低主体间权力的非均衡性。反过来，这种包容性结构，有利于协同的开展，执行最初的规划和目标[187-189]。对于协同组织这种非等级制的组织结构来说，因其区别于传统的命令和官僚结构的控制，包容性的决策过程是合适的。

在京津冀地区的跨界环境行政执法协同过程中，相关领导小组是在中央介入下京津冀三地共设的协同组织，是三地环境行政执法的协同中介，起着重要的资源整合作用。通过以上对协同过程的理论解释，检视京津冀地区跨界环境行政执法协同机制中的领导小组，可以发现，其存在一定的合法性缺失问题。首先，相关领导小组在程序上的合法性不足，一方面体现在京津冀三地在身份和地位上实质性的有些不对等，无法真正满足在小组会议或专门会议上平等参与决策的要求；另一方面体现在信息沟通机制的不健全。其次，由于京津冀三地之间缺乏完善的利益共享协同机制，造成有的地区付出了大量执法成本而不能得到相应补偿，协同执法收益单向度流向其他地区，逐渐弱化了三地之间相互依赖性的认知，一定程度上削弱了彼此之间的信任。由此，合法性的缺失进一步削弱了领导小组的权威，衰减了领导小组的资源整合等功能，延缓了领导小组制度建设的进程。

第二，对中央财政的过度依赖和三地之间缺乏完善的利益协同共享机制是导致京津冀地区协同执法资金保障能力不强的直接原因。首先，前文论及，京津冀地区的跨界环境行政执法协同是一种“压力型协同”模式，这种模式是在一种不稳定状态下的协同，同时，协同执法的资金支持主要依靠中央财政的调配。一旦中央层面的压力减弱，往往意味着中央资金保障能力下降，这种协同机制的运转就难以持续。其次，由于京津冀地区协同执法缺乏真正的内部共识基础，协同的自发性、主动性不强，三地之间没有就协同执法“投入—收益”均衡的利益协同机制进行广泛讨论和协商，只是在中央协调下就资金投入比例制定了权宜性方案，缺乏完善的相应制度规定及配套监管措施，完善的利益共享协同机制没有建立起来。执法成本投入和利益补偿问题是跨界协同的核心问题，这也是本书多次提及该问题的原因。建立起相对完善的利益共享协同机制，京津冀地区的协同执法才能够进一步获得稳定、可持续的资金保障，这是跨界环境行政执法协同机制中的重点内容。

第三，环境信息开放共享机制不完善是导致京津冀地区协同执法信息资源开发利用不充分的直接原因。首先，在公共部门信息寻租以及“理性经济人”背景下，环境信息垄断成为一种可能，加大了地方政府间的环境信息鸿沟；一些政府出于信息安全、保密权责等问题的考虑，不愿意对环境信息资源进行深度开放共享，甚至人为扩大保密范围，只是对部分政策指导性信息进行公开，从而造成环境信息开放共享流于形式。其次，由于行政区划壁垒原因，区域间各地的环境信息开放共享建设自成体系、各自为政，缺乏统一的长远规划；京津冀地区签订的环境信息开放共享协议制度化程度较低，而且各地对开放共享抱持犹疑的心态，导致生态环境整体性与行政区划分散性之间产生一些矛盾，加大了环境信息在各执法主体间的流通难度。最后，环境信息开放共享制度建设不全面，环境信息开放共享标准与规范缺位，不同区域、不同部门依据自己的情况制订环境信息开放共享标准与内容，无法实现数据信息的有效兼容，不同架构之间的数据信息难以产生规模效益和发挥优势。京津冀地区的环境信息开放共享机制在上述三个方面的缺陷，制约了环境信息资源的开发利用，阻碍了跨界环境行政执法协同的进程。

4.3.4 领导协同的长效工作机制不健全

第一，跨界协同执法方面的制度建设不全面，区域内各地领导之间在协同上缺乏相应的制度约束和制度支持。一是缺乏权威性的专门针对跨界环境行政执法协同的法律法规，导致区域内各地领导在协同执法过程中缺乏基本依据和规则指引，也缺乏应有的法律约束。二是区域内正式的与非正式的沟通渠道不畅，一方面是因为领导小组制度不完善；另一方面是因为区域内横向多维沟通机制没有切实建立起来，导致区域内各地领导在协同执法过程中出现诸多掣肘，产生了大量额外的协调成本。三是跨界协同执法的具体规则不够明确，容易导致区域内各地领导在协同执法过程中基于自身利益而进行弹性执法，从而削弱了协同成效。上述三方面原因交互影响，共同导致了京津冀三地领导在跨界协同执法中协同深度不够、协同程度不高的结果。

第二，缺乏基于跨界协同执法绩效的激励机制，导致区域内各地领导之间对协同的积极性不高。一方面，缺乏相应的针对区域内各地领导协同绩效的考评制度，更缺乏基于这种考评结果的针对各地领导的激励制度。另一方面，没有针对区域内各地领导在协同执法过程中遭遇到身份危机问题的消解机制。根据组织理论的基本观点，组织得以生存的关键在于组织的边界，组织有其自身的目标、利益和组织运行的一系列制度安排。组织中的领导则往往刻意固化这一边界。但跨界协同的目的在于打破这个边界，将多个组织的目标进行统合，实现共同目标的维持和达成，因此这个过程困难重重。加入协同体系和参与协同过程，往往意味着需要放弃部分组织自身利益和代表组织的身份，甚至是组织认同。因此，跨界协同执法在理论上和实践上都出现了个体行动与集体行动之间的张力问题。区域内各地领导所代表组织的身份危机问题将会降低其沟通意愿，进一步降低区域内各地领导之间的协同程度。

第三，京津冀地区跨界环境行政执法协同机制构建中缺乏包容性协同，导致这种区域协同的合法性不强。前文已就包容性协同进行了分析讨论，京津冀区域内各地领导在身份和地位上实质性的有些不对等以及决策讨论及制定中的权力的不均衡，降低了该地区执法协同的合法性，降低和阻碍了区域内的领导协同深度和协同进程。同时，包容性协同还要求将在协同执法过程中关涉的不同利益相关者均纳入京津冀地区跨界环境行政执法协同机制，包括作为市场主体的涉污企业、环境公益性组织、权益受损的公众等。包容性协同的匮乏致使京津冀地区跨界环境行政执法协同机制在内容上存在缺失，这是导致区域内领导协同程度不高的又一重要原因。

5 我国跨界环境行政执法协同机制的生成逻辑及现实解读

第 4 章从协同执法的主体、制度、资源和领导等方面介绍了跨界环境行政执法协同机制的现存缺陷及其原因，并且结合第 2 章的理论分析各协同机制形成要素之间的关系。本章主要论述跨界环境行政执法协同机制的生成逻辑及现实解读，主要从目标情境、基础条件、方式指引、动力支持与直接契机五个维度展开。具体来说，解决区域性环境污染这个“棘手问题”是跨界协同执法的根本目的，为协同机制生成创设了目标情境；环保机构组织地位的上升和环境信息资源的丰富意味着执法能力的提升，为协同机制生成提供了相应的基础条件；条块分割、属地管理等方面体制性障碍和利益补偿机制的缺失是跨界协同执法的主要阻力，也是跨界协同执法的基本突破点，为协同机制生成提供了方式指引；将环境绩效纳入政绩考核、强有力的问责机制及督察制度为协同执法机制生成提供了动力支持；高层领导的高度重视和高层机构的政策推动以及区域共生的发展诉求则为协同机制生成提供了直接契机，促进了跨界协同执法机制的生成。

上述五个维度并非孤立存在，而是存在着相互依赖的关系。其中，前提条件的满足是协同机制生成逻辑的重要推动力量，更是动力支持的保障，此外，它还在一定程度上推动着方式指引的发展与演变。动力支持直接促成了协同机制的生成，但也受目标情境的影响。目标情境除了直接影响协同机制的生成外，还作用于方式指引。方式指引则直接作用于协同机制的生成。此外，作为出现机会相对较少的“机会之窗”，直接契机作用于前提条件、动力支持、方式指引、目标情境和协同机制的生成。因而，上述五个维度共同促成了跨界协同执法机制的生成。具体关系如图 5.1 所示。

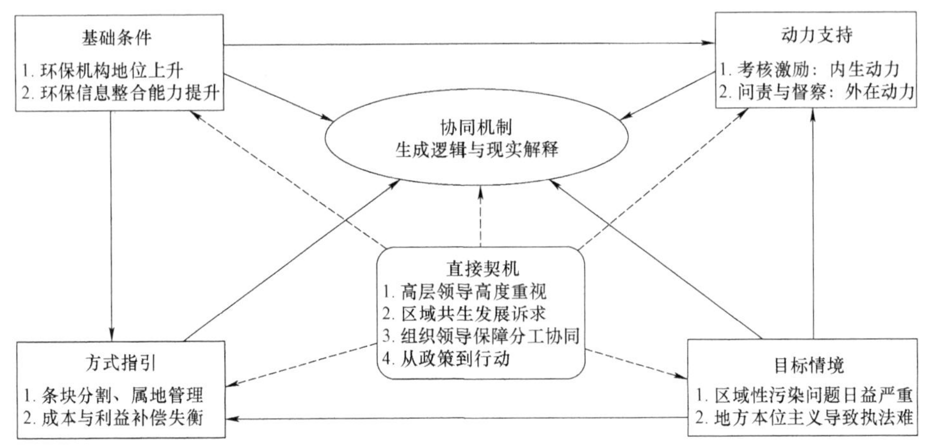

图 5.1 协同机制生成逻辑关系图

图片来源：笔者根据文献整理分析后自制。

5.1 “棘手问题”为协同机制生成创设目标情境

5.1.1 区域性污染问题的日益累积

探求有效解决日益严峻的跨界环境污染问题的方式方法，是环境治理的迫切要求。我国各级政府逐渐重视环保问题，人、财、物等资源的投入也在逐年增加，然而，环保效果却迟迟不能达到预期目的，其原因很大程度上在于地方政府基于自身利益考虑而各行其是，且推诿扯皮现象普遍存在。由于各地独自执法，且执法的标准、规范和强度等都不尽相同，造成环境污染的整体性治理困难重重。近年来，一些地方政府开始意识到，环境行政执法绝不是一个部门的事情，也不是一个地区的事情，而是应该实现跨界的、多部门的协同执法。

以京津冀地区大气污染防治为例，北京市的空气污染不仅仅是北京地区自己释放的污染物，还有很多污染源自河北省、天津市等地，尤其是季节性比较明显的污染物扩散和转移。此外，相继有报道指出[1]，跨界环境污染物的倾倒也是当前环境治理的一大难题，由于省际交界处的各省执法成本相对较高，又存在一定的搭便车行为，导致监管和执法力度较小，出现污染物堆积现象。在江苏宿迁，2017 年 7 月底至 8 月初，被告人陶某在没有取得工业固体废物处置资质且无固体废物处置设施的情况下，擅自接受浙江省某公司提供的纸塑混合废料二次下脚料，被告人陶某通过物流公司运输这些固体废物，被告人李某等人接受物流公司安排，将这些固体废物运至沭阳县境内，这是一起典型的跨省倾倒污染物的案件。

由于区域环境的整体性与属地行政区划的碎片化之间的矛盾迟迟得不到缓解，跨界环境污染案件越积累越多，逐渐成为引发社会矛盾、影响社会安定的重要因素。随着相关新闻普遍和深入的报道，各地环保执法机构越发意识到建立跨界环境行政执法协同机制的必要性。2008 年 7 月，原环保部针对跨界水污染治理问题，出台了《关于预防与处置跨省界水污染纠纷的指导意见》。国务院领导要求在跨省界重点河流、湖泊、海域建立跨省际联防治污机制，互通情况、相互监督，注重日常监测、预警、检查的协同，防患于未然，形成治污工作合力，及时有效地预防和处置跨省界水污染纠纷，维护社会和谐稳定。

由于跨界环境污染问题的严重性和中央针对环保考核施加的压力，地方政府对环境行政执法协同的必要性、紧迫性逐渐达成共识，进而提高了跨界环境行政执法协同机制构建的认知。

5.1.2　地方本位主义导致的执法难、执法软

在跨界环境治理中，环境保护目标存在非一致性、非协调性等问题，这

[1] 2017 年 5 月《新闻调查》栏目报道：“有船只利用长江航道，分别从江苏、浙江等地装载大量危险废物与一般固体废物的混合物，以为安徽省部分地方砖瓦窑厂制砖提供原料为名，非法转运至安徽省境内倾倒。通过扩大线索，摸排调查，一个利用长江航道跨省大规模非法转运倾倒固体废物的黑色产业链逐步浮出水面。”

主要体现在纵向与横向两个维度。

从纵向上来看，中央政府的环境政策目标主要通过地方政府的层层分解来完成，通过逐级传递，被层层加码后的环境治理目标由地方政府来实现，但是环境目标的非一致性也由此出现。一方面，地方政府仍然受制于关键的经济发展指标的考核，从短期来看，环境治理目标会在一定程度上与地方经济发展产生较为强烈的摩擦和冲突，这会导致地方政府变通方式来执行上级政策，使得原本的政策目标在实际运作过程中偏轨；另一方面，中央政府的环境治理政策通常是着眼国家全局来通盘考虑，具有原则性与指导性特征，而可能没有考虑到地方的具体情况。我国幅员辽阔，各地区的资源禀赋、产业结构、社会经济发展以及环境状况呈现出较大的差异，这就使得各级地方政府要在中央的环保目标基础上，分析明确符合本地区的具体目标，这种灵活性和弹性的处置方式，会使地方政府因为过分追求辖区利益而出现有悖于国家政策目标的行为，进一步导致央地之间环境治理目标的偏离与异化，也对不同级别政府间的环境治理协同框架的搭建造成了阻碍。

从横向上来看，环境治理问题绝对不是一个孤立的议题，往往涉及多个部门与多个领域，与社会经济发展、现代化建设等议题联系紧密。因此，需要各个部门之间的沟通协调，通过协商合作的方式搭建起协作平台，确立一致性目标，进而改善区域环境。但是，在实际中，横向不同地方政府、不同职能部门之间往往存在着彼此分割的部门利益，特别是部分地方政府领导为了地方发展和个人政绩，搞地方保护主义，环保政策的制定均从本地利益出发，缺乏对区域内整体环境治理目标的考量，降低了地方政府与邻近区域以及不同职能部门间进行沟通协作的可能性，致使跨地域以及跨部门的政府协同难以展开。

总之，不论纵向维度还是横向维度，都可探查我国目前环境治理过程中变通执行与目标异化的倾向，这可能使中央的环境治理效果大打折扣，降低原本的政策效能。但不可否认，这恰恰是我国环境执法中不可忽视的背景与亟待解决的问题，也更加呼唤开创跨界环境行政执法协同的新局面。

5.2 执法能力的提升为协同机制生成提供基础条件

5.2.1 环保机构组织地位的上升

中华人民共和国成立以来，我国环保机构经历了从无到有、从弱到强的成长过程。1988 年的国务院机构改革将环保工作从原城乡建设环境部中分离出来，成立了国家环境保护局（副部级），我国才有了相对独立明确的综合管理环境保护的职能部门。1998 年，国家将原本为副部级的国家环保局升格为正部级的国家环境保护总局，并且扩大了其环保方面的行政职能。2008 年，国家组建环境保护部，使环保机构从国务院直属机构演变成为国务院的组成部门，从而使得环保部门在国家有关规划、政策、执法、解决重大环境问题综合协调等方面的能力得到提升。2018 年，国家进一步以原环境保护部为主体组建了新的生态环境部，新组建的生态环境部在职能方面得到进一步扩展。

国家环保机构在行政级别上的逐步提升，彰显了我国对环境治理的持续重视，提升了环保部门调配相关执法资源的能力。但就地方政府层面的实际运行现状而言，生态环保机构在大多数地方政府组成部门中尚不能占据主要地位。当环境问题与地方经济发展产生严重冲突的时候，环境行政执法难、执法软的局面依旧不同程度地存在。因此需要进一步推动我国环保机构的改革向纵深发展，进一步将其他部门涉及环境保护的相关碎片化职能纳入环保部门，并提高环保部门的实质性地位。同时，为提升跨界环境行政执法效能，要在中央全面深化改革委员会于 2017 年审议通过的《跨地区环保机构试点方案》和《按流域设置环境监管和行政执法机构试点方案》基础上进一步细化实施办法，切实落实到位，加快推进我国跨界环境行政执法协同机制的生成。

另外，为有效破除我国环境行政执法过程中遇到的多种阻力，尤其是执法对象的欺瞒甚至对抗，在后续的环保机构改革方案中可参照德国的实践经验建立环境警察队伍。德国的环境警察队伍高度专业化，具体表现在环保警察高素质和执法队伍装备全面两个方面，甚至还配有专业的刑事侦查设备[149]。我国的《人民警察法》明确警察职责包括“预防、制止和侦查违法犯罪活动”，《刑法修正案（八）》关于污染环境犯罪的规定及 2016 年“两高”联合发布的《关于办理环境污染刑事案件适用法律若干问题的解释》均为污染环境罪的刑罚适用提供了确切依据，因此，我国环境警察的设立及其刑事侦查职责具有相应的法律基础，环境污染犯罪仅是人民警察查处的众多犯罪中的一种类型。我国可以在公安系统新设“环境警察”的警种，环境警察作为公安机关中一个业务部门，专门履行法律赋予公安机关的环境与资源保护的职责。或者，可以在环保部门新设警察机构，既可以由当地公安机关派出，将人员编制在公安机关，也可在环保部门设立由人员编制隶属环保部门的环境警察机构（类似我国海关内部设立的缉私警察机构），在环保部门的领导及公安机关业务指导下，专司打击环境违法与犯罪活动。通过这种机构和人事改革上的制度创新，能够进一步加大环境行政执法的力度。同时，因为这是一种相对具有创新性的改革举措，机构创设和人员补充更加灵活，可以在设置环保警察机构和人事改革方案中增加关于提升跨界协同执法能力的内容。

环保机构组织地位的上升与职权的扩充，使环保机构具备更强的执法能力，一方面能够更有效地协调与同级部门之间的关系、与地方之间的关系；另一方面能够以更加有力的执法手段面对执法对象，为跨界环境行政执法协同机制的生成提供基础条件。

5.2.2 环境信息资源整合能力的提升

信息资源是环境行政执法的前提和基础，更是我国跨界环境行政执法协同的关键。没有充足的信息资源，执法机构就无法掌握执法对象的行动、环境污染的情况以及保障协同执法的效果。因此，如何运用区块链、大数据、物联网等信息技术，构建一套行之有效的信息资源搜集和预警系统至关重要。

完善先进的信息资源系统能够获取到企业的真实排污情况，动态监测各行业、各地区对环境污染的贡献率，以及区分因果机制。加强跨界环境行政执法信息资源共享机制建设，能够跨越跨界生态环境协同执法面临的“信息鸿沟”，有效提升跨界协同执法的效果。

由京津冀地区在大气污染防治方面的经验与取得的效果可以看出，该区域内建立的信息共享机制在环境协同执法中的作用还是非常明显的。在中央部署与三地的共同探索下，京津冀地区已建立起相对完善的环境信息共享机制。该机制围绕区域大气环境管理要求，依托已有网站设施，综合运用多种先进信息技术，对造成大气污染的所有污染源进行了全方位信息搜集和检测，有效促进了区域内环境信息共享。随后，该区域又补充建立起空气质量预报信息共享机制，就区域内重污染天气预报预警、空气质量变化趋势等进行会商研判，促进区域重污染天气预警预报、会商及应急相应联动，为采取及时、高效、准确的应急措施提供了决策依据。

跨界协同执法信息资源共享区别于行政区内部执法信息资源共享的最大特征就是共享主体关系的复杂性。这种复杂性关系直接导致了两方面问题：一是共享主体目标和利益的差别，这种目标和利益的差别可能导致共享主体共享行为决策的地方本位主义；二是共享体制机制的分割，这一分割是跨行政区特征的直接体现。从京津冀地区信息资源共享机制生成及完善过程的经验来看，面向跨界协同执法而构建的信息资源共享机制的总目标必须由涉及的行政主体各方高层共同协商，必要时可以由中央牵头推动。能否形成协商一致的总目标，以及在总目标中明确共享责任主体、共享内容、共享标准和共享方式等核心要素，并以中央部门行政规章或地方规范的形式实现合法化，是我国跨界环境行政执法协同过程中信息资源共享机制能否实现的关键点。

5.3 体制性约束为协同机制生成提供方式指引

5.3.1 条块分割、属地管理的制约

“条块分割”是我国行政管理体制中存在的问题。我国生态环境部是环境管理的最高职能部门，具有对地方环保职能部门进行相应管理和业务指导的职能。地方各级环保部门依次设省生态环境厅、市生态环境局以及县生态环境局。但在组织结构中，地方生态环境厅、生态环境局一方面要接受上级职能部门的监督及技术指导；另一方面还必须接受地方政府的行政领导，并且在实际运作中，地方政府实际控制着属地环保部门的财政预算、人员编制等，由此构成所谓双重领导体制。在该体制之下，虽然环保部门同时接受两个上级的双重领导，但是两个上级对地方环保部门的影响力迥然不同。上级环保部门与下级部门之间更多的是监督与被监督的关系，仅仅存在着业务上的指导关系，而地方政府同环保部门之间有着更为紧密的领导与被领导关系。因此，在通常情况下，环保部门更多地受到当地政府的影响，上级环保目标经常被搁置。这种矛盾冲突尤其表现在“块”上，环保部门的属地政府更多的是以经济发展目标为导向，而对环境执法的优先性有所轻视，“条”上的上级环保部门没有有效的工具可以规制下级的行动，导致环境治理目标弱化。

为解决这一突出问题，中央全面深化改革委员会于 2016 年 7 月审议通过了《关于省以下环保机构监测监察执法垂直管理制度改革试点工作的指导意见》，并要求各省（自治区、直辖市）进一步完善配套措施、健全机制，确保“十三五”时期全面完成环保机构监测监察执法垂直管理制度改革任务。此番改革举措将县级环保局调整为市级环保局的派出分局，由市级环保局直接管理。市级环保局实行以省级环保厅（局）为主的双重管理

（仍为市级政府工作部门）。其中，直辖市下属区县及省直辖县（市、区）环保局参照市级环保局实施改革。计划单列市、副省级城市环保局实行以省级环保厅（局）为主的双重管理。

开展省以下环保机构监测监察执法垂直管理制度改革，能够进一步建立健全条块结合、各司其职、权责明确、保障有力、权威高效的地方环境保护管理体制，切实落实对地方政府及其相关部门的监督责任，增强环境监测监察执法的独立性、统一性、权威性和有效性，满足统筹解决跨区域、跨流域环境问题的新要求，规范和加强地方环保机构队伍建设，为建设天蓝、地绿、水净的美丽中国提供坚强体制保障。

跨界协同执法的前提是有明晰的任务和责任的分工。在跨界环境行政执法协同机制的组织领导和内部分工讨论中，京津冀地区为本研究提供了良好的研究思路。为逐步实现京津冀三地生态环境保护一体化，北京市、天津市和河北省三地的环保机构协商建立了环境行政执法的“联动工作机制”。京津冀三地共同成立京津冀环境执法联动工作领导小组，下设办公室，由领导小组统一组织开展三地的环境执法联动工作，形成有部署、有行动、有标准，相互支持、共同配合的环境监察执法的有利局面。京津冀三地环保机构于2015年11月在首次召开的“京津冀环境执法与环境应急联动工作机制联席会议”上正式启动了“京津冀环境执法联动工作机制”。“联动工作机制”建立了五项工作制度。一是定期会商制度。领导小组每半年会商研究一次，领导小组办公室每季度会商一次，季度会议由三省（市）轮流组织。二是联动执法制度。根据工作计划或需要，由三省（市）环保局（厅）定期或不定期统一人员调配、统一执法时间、统一执法重点开展联动执法。三是联合检查制度。三省（市）环境保护局（厅）每年各牵头组织1～2次联合检查行动，互相派遣执法人员到对方辖区开展联合检查，共同学习交流执法经验、提高执法水平。四是重点案件联合执法后督察制度。对同时涉及京津冀的重点环境违法案件联合进行环境行政执法后督察。五是信息共享制度。共享本辖区环境监察执法信息，互相借鉴学习。

“联动工作机制”还从四个方面具体明确了联动执法的主要内容。一是排查与处置跨行政区区域、流域重污染企业及环境污染问题、环境违法案件或突发环境污染事件；二是排查与处置位于区域饮用水源保护地、自然保护区等重要生态功能区内的排污企业；三是在国家重大活动保障、空气重污染、秸秆禁烧等特殊时期，联动排查与整治大气污染源；四是调查处理上级交办的重点案件。针对一些重点环境问题、交界区域“散乱污”企业及交界模糊区域“三不管”问题等，三地生态环境部门将抽调执法人员混合编组、联合查处，更好发挥联动执法作用，推动环境问题得到解决。在执法人员队伍建设方面，组织交界区、市互派执法人员到对方辖区开展联合检查，学习交流执法经验。《2019—2020 年京津冀生态环境执法联动重点工作》还进一步确定三地在省级联动基础上，下沉联动执法层级，建立健全交界区域市、县（市或区）执法联动机制。

毫无疑问，针对环保机构的省以下垂直管理改革在一定程度上解决了我国传统环保管理体制中的条块分割过于精细化的问题，旨在能够进一步推动跨界环境污染治理中的协同执法。但需要注意的是，由于这次改革在一定程度上颠覆了以往传统的环保组织领导关系，地方政府与环保部门的关系以及环保部门之间的关系也发生了较大转变，而且这种关系在不同级别环保部门与各级别政府间都表现得有所不同，特别是在市（地）县级层面，更是错综复杂，这就在一定程度上形成了改革后的问题叠加与复杂化状态。因此，跨界环境行政执法协同机制的探索，需要建立在进一步解决传统条块分割体制下的路径依赖以及应对改革之后出现的新问题的基础之上。

5.3.2 执法成本与利益补偿的失衡

利益协调机制理应是跨界环境行政执法协同机制中的一种基本制度安排，是消除跨界污染外部性的基本途径和持续推进跨界协同执法的重要保障。利益协调机制应当遵循公平负担、损益相当、法定补偿与协定补偿相结合的原则来协调和平衡地方政府间的关系，促进和强化区域内各地方政府间的协同行动。完善的利益协调机制是跨界环境行政执法协同机制生成的一个重要基础条件。如果利益协调机制缺失，跨界协同执法过程中就会出现利益单向度流动，将严重挫伤相关主体的协同积极性。以京津冀地区为例，河北省在经济发展上落后于京、津，而拱卫北京市、非优质产能承接等多种原因造成的环境行政执法任务却最重，严格执法的直接成本和间接成本巨大。河北省付出的大量执法成本不能从北京市方面获得相应的补偿，该区域协同执法产生的收益经常单向度流向北京市。如若这个问题迟迟无法得到有效解决，河北省将本能地出于“理性经济人”考虑而或明或暗地通过阻碍措施或消极不作为来防止自身利益的无限度流失。天津市比河北省的状况好一些，但在利益协调机制长期不能获得改进的情况下，也会逐渐降低协同执法的积极性和主动性。

地方政府间利益协调机制的建立和完善，离不开完善的生态补偿制度。完善的生态补偿制度是生态文明的核心内容。纵向转移支付是我国生态补偿的主要方式，在生态补偿金的筹措方面，现有的生态补偿金基本来源于全国财政支出与地方财政支出，因此需要相应的财力资源作为保障。跨界环境行政执法协同涉及的生态补偿制度更为复杂，还涉及平行地方政府的横向转移支付问题，而地方政府间横向转移支付一直缺乏相应的制度保障。为加快推进跨界协同执法进程，一方面有必要加大国家财政对跨界协同执法过程中生态补偿的支持力度；另一方面需要立足于法律法规来完善我国生态补偿的顶层制度设计，尤其要对跨界协同中的生态补偿问题进行制度创新。针对生态补偿制度，习近平早在 2013 年就指出：建立反映市场供求和资源稀缺程度、体现生态价值、代际补偿的资源有偿使用制度和生态补偿制度，健全生态环境保护责任追究制度和环境损害赔偿制度，强化制度约束作用。党的十八届三中全会也强调建立并完善自然资源资产产权制度及其用途管制制度，以坚守生态保护红线为底线，推动自然资源有偿使用与生态补偿制度。党的十八大以来，国务院和各级地方政府不断积极探索，进一步完善和创新生态补偿制度，旨在通过经济手段加快推进我国环境治理进程。地方政府间利益协同机制的完善和生态补偿制度体系的日趋成熟，为我国跨界环境行政执法协同机制的生成及完善提供了较好的制度基础。

5.4 正负激励制度为协同机制生成提供动力支持

5.4.1 考核激励：内生动力

我国跨界环境行政执法协同的推进有赖于一系列制度的设计和实施。其中，最重要的是设计激励和约束制度。为切实推进跨界协同执法，需要用正向激励制度引导地方官员的行为，让其绩效、晋升甚至福利待遇等与其主政地的乃至相应的区域性环保结果紧密联系到一起。党的十八大以来，越来越多的环境保护机构的官员得到了晋升，这一方面体现了环境保护的重要性，另一方面也体现了我国官员绩效考评指标体系的变化。环境污染治理成效对于衡量地方政府绩效的影响越来越受到重视。将环境质量和能源的利用效率改善状况作为环保考核主要指标的地方官员绩效考核体系，能够对地方官员的晋升状况产生一定的正向作用，并且这种正向激励在规模较大的城市和政府行政力量较强的城市中作用更为显著。2015 年 4 月，中共中央办公厅、国务院办公厅印发的《关于加快推进生态文明建设的意见》指出，应将资源消耗与环境损害、生态效益补偿等环境治理绩效纳入经济社会发展综合评价体系，大幅增加考核权重。除鼓励个人发展外，更为重要的激励机制在于充分调动区域性官员的积极性，以区域环境治理为单位，开展全域的跨界环境行政执法协同机制的激励办法设计。

在跨界环境行政执法协同过程中，也应当对企业和市场行为加强引导和激励。环保机构应更加注重探索使用指导、资助、合同、奖励等非强制性手段进行执法，应着手建立更加合理的市场机制，有效引导企业的投资行为。当前的碳排放交易市场为解决大气污染的负外部性问题提供了可资借鉴的经验。鉴于此，应当以公共资金投入为杠杆，撬动私人部门资金的进入。为避免走“先污染，后治理”或者“边污染，边治理”的老路，应当从制度设计角度入手，让环保部门参与企业执照准入审批环节，提高企业准入的环境门槛，从源头上遏制不合规企业的污染。

一系列相应的激励制度安排成功，能够充分调动各地方官员的积极性和促进相关涉污企业的配合，能够为跨界环境行政执法协同机制的生成提供内生动力。

5.4.2 问责与督查：外在动力

除正向激励外，还必须建立相应的问责及惩处机制。正如习近平所反复强调的："用最严格制度最严密法治保护生态环境，加快制度创新，强化制度执行，让制度成为刚性的约束和不可触碰的高压线""推动绿色发展，建设生态文明，重在建章立制，用最严格的制度、最严密的法治保护生态环境。"近年来，我国在生态保护问责及惩处机制方面进行了相应的制度安排。

其一是环保问责制度。国家原环境保护部在 2014 年出台了《环境保护部约谈暂行办法》以督促地方政府及其有关部门切实履行环境保护责任，解决突出的环境问题，保障群众环境权益。2015 年 8 月，中共中央办公厅、国务院办公厅印发了《党政领导干部生态环境损害责任追究办法（试行）》（以下简称《办法》），要求各地区、各部门遵照执行。《办法》规定中央和国家机关有关工作部门、地方各级党委和政府的有关工作部门及其有关机构领导人员按照职责分别承担相应责任，明确了追究相关地方党委和政府主要领导成员、政府有关领导成员、政府有关工作部门领导成员责任的各类情形。同时，还规定党委及其组织部门在地方党政领导班子成员选拔任用工作中，应当按规定将资源消耗、环境保护、生态效益等情况作为考核评价的重要内容，对在生态环境和资源方面造成严重破坏负有责任的干部不得提拔使用或者转任重要职务。党政领导干部生态环境损害责任追究形式有：诫勉、责令公开道歉；组织处理，包括调离岗位、引咎辞职、责令辞职、免职、降职等；党纪政纪处分。2018 年 5 月，中央纪委通报要求各级纪检监察机关以高度的政治责任感和历史使命感为生态环境保护领域的纪律保障工作履职尽责，更加科学、精准和有效地开展生态环境保护领域监督执纪问责和调查处置，用最严格制度、最严密法治保护生态环境，让制度成为刚性的约束和不可触碰的高压线。

对损害生态环境的地方和单位的领导干部真追责、敢追责、严追责，终身追责，对该问责而不问责的也要切实加以追究。一系列针对环保问责的政策性文件的出台，使环保责任追究制度从宽、松、软到现在的从严、从紧、从快处理，环保问责正在迅速成为一种常态化机制，能够有效督促各级政府高度重视环境治理问题，进而为跨界环境行政执法协同机制的生成提供了切实的外在动力。

其二是环保督察制度。环境形势的严峻和环境标准的提高，亟须破解传统环境管理制度中存在的突出问题。一方面，环境行政执法不到位和监管对象缺位降低了环境监管的效用。我国环境监管体系中环境保护主管部门的职能权力有限，特别是国家环境保护主管部门对地方政府的强制约束力不足。长期以来，环境监管只注重“监企”而没有“督政”，污染型企业受到地方政府保护的问题较为突出。另一方面，跨界环境监管问题长期得不到有效解决。跨界环境管理体制具有很强的属地特征，中央政府负责监管协调，地方政府负责区域问题解决，这种跨界环境问题管理的属地特征与环境问题跨界化的特征产生了冲突。地方政府的环保责任仅限于本行政区，对跨界环境问题缺乏权威性责任认定，导致地方政府之间矛盾激化。地方政府缺乏有效制定和执行政策的能力，缺乏对跨界环境溢出效应的合理规范。上述问题的解决，从根本上讲，还是需要通过坚实的制度基础加以保障。环保督察是加强环境行政执法监管的重要制度保障，是介于决策和执行之间，同时贯穿于决策和执行过程的重要监督环节。环保督察是命令控制型手段，通过约谈、限期治理、区域限批、挂牌督办等，建立“党政同责”和“一岗双责”的督政问责体系。2006 年开始，原国家环境保护总局正式组建华北、华东、华南、西北、西南、东北六大区域环保督察中心，有效地填补了区域环境监管的空白，逐渐形成由环境监察局、应急中心和区域环境保护督查中心组成的“国家监察”体系。通过环保督察体系的逐步完善和督察实践的广泛深入开展，环保督察在约束地方政府、推动跨界环境保护方面发挥了切实作用，提升了环境保护主管部门对跨界环境纠纷的协调和处理能力，是我国跨界环境行政执法协同机制生成过程中的重要外在动力。

5.5　高层重视及决策为协同机制生成提供直接契机

5.5.1　高层领导的高度重视

改革开放以来，国家开始以经济建设为中心，抛弃了阶级斗争，更抛弃了过去禁锢的思想。更为重要的是，无论中央政府还是地方政府，经济建设成绩成为悬在所有公职人员头上的一把“达摩克利斯之剑”。随着经济发展成果的不断累积和进步，最近十几年，海外学者研究发现，中国官员高度重视的议题有两项，即经济发展和社会稳定。我国经济建设的成绩已无须赘述，对于这种经济发展奇迹出现的动因，主流经济学已给出了较好的答案，即把官员的激励搞对了。简而言之，正是将经济发展纳入到官员考评的关键指标体系中，让官员高度重视经济建设，这是我们在较短的时间内实现经济跨越式增长的关键因素。同时，改革开放四十多年也伴随着复杂多样的社会变革，转型期社会矛盾增加，我国群体性事件伴随着经济社会的发展而呈现增长趋势。事实证明，社会矛盾的增加是在我国政府的合理控制之下的。在高度重视社会稳定的前提下，长期以来，我国使经济发展与社会稳定两大看似矛盾的任务相得益彰，完成得井井有条。

随着改革开放进入关键时期，党和国家面临人口三大高峰（即人口总量高峰、就业人口总量高峰、老龄人口总量高峰）相继来临的压力，能源和自然资源的超常规利用，加速整体生态环境“倒 U 形曲线”的右侧逆转，实施城市化战略的巨大压力，缩小区域间发展差距并逐步解决“三农”问题，国家可持续发展的能力建设和国际竞争力的培育六大挑战。2003 年，党的十六届三中全会提出了以人为本，全面、协调、可持续的科学发展观，生态环境保护理念在全国上下逐步得到普及。

环保理念的切实转变，首先需要转变将环境保护视为和经济发展相互冲突、相互矛盾的观念。事实上，多地环境保护的实践证明，环境保护与经济发展的关系如果得到妥善处理，环境保护不仅不会阻碍经济发展，还会在很大程度上刺激经济发展。例如，环保产业的快速发展和崛起，污水处理厂、相关设备、湿地建设、土地规划、管道布网等内容均对环保产业的发展起着积极的推动作用，成为经济增长的重要内容。重视环境保护问题还能够促进工业的转型升级，这正是我国绝大多数工业型城市的发展出路。只有切实转变环境保护理念，实现经济发展的跨越式增长才有可能。习近平强调“人与自然是生命共同体”，人类文明在发展过程中，人与自然的关系也在发生相应改变。面对各地比较突出的人与自然之间的矛盾，要像对待生命一样对待生态环境，多做治山理水、显山露水的好事，让自然生态美景永驻人间，还自然以宁静、和谐、美丽。这充分体现了习近平生态文明思想的文化价值理念和科学自然观。

对环境保护的高度重视和对环境保护理念的切实转变，还应该突出体现在跨界协同执法层面。鉴于环境污染的整体性、多样性和复杂性，很多环境治理问题不仅仅是一个行政区域内部的事情，比如大气污染。跨界环境污染问题的解决不是处理行政区域内部的公共服务，更不是行政区域内部的财政资金分配，它的产生与治理自始至终都依赖于环境行政执法的协同开展而不是单兵作战。对跨界协同执法的认识及其理念转变至关重要，只有当我国各级政府高度重视环保问题，并且认识到环境保护的本质是跨界协同执法时，后续操作层面的工作才能进一步有序开展和扎实推进。

党的十八大以来，中央高层对生态文明建设的重视程度前所未有，生态环境保护成为一项重要的政治任务，地方各级政府开始高度重视环境保护问题。高层领导力的持续投入以及对环境污染整体性认识的提高，为我国跨界环境行政执法协同机制的生成提供了重要的思想认识基础，成了协同机制生成的直接契机。

5.5.2 高层机构的政策推动

高层领导对环境保护的高度重视，直接体现在相关政策性文件的制定和实施上。高层领导机构在政策制定和执行方面作用明显，它们可直接推动跨界环境行政执法协同机制的生成，是跨界环境行政执法协同机制生成的又一个契机。对中央部委相关政策性文本进行分析，能够较好地诠释各高层领导机构对跨界环境污染事件进行治理的文本脉络，同时辅以地方政府相关政策性文本分析，还可以进一步观察各相关政府在环境行政执法问题上的协同程度。本研究以我国大气污染防治为例，收集整理了 1983 年 12 月—2018 年 12 月合计 843 份由中央部委与京津冀及周边地区政府部门针对大气污染防治及相关污染治理而制定的政策性文本并进行整体性分析。为直观体现政策发文主体之间的联合发文状况，本研究采用 Quanteda 包中的发文主体共现网络方法对政策发文主体之间的联合发文状况进行了可视化展示，以便于观察发文主体之间的协同状况及其内在关系。发文主体共现网络分析分为两部分，其一是中央部委之间联合发文分析，其二是京津冀及周边地区发文主体之间的协同发文分析。进行发文主体共现网络分析，可以了解在政策制定过程中，不同部门之间的协同情形。

第一部分，中央部委发文主体间的协同关系，尤其原环保部作用明显。在针对发文主体共现网络的分析中，“节点”代表政策性文本的发文主体，节点之间的线段表示发文主体之间存在的联系，其线段粗细与颜色则代表发文主体之间的合作状况：线条越粗、颜色越深则表示这两个部门之间联合发文的频率较高，即协同发文能力越强。如图 5.2 所示，原环保部、工业和信息化部、财政部、发展改革委、公安部、交通运输部以及河北省政府、河南省政府、山东省政府、山西省政府、北京市政府、天津市政府处于发文网络的核心地位，这些发文主体与其他发文主体呈现出较为密切的合作关系。而且原环保部还推动了各地方环境保护厅（局）和其他高层政府机构的发文，例如住房和城乡建设部。而生态环境部、住房和城乡建设部、自然资源部、应急管理部、国家能源局、国家市场监督管理总局、商务部、工商总局在发文网络中处于次核心地位，这些发文主体与其他部门协同发文态度较为松散。值得注意的是，中国气象局处于发文网络的边缘地位，仅仅与原环保部存在着少量的协同发文情况。从整体来看，原环保部和生态环境部处于发文主体的核心部位。可以将发文网络划分为两大部分，一是图 5.2 右下角部门之间较为紧密的协同发文状况，二是左上角极为松散的协同发文状况，而原环保部和生态环境部将发文网络的两大部分连接起来，构成了发文网络主体的核心部位。另外，在中央部委发文网络图中，中央部委之间的合作较为紧密，除此以外，中央部委与地方省、市政府机构也存在较为频繁的合作关系。

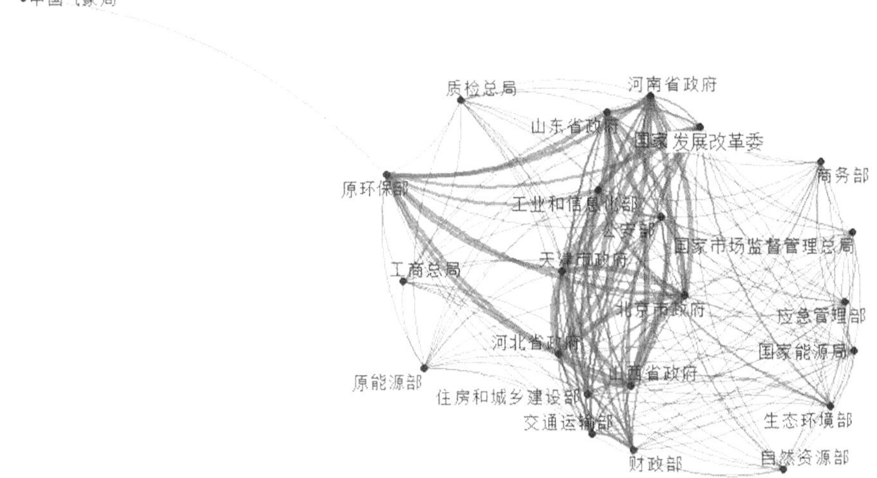

图 5.2　中央部委发文网络图

资料来源：笔者根据 1983—2018 年相关政策性文本整理分析而得。

第二部分，京津冀及周边地区发文主体间的协同关系，反映了各地政府对中央环保理念和政策的落实情况。如图 5.3 所示，整个发文网络主体可划分为较为明显的四个部分。其一，北京地区发文主体网络。在北京地区的发文主体网络中，北京市生态环境局、北京市财政局处于整个发文主体网络的核心部位，这两个部门与其他部门有着密切的合作发文关系，特别是北京市财政局将已分割为两部分的北京市发文网络连接在一起。另外，北京市公用局、北京市劳动局、北京市教育委员会以及北京市环境卫生管理局等部门形成了小范围的发文网络主体。其二，河北省发文主体网络。在该发文网络中，原河北省环境保护厅、河北省财政厅处于河北省发文主体网络的核心部位，并且这两个部门协同发文关系最为密切。其三，天津市发文主体网络。该发文主体网络中涉及的发文主体较为稀少，因此发文网络略微单一，但同样是以原天津市环境保护局为发文网络的核心。其四，北京市委、山西省政府、山东省政府、北京市政府与天津市政府等部门形成的发文网络主体。整体来看，在京津冀及周边地区的发文网络中，北京市、天津市与河北省内部各部门之间的协同发文较为密切（特别是北京市地区，环境政策发文主体涉及多个下辖部门），并且形成了以环境部门、财政部门为核心主导的发文网络，这表明省份/城市内部协同发文较为密切，但是，京津冀及周边地区横向协同发文情况鲜见，表明省份/城市之间协同发文较少。由此可知，京津冀及周边地区环境政策发文协同情形集中于地方政府内部，各地政府之间较少联合发文。

图 5.3 京津冀及周边地区发文网络图

资料来源：笔者根据 1983—2018 年相关政策性文本整理分析而得。

高层领导环保理念的推广和高层机构政策的落实，还需要具体分析中央部委和各地方政府的政策内容，因此，对政策性文本内容的分析是一个非常重要的解读视角。图 5.4 为中央部委环境政策性文本词云图，从该词云图中可以看出，“大气污染”“京津冀”“周边地区”“行动”“方案”等词出现频率较高。

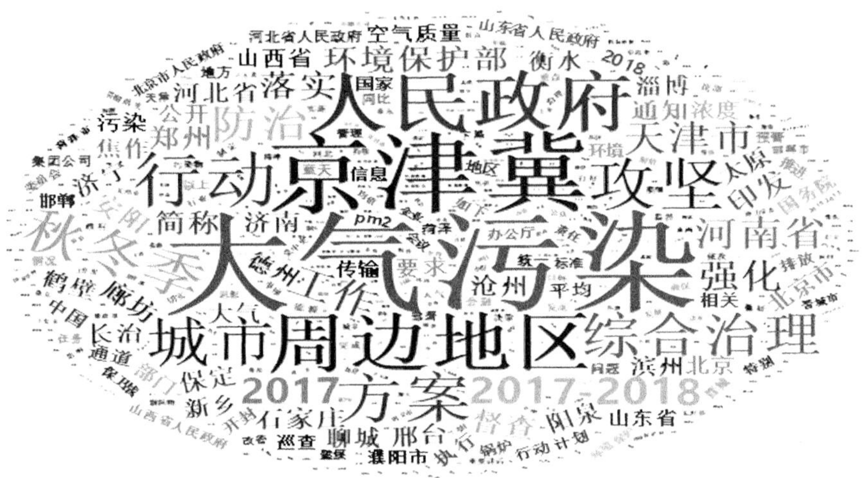

图 5.4 中央部委环境政策性文本词云图

资料来源：笔者根据相关政策性文本整理分析而得。

为进行具体分析，本书绘制了中央部委环境政策性文本词频分布表，如表 5.1 所示。该表中出现频率较高的关键词为“大气污染”“京津冀”“周边地区”“行动”“攻坚”“秋冬季”“综合治理”等。在中央部委环境政策性文本中，“大气污染”一词出现了 109 次，可知环境政策目标主要是防治大气污染；政策目标区域为京津冀及周边地区，河南省等省和安阳、石家庄、保定等城市名称出现频率较高；在治理措施上，“综合治理”的词频相对较高，可知综合治理已经成为防治环境污染的重要措施，同时，综合治理在另一层意义上也体现出中央部委要求协同执法的倾向和意图。

表 5.1　中央部委环境政策性文本词频分布

关键词	词频	关键词	词频	关键词	词频
大气污染	109	防治	40	安阳	24
京津冀	87	河南省	35	石家庄	24
周边地区	66	天津市	35	保定	23
人民政府	65	强化	34	沧州	23
行动	60	落实	31	河北省	23
攻坚	56	原环保部	29	济南	23
方案	54	郑州	27	济宁	23
城市	53	廊坊	26	通知	23
秋冬季	51	督查	25	邢台	23
综合治理	48	印发	25	阳泉	23

数据来源：笔者根据相关政策性文本整理分析而得。

图 5.5 为京津冀及周边地区环境政策词云图，从图可发现，“污染”“防治”“工作”“北京市”“应急”等词出现频率较高，由此可知，应急、防治污染是京津冀及周边地区面临的环境治理任务。

图 5.5　京津冀及周边地区环境政策词云图

资料来源：笔者根据相关政策性文本整理分析而得。

表 5.2 为京津冀三地环境政策性文本词频分布。从表可发现，北京、天津与河北三地的环境政策性文本关键词存在较大程度上的一致性。“大气污染”“水污染”“企业”“防治”“管理”等词在这些地区中均有出现，体现出这些地区在政策目标上的一致性，即治理大气污染与水污染，这也说明大气污染与水污染已经成为京津冀三地政府共同的重要治理目标。在治理措施上，管理、减排成为重要举措，这表明在防治措施上，京津冀三地存在某种程度的协同性。在污染源的处理上，“企业”一词在三地中出现频率均较高，这表明对企业的整治与处理成为京津冀三地的执法重点，同时，“机动车”一词在

表 5.2　京津冀三地环境政策性文本词频分布

省（直辖市）	关键词	词频	省（直辖市）	关键词	词频	省（直辖市）	关键词	词频
北京	污染	2 473	河北	防治	693	天津	污染	525
	空气	1 151		企业	411		防治	383
	预警	1 040		环境保护	398		治理	255
	应急	1 028		监测	348		污染物	246
	防治	901		减排	330		应急	227
	措施	849		治理	311		环境保护	203
	大气污染	682		生态	288		大气污染	190
	排放	682		大气污染	247		企业	164
	治理	668		跨界	247		管理	163
	减排	567		水污染	232		污染源	155
	管理	528		管理	230		环保局	147
	预案	512		扣缴	223		水污染	137
	企业	356		补偿金	219		监督管理	91
	机动车	298		环保局	151		改善	90
	水污染	285		考核	143		监测	89
	园林绿化	265		超标	141		机动车	85

数据来源：笔者根据相关政策性文本整理分析而得。

北京市与天津市的环境政策性文本中共同出现，可见机动车尾气的排放也成为三地协同执法的重点，因此京津两地应加大对机动车的管理力度。在河北省环境政策性文本中，“跨界”一词成为高频词，表明河北省在环境政策性文本中已明确指出环境污染的跨界性以及污染治理需要协同性。通过对京津冀三地环境政策性文本高频词分析，发现京津冀地区在政策目标、政策措施、污染源治理等方面存在着较高的协同性。

在对环境政策性文本内容协同进行分析时，本书还对环境政策协同进行了历时性趋势分析，以此来探究政策协同的变化趋势。对于协同关键词的提取，以“综合治理”“合作”“协作”与“联防联控”四个关键词来衡量政策协同。同样，本部分分为两方面进行分析，一是对中央部委环境政策性文本协同趋势进行分析；二是对京津冀三地环境政策性文本协同趋势进行分析。

第一，对中央部委环境政策性文本协同趋势分析。在中央部委环境政策性文本中，由于“合作”“协作”与“联防联控”三个关键词没有出现或仅出现一次，因此，本部分仅对“综合治理”一词进行分析。如图 5.6 所示，综合治理一词仅出现在三个年份，分别是 2013 年、2017 年与 2018 年，而且其

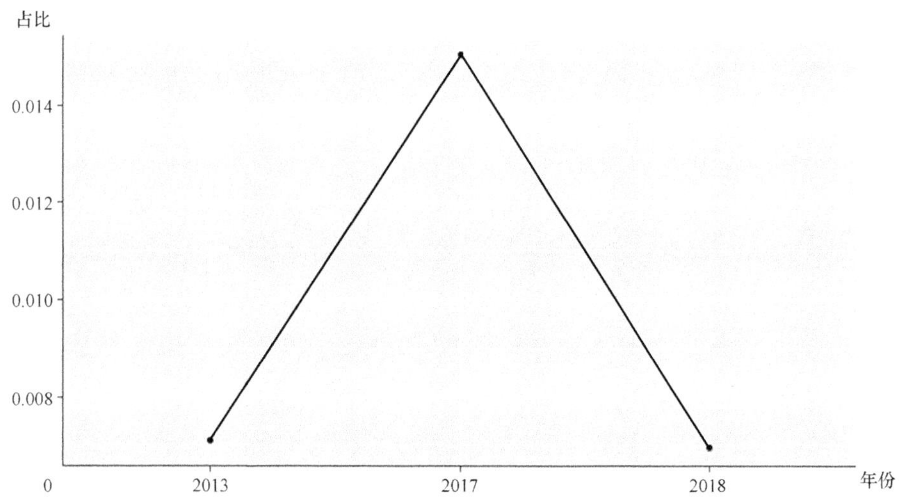

图 5.6　中央部委环境政策性文本“综合治理”变化趋势

数据来源：笔者对相关政策性文本整理分析而得。

历时趋势并不呈现上升趋势，而是倒 U 形变化趋势，即先升高、后降低，于 2017 年达到最高。出现这种倒 U 形变化的原因不一定是中央部委要求地方政府进行协同执法的态度有所变化，而有可能是因为政策发文之间的间歇性。但这种状况依然值得注意，因为高层政策发文内容直接影响着地方政府的行为，一旦对协同执法的要求在政策内容上没有得到连贯性体现，很可能导致地方政府对协同执法的态度发生转变。

第二，京津冀地区环境政策协同差异明显。图 5.7 是对北京市、天津市与河北省三地环境政策协同程度的分析，纵轴表示关键词词频占当年总词频的比重。就整体而言，“合作”“协作”“综合治理”与“联防联控”四个关键词变化趋势呈现较大波动性，演变趋势较为复杂，另外，“联防联控”与“合作”仅在某些年份零星出现，历时性变化趋势并不明显。具体而言，北京市环境政策性文本中，四个关键词均出现，“综合治理”一词在 2011 年的词频中占比较高，之后逐渐下降，至 2016 年跌至最低，2017 年以后开始回升，但仍呈现波动性；“协作”一词于 2012 年出现，除 2017 年词频占比较高外，其余年份演变趋势并不明显，在低水平徘徊；“合作”一词出现在 2014 年与 2017 年，变化趋势不明显，同样在低水平徘徊；“联防联控”一词仅在 2011 年

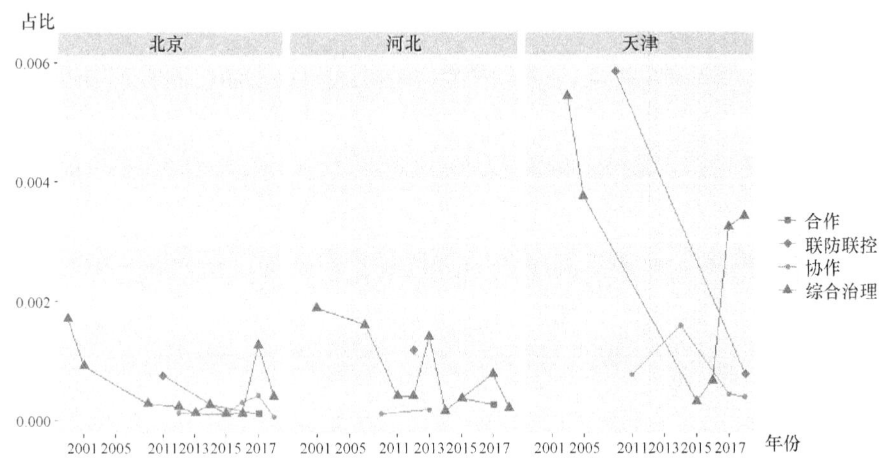

图 5.7 京津冀环境政策性文本协同演变趋势

数据来源：笔者根据相关政策性文本整理分析而得。

与2014年出现，并且呈现下降趋势。总体而言，北京市环境政策性文本协同治理居于较低水平，并且呈现下降趋势。

在河北省环境政策性文本中，“综合治理”一词呈现下降趋势，“协作”“合作”与“联防联控”仅零星出现。“联防联控”一词虽然仅仅在2012年出现，但是其词频占比远高于“协作”与“合作”。整体而言，河北省环境政策性文本协同治理处于较低水平，且呈现下降趋势。

天津市环境政策性文本中并没有出现“合作”一词，仅出现了另外三个关键词。与北京市、河北省不同，“综合治理”一词在天津市环境政策性文本中呈现U形变化趋势，2002年最早提出并达到最高水平，其后，词频占比逐渐降低，至2015年跌至最低水平，此后逐年上升，并于2018年达到较高水平。“协作”于2011年开始出现，于2013年词频占比达到最高，之后逐步下降，整体呈现倒U形变化趋势。“联防联控”仅在两个年份出现，分别是2010年与2018年，并且2010年的词频占比远高于2018年。整体而言，天津市的环境政策性文本数量多于河北省和北京市，但呈现的协同具有较大变动性，变化趋势更为复杂。

综上所述，高层领导机构的政策推动在促进协同机制生成的过程中发挥着较为显著的作用，一方面，原环保部位于中央各部门网络的核心部位，触发其他中央部委的政策协同；另一方面，高层机构推动着地方政府自身的政策制定及其与其他地方政府之间的政策协同。当然，也需要注意到，这种政策协同的周期性波动和地区之间呈现出的明显差异。

6 我国跨界环境行政执法协同机制生成的关键性动力因素与实证检验

第 5 章论述了我国跨界环境行政执法协同机制生成的生成逻辑及现实解读，在此基础上，本章将对我国跨界环境行政执法协同机制生成的动力因素进行剖析。通过文献梳理和对京津冀地区的实地调查，提炼出我国跨界环境行政执法协同机制生成的四个关键性动力因素。一是高层领导对环境行政执法协同机制的注意力分配，若高度重视则有利于协同机制的生成，相反，则难以有效建立触发机制。二是自上而下的问责压力，从控制权和压力型体制的视角入手，阐释了上下级政府间的联动关系。三是地方政府内部各相关部门之间的协同，表现了部门间协同关系梳理与构建，指出各类领导小组的重要性。四是跨界协同执法强度，体现为环保议题重视度和执法机构的组织地位的重要性。这四个关键性动力因素实际上也是围绕着领导、制度、主体、资源等展开的，与协同机制的主要构成内容和协同机制的生成逻辑一以贯之，如图 6.1 所示。

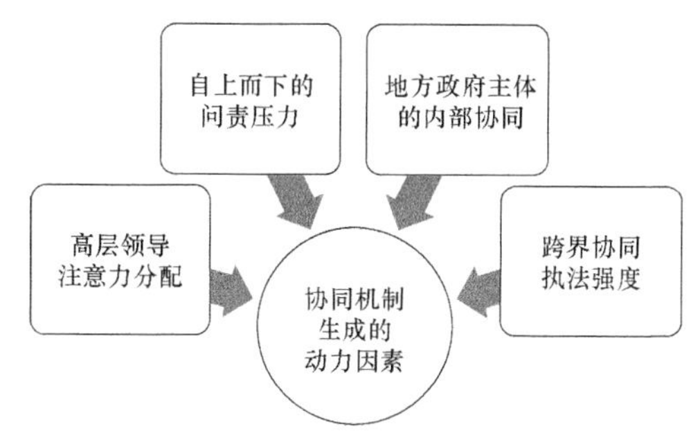

图 6.1　跨界环境行政执法协同机制生成的动力因素

图片来源：笔者自制。

6.1　高层领导注意力分配

高层领导注意力分配是政策制定过程中研究的关键要素，“议题为何以及如何获得政治关注成为议程设置与政策制定相关研究的基础问题”。高层领导注意力的分配与优先性表达是理解政策变迁与体制运作的新维度。在我国独特的官僚体制下，政府行政命令的实施和执行力度往往来自高层领导在某一时刻对特定议题的关注度。组织注意力分配理论指出，行动者和组织的注意力都是有限的，多项任务常常都是相互竞争的，有时表现为非此即彼[190]。在政治相对敏感的时期，例如“两会”期间，一些问题会得到“优先”处理，另外一些议题就只能处于从属地位。此外，还有研究指出，焦点事件也会引起高层领导对跨界环境治理的关注，进而促进环境绩效的改善[96]。我国跨界环境行政执法协同行动的展开在很大程度上也离不开政府高层领导对环保注意力的分配。高层领导注意力分配有多种类型，包括高层领导人的关注和要求、最高行政机关的正式和非正式关注等。

6.1.1　最高领导人的政治理念

在中国一体化、多层次的国家体系中，问题的“重要性”决定了处理的层级和方法。领导注意力被视为一种话语方式，强调对政府决策注意力资源进行有效配置，是影响政府决策能力的重大因素。高层领导依据多种信息渠道对问题的优先性进行的判断，将影响问题如何被处理，那些被高层领导所关注的问题，将会获得更多的资源。与此同时，优先性原则的作用在于确保实现“中央领导权威”，即要通过优先性原则来确立中央对地方的政策引导和财政控制，确保地方与中央在政策议题上的高度一致性。

依然以京津冀地区为例，在相关的正式制度设计、组织结构和保障机制中，并没有规定三地环保机构具有协同执法的职能，北京市生态环境局、天津市生态环境局和河北省生态环境厅各自负责辖区内部的环境治理，无权超过本辖区界线执法。尽管自 2004 年始，京津冀三地就协同发展达成了基本共识，但其推进过程一直比较缓慢。在 2014 年 2 月习近平总书记主持召开京津冀三地协同发展座谈会，将京津冀协同发展上升为国家战略后，跨界环境行政执法协同机制问题立即被提上日程，三地于当年 8 月签署了《关于进一步加强环境保护合作的协议》。由此可见，中央领导的注意力分配（高度关注）在京津冀地区跨界环境行政执法协同机制的生成过程中是至关重要的。2015 年 4 月，中央政治局审议通过的《京津冀协同发展规划纲要》确定将生态环境保护作为京津冀地区协同发展的三个率先突破领域（生态环境保护、交通和产业升级转移）之一，此后京津冀三地良性互动的环境行政执法跨区域联盟迅速形成，跨界协同执法机制随该区域一体化进程的加快亦不断得以完善。

京津冀协同发展战略是习近平新时代中国特色社会主义思想的具体实践，是实现以习近平同志为核心的党中央中华民族伟大复兴的“中国梦”政治理念的伟大实践之一。这一政治理念的另一重大实践——党中央、国务院决定于 2017 年 4 月设立雄安新区。设立雄安新区是以习近平同志为核心的党中央作出的一项重大历史性战略选择，是继深圳经济特区和上海浦东新区之后又一具有全国意义的新区，是“千年大计”、国家大事，也是深入推进京津冀协同发展的一项重大决策部署。2019 年初，习近平总书记在京津冀协同发展座谈会上指出，当前和今后一段时间，京津冀协同发展进入到滚石上山、爬坡过坎、攻坚克难的关键阶段，并要求下更大力气推动京津冀地区协同发展不断深入。综观京津冀地区跨界环境行政执法协同机制的生成及完善历程，最高领导人的政治理念和持续高度关注是重要驱动力。尤其当跨界协同执法进入实质性阶段、涉及重大利益调整时，更需要高层领导的持续高度关注才能破除众多体制性、机制性障碍。

6.1.2 最高党政机关连续发文

党的十八大以来，党中央确立了尊重自然、顺应自然、保护自然的理念，明确了节约优先、保护优先、以自然恢复为主的环保工作方针，提供了“山水林田湖草是一个生命共同体”的重要方法论指导，并提出了要用最严格的制度、最严密的法制保护生态环境，在生态环境保护问题上不能越雷池一步的底线要求。基于这些新思想、新理念，我国环境保护的战略布局和顶层设计不断完善，党中央、国务院及相关部委连续发文，制度出台频度之高是前所未有的，四梁八柱性质的制度体系不断完善。按照“五位一体”总体布局，相继出台了《关于加快推进生态文明建设的意见》《生态文明体制改革总体方案》和《关于全面加强生态环境保护坚决打好污染防治攻坚战的意见》，先后发布了《党政领导干部生态环境损害责任追究办法（试行）》《开展领导干部自然资源资产离任审计试点方案》《关于省以下环保机构监测监察执法垂直管理制度改革试点工作的指导意见》《生态环境监测网络建设方案实施计划（2016—2020 年）》《控制污染物排放许可制实施方案》《全国环保系统环评机构脱钩工作方案》《关于推进水污染防治领域政府和社会资本合作的实施意见》等数十项生态环保领域的改革文件。此外，生态环境保护立法取得明显进展，被誉为“史上最严”的《环境保护法》修订出台，大气、水、固体废物、海洋环境、环评、环保税等领域的法律相继制（修）订。最高人民法院、最高人民检察院发布办理环境污染刑事案件的司法解释，进一步降低了环境污染犯罪的入罪门槛。

党中央、国务院对环境保护的高度重视，在很大程度上改善了环境行政执法弱的现象。随着我国生态文明建设的制度体系的完善及其深入实施，生态文明现代化思想认识程度之深是前所未有的，极大提升了我国环境行政执法的强度，并不断向跨界协同执法领域探索。从跨界协同角度来讲，往往只有通过更高一级的政府机构才能促进区域环境执法协同的开展和落实。为此，《跨地区环保机构试点方案》《按流域设置环境监管和行政执法机构试点方案》

等政策性文件适时出台。更高一级的政府机构协调区域内协同执法关涉的一系列制度安排、人员配备、资金支持和与之对应的激励考核制度，能够有效推动跨界环境行政执法协同机制的生成。

6.2 自上而下的问责压力

6.2.1 控制权视角

上下级政府间关系是跨界环境行政执法协同的关键环节。高层领导的注意力分配及持续高度关注是实现环保机构严格执法的第一步，但当地方政府干预环境行政执法部门工作时，只有经上级环保机构的强力推动，才能保证环境保护的行政法规得到有效贯彻落实，而不至于发生偏转。官僚机构本身的层级属性要求实现上级对下级的适度控制，这种控制是多方位的。具体来说，包含目标设定权、检查验收权和激励分配权。

本研究借鉴周雪光提出的中国政府内部权威关系理论框架下的“委托方—管理方—代理方”的三级科层组织模型[110]，将中国政府的三级层次放入这个模型，“即中央政府（委托方）拥有政策制定和组织设计的最终权威；而县级及以下基层政府（代理方）有责任执行落实自上而下的指令和政策。中央政府授部分权威予中间政府（管理方）如省政府、市政府或上级职能部门，使其承担起监管下属基层政府执行政策的职责”。基于该模型，目标设定权是指组织内部委托方为下属设定目标任务的控制权。这是科层权威关系的核心，即由上级政府为下级政府设定相应的工作目标及任务，以期下级政府在一定时间内达成期待的目标。检查验收权是在目标设定权基础上，检查验收契约完成情况的控制权。检查验收权附属于目标设定权。委托方在设定目标后，可能亲自行使检查验收权，但也可能将这一权力下放给管理方。激励分配权是针对管理方下属的代理方的激励设置以及考核、奖惩其表现的权力，契约执行中的组织实施、资源配置等控制权也被包括在内。可把激励分配权看作一个特定的控制权，独立于目标设定权和检查验收权，即委托方的检查验收权与激励设计权可能是分离的、互不关联的，前者为委托方拥有，而后者则可能掌握在管理方手中。值得注意的是，有关管理方的激励分配权仍然由委托方控制，这大多体现在契约条款中。但有关代理方具体绩效的激励和考核控制权，可能保留在委托方手中，也可能下放给管理方。

依据该模型分析，国家生态环境部可视为环境保护的委托方，省生态环境厅或市生态环境局是环境保护的管理方，县生态环境分局[1]及乡镇政府、街道等为代理方。在达成生态环境建设一致目标和达到标准的前提下，从委托方到代理方经过层层施压，确保环保任务成为下一级官僚机构的常规性工作，更为重要的是，将这些任务纳入到绩效考核的范围中。在下级官员晋升时，越来越多地将该地区环境治理状况的优劣作为评判的主要标准之一。如图 6.2 所示。

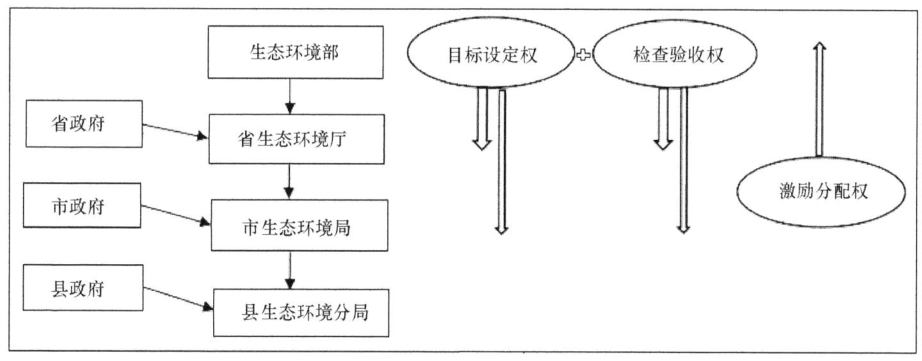

图 6.2　纵向环境保护机构间关系图

图片来源：笔者根据文献整理分析后自制。

图 6.2 中，矩形代表机构，椭圆形代表三种权力，其所在的位置即权力拥有方，而空白箭头的指向则代表权力的移动方向（下放或集中），黑色实线

---

[1] 省以下环保机构监测监察执法垂直管理制度改革后，县生态环境分局成为地市生态环境局的派出机构，省以下环保机构垂改的基本目的在于加大基层环境行政执法力度。基于“管发展必须管环保”和“落实各级党委、政府对生态环境负总责”的要求，县级党委、政府要坚决扛起生态文明建设和生态环境保护的政治责任，主要负责同志是本行政区域生态环境保护第一责任人，其他有关负责同志在职责范围内承担相应责任。

箭头代表机构间的关系。一般来说，目标设定权和检查验收权归委托方所有，也有可能适度下放给管理方，即省级和市级生态环境机构；激励分配权一般归管理方所有，即省级和市级环保机构。然而，委托方生态环境部拥有回收的权力，所以，增加了向上移动的箭头。

通过目标设定权、检查验收权和激励分配权的制度安排，一方面，高层机构能够通过控制权来确保环保目标及任务得以完成；另一方面，如果激励分配权内容得到良好的设计，就能够有效调动基层政府完成上述目标及任务的积极性，将促使省、市级政府进行相应的激励制度创新。在实际访谈中，我们发现了作为管理方的某市生态环境局在对下级进行环境执法监督时进行了一系列制度创新。

我们市政府印发了《××市环境保护约谈办法》，规定了十种由市政府主要领导约谈下边县区环保机构负责人的情形。也就是说，市委主要领导每月召开由各区县委书记、市直部门主要负责人参会的生态环境建设调度会。在这个会议中，生态环境治理工作排在当月第一名的区县委书记作典型发言，而排在最后一位的则要作表态发言，你看看这个力度大不大。

还有啊！我们还出台了“双罚”制度。这个制度的意思是，同时处罚环境违法企业和区县政府，对后者是通过扣减相关区县财政资金而实现的。对企业的环境违法行为，不仅要让企业受罚，还要让企业所在区县感觉“疼”，不再是“事不关己”。这样一来，他们（区县一级）就有动力好好干了，不干，不干你就少财政资金了啊！（访谈材料：zb001）

6.2.2 压力型体制视角

有关纵向政府间关系的讨论，在我国最具有本土气息的是荣敬本等提出的压力型体制[191]。该概念模型较为详细生动地描述了中国地方政府运行的逻辑和样态。该模型指出，我国地方政府的运行事实上进入了一种疲于应对多种压力的状态。换言之，随着经济社会的快速发展，我国经济社会和政治系统的全面动员能力受到了强有力的约束和限制，动员方式和动员手段就显得尤为重要，压力型体制就是在这种情况下产生和显示出勃勃生机的。

在经济发展领域的指标分解、任务分配上，该理论具有较强的描述力。荣敬本等学者在调查中发现，地方官员在发展经济的时候常常出现三句话："一手乌纱帽、一手高指标""加压驱动"和"热锅理论"。这三句话可以较为全面细致地反映出地方官员在发展经济时，为完成各项指标采取的数量化任务分解的管理方式和物质化评价机制。

该模型在环境行政执法领域同样有一定的适用性。环境行政执法的指标和任务由上级政府来分配，下级政府在多种制度和资源的约束下完成上级政府交代的任务，即上级政府掌握着环境行政执法的目标设定权。而下级政府同时面临着较强的考核压力，这种压力与经济发展领域的"压力型体制"有所不同：在经济发展领域以做增量为前提，换言之，干得好可以获得激励，干得不好不会因此而被免职。但是在环境行政执法领域，不仅需要高压，往往也需要加强问责。

需要指出的是，此处既有行政层面的压力，又有多重任务相互冲突下的压力。比如，地方政府要在短期内完成环境行政执法任务，就不得不面临一些指标表现变差的压力。一些以重化工业为支柱的地方，在大力执行环境保护政策和任务的同时，必然面临着经济下行的压力，甚至还面临因工人失业导致的社会压力。

现在的环保工作还真是面临诸多压力，我们领导有时候半夜睡不着，生怕各项空气污染的指标不理想，很多地区因为这个，领导的乌纱帽不保啊！同样的道理，如果有自上而下的压力，要求三地配合，开展环境协同执法，而且配备明确的指标和任务去完成，我想此时就不用担心，各地各自为政，互不理睬了。（访谈资料：tj0102）

然而，近期有关强问责和有效性之间的关系变得越发模糊。一般而言，跨界环境行政执法协同与自上而下的压力型体制和强力问责有着紧密联系。在问责压力较小的情况下，各地区往往各自为政，不会有动机真正参与到协同执法中去，所以问责是非常有必要的。然而，当问责到达一定水平之后，相关地方政府的行为会发生变化甚至抵触。换言之，强问责不一定带来地方政府对上级任务指令的有效执行。有研究指出，随着问责压力的加大，下一级政府不是高效地执行上级命令，而是开始出现多种组合形式的避责行为[192]，如形式主义、痕迹主义以及一些更为具体的避责策略（忙而不动、纳入常规、回应滞后、推卸责任、相互扯皮、模糊因果等行为）。

6.3 地方政府主体的内部协同

6.3.1 复杂的环境污染问题牵涉多个部门

环境行政执法是一项非常复杂的工作，不仅仅是生态环境部的职责，往往同时涉及财政部、发展改革委、住房和城乡建设部、工信部、交通运输部、市场监督管理局、水利部、农业农村部、公安部等多个职能部门，因此需要通过这些部门的有效协同才能顺利完成执法任务和达成治理目标。发展改革委负责地方总体规划，生态环境建设需要成为其考量的因素。同时，所有环境保护功能的实现、环境行政执法都与财政部门有关，例如环境保护专项支出、财政资金的转移支付等。以大气污染防治为例，大气的人为污染源主要来自燃料燃烧、工业生产过程排放、交通运输过程排放和农业活动排放，关涉多个相应职能部门的一致行动。例如，某市的市场监督管理局对小饭庄的经营执照审批存在漏洞，认为小饭庄规模不大，不可能对环境污染产生影响，因此降低了审批标准，事后，环保部门发现该饭庄存在较为严重的空气和噪声污染[133]。2013 年，《京津冀及周边地区落实大气污染防治行动计划实施细则》由原环保部、发展改革委、工信部、财政部、住房和城乡建设部、能源局六部门联合印发，地方协同主体包括北京市、天津市、河北省、山西省、内蒙古自治区、山东省六个地方政府，彰显了跨界环境行政执法的复杂性。

早在 2013 年党的十八届三中全会上，习近平总书记就《中共中央关于全面深化改革若干重大问题的决定》向全会作说明时就曾指出“山水林田湖是一个生命共同体……用途管制和生态修复必须遵循自然规律，如果种树的只管种树、治水的只管治水、护田的单纯护田，很容易顾此失彼，最终造成生态的系统性破坏”。生态系统的整体性决定了生态保护修复和污染防治必须打破区域界限和部门界限，统筹陆地与海洋保护，把海洋环境保护与陆源污染防治结合起来，控制陆源污染，提高海洋污染防治综合能力，做好森林、湿地、海洋等重要生态系统的保护修复工作，促进流域、沿海陆域和海洋生态环境保护良性互动。我国自 2008 年开始推行大部制改革，并于 2013 年和 2018 年两次大幅度推进改革进程，其目的在于推进政府事务综合管理与协调，按政府综合管理职能合并政府部门，建立由超级大部构成的政府组织体制。其特点是扩大一个部所管理的业务范围，把多项内容有联系的事务交由一个部管辖，从而最大限度地避免政府职能交叉、政出多门、多头管理，从而提高行政效率，降低行政成本。2018 年，大部制改革中组建了生态环境部，与以往几乎每十年升格一次不同，组建生态环境部不再是原环保部的单纯扩权，而是注重整合多项散落在其他部门的碎片化职能，如发展改革委的应对气候变化和减排，自然资源部的监督防止地下水污染，水利部的编制水功能规划、排污口设置管理、流域水环境保护，国家海洋局的海洋环境保护等职能。此后，遵照生态环境部的职能调整方案，各级地方政府在环境保护厅（局）的基础上组建了生态环境厅（局）。我国各级环境保护机构在职能上的进一步明确，能够更好地应对环境问题的复杂性，为更为顺畅地与住建部、工信部、交通运输部、水利部、农业农村部、公安部等职能部门开展协同执法奠定了良好基础。

6.3.2　主体内部协同的实现方式及协同程度

地方政府内部各职能部门间协同的有效实现需要通过相应的规范和约束才能合理合法，这种规范和约束包括协调机制和合作制度两种，但其均须以共同认可的组织架构（渠道）为载体，这种组织架构通常是各行动方基于认同而共设的。实际上，不仅地方政府内部各职能部门间的协同如此，各地方政府间的协同也需要具备相应的协同组织架构（渠道），其原理是相通的。以京津冀地区为例，随着该地区协同发展程度的不断加深，协同组织架构由最初的“环渤海区域市长联席会”逐渐发展为中央层面的协同组织——国务院成立的京津冀协同发展领导小组和地方层面的协同组织，如三地各自成立的京津冀协同发展领导小组、多种形态的府际联席会、各类专门小组等。总体来看，京津冀地区通过建立以领导小组为核心的协同组织架构，相对高效地推动了京津冀地区一体化进程，是京津冀地区形成日趋完善的跨界环境行政执法机制的重要驱动因素。

本研究尝试构建一个包含领导注意力分配、加强控制权和构建领导小组机制的纵横双向的协同执法格局。由于领导小组的形式多种多样，既包含不同层级政府机构的领导小组，又包含相同层级政府机构的领导小组，还有可能包含不同层次、不同地区间的领导小组，因此图 6.3 对其不做体现。在跨界环境行政执法协同过程中，领导小组的规格、环保部门在领导小组中的地位、环保职能向环保部门的集中程度、执法所涉事项的复杂程度等，都直接影响着各职能部门间协同执法的协同深度。

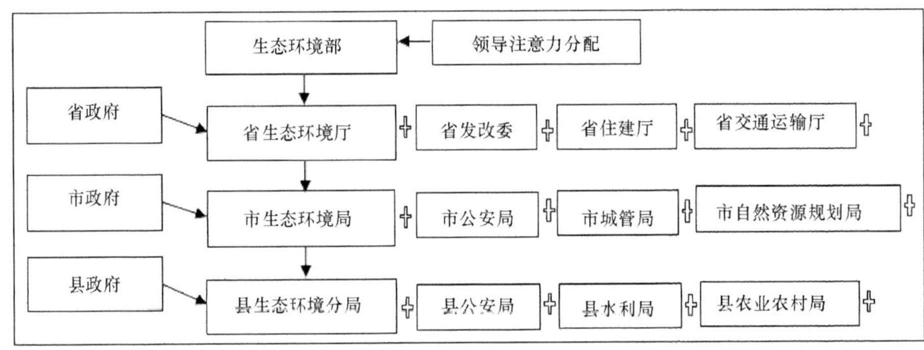

图 6.3　跨界环境行政执法主体协同图

图片来源：笔者根据文献整理分析后自制。[1]

如图 6.3 所示，跨界环境行政执法除需要实现区域内各地方政府的协同

[1] 说明：尽管在省以下环保机构垂改后，县生态环境分局不再是县政府组成部门，而是作为市（地）级环保局的派出机构，但其与县政府及其组成部门之间仍然存在着非常密切的关系，在其执法能力得到提升的同时，其环境保护业务相应关系未发生实质性变化。其一，县生态环境分局的环境行政管理仍需要其他部门的密切协同配合；其二，县级辖区内陆续设立了生态环境保护委员会，由同级党委及政府主要负责同志任主任，政府分管负责同志任副主任，负有生态环境保护职责的相关部门主要负责人作为成员，统筹协调负有生态环境保护监管职责的相关部门，研究解决本地区生态环境保护重大问题，作出综合决策，形成环境治理和监管合力。县生态环境保护委员会下设办公室，办公室日常工作由县生态环境分局承担，由县生态环境分局局长担任办公室主任。为便于县生态环境分局履行生态环境保护委员会的办公室职能，县生态环境分局局长根据需要，列席所在地党委常委会议和政府常务会议。

执法外，还需要在纵向不同层级政府间、横向部门间两个维度实现执法协同。这两个维度上的协同往往需要更高一级政府通过压力传导机制来实现。在横向维度方面，早在2014年国务院办公厅印发的《关于加强环境监管执法的通知》中就指出，各级政府均要有效解决职责不清、责任不明和地方保护问题，县级以上地方各级政府对本行政区域环境监管执法工作负领导责任，要建立环境保护部门对环境保护工作统一监督管理的工作机制，明确各有关部门和单位在环境监管执法中的责任，形成工作合力。

一般来说，省生态环境厅负责传达生态环境部有关环境行政执法的重要精神和任务要求，同时结合本省实际状况制订并且分配执法的具体目标和任务。此时，需要会同财政部、发展改革委、交通运输部等各厅级部门，制定适合本省各级政府实际的与环境行政执法相关的政策和规章制度。地市生态环境局是地市级环境行政执法的主要力量，负责调度辖区内部相关行政资源以满足环境行政执法需要。事实上，地市级政府在推动环境行政执法方面的贡献应该是最大的，真正发挥着承上启下的作用。在省以下环保机构垂改后，地市生态环境局仍然是市政府工作部门，但实行以省级环保厅为主的双重管理，进一步提升了其环境行政执法能力和辖区内的资源整合能力。地市生态环境局统一管理、统一指挥本行政区域内县级环境行政执法力量，通过调整结构、优化执法力量，确保一线执法工作顺利开展，可根据实际对辖区环境行政执法机构进行整合，组建跨区域、跨流域环境行政执法机构。但即使在省垂改后，县（区）级政府仍然继续发挥着基层环境政策执行的基本职能作用，其处于环境执法的最前沿，与县生态环境分局一同应对各种复杂的执法状况，将比改革前更加强调横向部门间的协同配合。一位环保执法者曾经说道：“他们（违法排污企业）不怕我们（环保执法人员），这是我们的困境。”只有当跨界、多部门协同执法实现时，才会显现较好的执法效果。例如，有关环保部门负责人在接受记者采访时指出，“有警察在场（拥有刑事执法权，可以依法强制扣押、刑事拘留），我们执法就多了几份底气”。具体访谈资料如下。

我觉得吧，在我们这个地方，环保执法这个事吧，长期来说，面临的困境就是，缺乏一种联动执法机制协调合作。在我们基层环境执法过程中，环境保护这个问题很久以来一直被认为只是我们环保部门的工作，而与其他机构和部门没有什么关系，因此这种环保“单打独斗”的问题一直没能得到解决。此外，恐怕有一些处级干部仍然存在一种落后的观念，一说环保就认为，那是环保部门的事儿。（访谈材料：hb02）

我给你举个例子，比如，按照有关规定哈，农村这个垃圾处理吧，归省住建厅来管，可是呢，农村的这个整体环境建设和宣传则属于省委农办，农田的污染则归省农业厅，职责很明确。但是你一说有一个提案建议，他们（有关部门）就说“那环保呢？”，就是什么事儿都要把你（环保部门）拉上。观念还没转变过来。现在他们（产业部门）的态度是，我们只管生产，然后产品生产出来，污染了环境，你们（环保部门）来治。这就相当于火着起来了，你设法去扑灭，那为什么不在没着火的时候把易燃物转移掉呢？（访谈材料：hb03）

6.4 跨界协同执法强度

执法机构是否处于权力核心层，是衡量环境行政执法强度的重要依据。已有研究反复指出，环境行政执法力度的加大是改善环境规制效果的重要因素，对地区环境治理有着显著的影响[193; 194]。依据执法强度大小，本研究相应地把执法模式区分为权威性执法模式和边缘化执法模式。前者是指环境保护部门在众多政府机构中的组织排序相对靠前，拥有较大实权，受到重视；后者则指环保执法机构在政府各部门的实际权力排序中处于相对靠后的位置，占据边缘化的组织地位。事实上，不同地区和不同阶段，我国各地在环境行政执法的模式上存在着两种形式的转换和演变。

改革开放以来的很长一段时间内，“发展才是硬道理”深入人心，各级政府的关注点主要在经济发展上，“重经济、轻环保”的发展思路非常清晰。与之相对应，总体来说，此阶段我国环境行政执法模式占据主流的是“边缘化执法”模式，该执法模式是由经济发展理念、条块分割体制、地方保护主义等因素所共同塑造的。纵向来说，地方环保部门的人财物受制于地方政府，上级环保部门对下级环保部门的业务指导作用非常有限。地方环保机构由于体制机制设计的原因，往往不敢查、不能查，职能一再受到诸多限制[195]，环保执法的偏软和无力也在一些案例中有所体现[193]。具体而言，环境行政执法的“边缘化执法”模式是指由于对环保议题重视不足，与发展改革委、财政部等部门相比，环保部门处于弱势地位等因素，导致环保部门在执法过程中往往陷入执法范围狭窄、执法权威有限等困境中。有研究指出[196]，我国环保部门常常出现执法功能弱化的现象，对污染企业的惩处需要经过本级人民政府的批准，而本级人民政府往往将经济发展作为第一要务，在一定程度上阻碍了环保执法的严格执行。环保机构省垂改后，上述情况有望得到有效改善，但与此同时，也不可避免地在环保部门与本级人民政府及其组成部门的协同方面出现责任划分、利益冲突等一些新问题。

党的十八大以来，生态文明建设制度出台频度之密是前所未有的，一批具有标志性、支柱性的改革举措陆续推出。尤其自习近平总书记提出“绿水青山就是金山银山”的科学论断以来，很多地方政府开始转变发展观念，环保形势发生了重大变化[197]，生态文明建设理念快速在全国铺展开来，地方政府受党中央号召和要求日益重视环境保护问题，地方政府将环境保护列为重要的考核指标，尤其是生态环境部的组织机构改革更加大了环境执法的力度，使得环境行政执法部门开始占据更为重要的地位和发挥更大的作用，加之省垂改的全面实施，我国环境行政执法逐渐由边缘化执法模式向权威性执法模式转变，我国各级政府对环境污染的整体性、复杂性特征的认识亦逐步提升，跨界环境行政执法力度日趋加大。

6.4.1 对环保议题的重视程度

环境行政执法力度的体现要素之一，是各级政府对环保议题的重视程度。改革开放伊始，我国大力推行社会主义现代化建设，确立了以经济建设为中心的发展战略，这是实现国家富强、民族振兴的重大战略选择。在以经济建设为中心的指引下，加之中央政府对地方政府的考核主要基于当地的经济发展水平与财政收入，因此，地方政府领导将注意力集中于本区域的经济发展上，采取各种措施与手段推进本地区的经济发展，如采用各种优惠措施进行招商引资、以极低价格售卖土地等。当地方政府专注于 GDP 快速提高时，国内的生态环境却遭受着巨大的破坏，可以说环境保护完全让位于经济发展，甚至在某些情况之下，为了追求经济的高速发展，一些地方政府不惜以牺牲环境为代价，以长期的社会效益来换取短期的经济收益，环境问题沦为经济发展的附庸，地方政府对环保问题的重视程度严重不足。

我依然觉得，这个环境治理的问题是上级政府的领导们重视程度较低，为什么这么说呢？你看看，现在什么能出政绩，那一定是搞几个大项目，你拉来了什么级别的大企业，得看这个。你说你环境保护得好，这玩意儿显示度太低了。所以说，只有上级政府高度重视了，我们才能理直气壮地开展工作啊！（访谈资料：ts0201）

地方政府对环保议题重视不足的原因在于其公共性和自利性的双重属性：一方面，政府作为公共利益的代表者与维护者，为实现公共利益而履行职责、向社会提供公共服务与产品；另一方面，基于布坎南的公共选择理论，政府官员遵循自利的“经济人”假设，拥有着自己的特殊个人利益，政府官员只有在满足个人利益的基础上才会选择成为“社会人”，即为公众服务。简言之，地方政府都存在“利他”和“自利”的双重动机。利他即追求公共利益的实现，为社会、为人民服务；自利就是追逐单位、部门和个人利益。地方政府在实际运作过程中，两种属性呈现相悖发展路径，即地方政府对自身利益的追求，往往偏离公共利益的方向。这也是公婷教授主张的，我国地方政府事实上扮演着双重角色：国家权力的代理人和地方经济发展的委托人。前者使得地方政府行使中央政府让渡出的一部分权力，制定和执行公共政策；而后者则使得地方政府直接参与到经济活动中，产生一些自利行为，甚至腐败[198]。具体地说，地方政府在面临区域性环境污染问题时，会依据理性原则进行考量：一方面，作为代理人，地方政府会为了公共利益而参与到污染的治理过程中，加大财政投入以治理污染，彰显政府的公益性属性；另一方面，作为委托人，政府也会遵循自利性原则放弃或延缓对环境污染的治理。过去很长一段时间内，我国对地方主要官员的政绩考核是以 GDP 为核心的晋升指标，GDP 的高低成为官员升迁的硬指标。因此，从整体来看，我国普遍存在着“重经济、轻环保”的现象，地方政府对高纳税的污染企业进行容忍甚至庇护。同时，由于环境污染治理的外部性特征，跨界环境行政执法领域的搭便车行为广泛存在。可以说，政府自利性是导致环保议题不受重视的根本原因，也是地方保护主义产生的根源。

地方政府对环保议题的重视程度不仅决定着环境行政执法的力度，还决定着跨界协同执法的协同程度。对环保议题的不重视或者区域内各地方政府对环保议题的重视程度不一致，将使得地方政府在区域协同执法过程中出现诸多不合作行为，使得跨界环境行政执法协同行动的达成面临着诸多难题与挑战。

6.4.2　环保机构的组织地位

对环保议题的高度重视是跨界环境行政执法的重要前提，它解决了议题重要性的问题。组织地位则可以决定该组织在横向协调的权威性和纵向发布任务上的政令执行有效性，是环境行政执法能力的最直接体现。我国环保机构的组织地位经历了多种变化，体现出该变量的重要性。1974 年，国务院环境保护领导小组成立，但是其并不具有独立的地位，仅仅是没有编制的临时机构，其处于其他部委机构的“代管”下：成立之初是由原国家计委环境保护办公室代管，而后由原国家基本建设委员会代管。该领导小组在“代管”的尴尬处境中很难真正履行监督管理职责，在全国统筹方面也无法实现对全国环保工作的指挥与协调。1982 年，依据《关于国务院部委机构改革实施方案的决议》的规定，中央撤销国务院原环境保护领导小组，将原领导小组办公室并入原城乡建设环境保护部，后改名为环境保护局。1984 年成立的国务院环境保护委员会，负责领导和组织协调全国的环境保护工作，委员会主任由副总理兼任，办事机构设在原城乡建设环境保护部（由原环境保护局代行）。1988 年的机构改革将环保工作从原城乡建设环境部中分离出来，成立独立的国家环境保护局（副部级），明确其为国务院综合管理环境保护的职能部门，作为国务院直属机构，也是国务院环境保护委员会的办事机构，拥有独立的管辖职权与管辖范围，标志着我国环境保护机构的地位上升。1998 年，原国家环境保护局升格为环境保护总局，其级别也由副部级直属单位升级为正部级，同时，撤销国务院环境保护委员会。此时期，原环境保护总局的地位和权力有所提升和扩大，但作为国务院直属机构，在政策的制定与统筹方面仍与其他部委存在着较大距离。该状况从 2008 年开始有所改观，当年，原环境保护总局升格为环境保护部，成为国务院组成部门。在 2018 年的新一轮国务院机构改革中，将发展改革委、国土资源部、水利部、农业农村部、国家海洋局、国务院南水北调工程建设委员会等涉及环境治污领域的多项职责全部进行整合，组建了生态环境部，我国环保机构拥有了更高的地位和权威。

纵观中央层面环境保护机构的变迁史，可以发现，环保部门的独立性逐步增强。地方层面的环保机构大致也经历了如此过程，尤其是随着自 2016 年以来推进的省以下监测监察执法垂直管理（省垂管）改革工作的全面完成，环保部门有了更高的权威性。然而，环保机构独立性的增强及其职权的扩大，并不能够保证其权力在实际政府工作运行中得以有效施展，其中还涉及复杂的具体操作和执行力问题。衡量环境保护权力运行空间的一个重要指标是地方政府主管环保工作的领导是否位居地方常委班子内。若不能处于权力核心层，则对上级环保政策的执行及地方环保政策的制定及实施的话语权较弱。如表 6.1 所示，下面以河北省为例进行说明。

表 6.1　河北省政府领导及其分工

省长/副省长	分工
许勤（常委）	领导省政府全面工作，分管省审计厅
袁桐利（常委）	负责省政府常务工作。负责发展改革、财政、自然资源、应急管理、统计、机关事务管理、政务服务、政务公开、地方志、住房和城乡建设、人防等方面工作
陈刚（常委）	负责雄安新区全面工作
徐建培	负责教育、科技、卫生健康、体育、冬奥、医疗保障、省校合作、人力资源社会保障等方面工作
刘凯	负责政法、退役军人事务和涉军等方面工作，分管省公安厅、省司法厅、省监狱管理局、省退役军人事务厅
夏延军	负责商务、文化旅游、外事、市场监管、广播电视、民政等方面工作

续表

省长/副省长	分工
时清霜	负责水利、农业农村、扶贫开发、民族事务等方面工作。分管省水利厅、省农业农村厅、省扶贫办、省供销社、省农科院、省民族事务委员会
葛海蛟	负责工业和信息化、生态环境、国有资产监管、地方金融监管、交通运输等方面工作

资料来源：笔者根据河北省人民政府政务网 2020 年资料整理而得。

在河北省常委中，所学专业、职业履历与环境保护相关的领导几乎为空白。而负责生态环境保护的副省长葛海蛟主管范围内，生态环境工作与其主管负责的工业和信息化、国有资产监管、地方金融监管等工作的关联性很弱，生态环境工作在其主管领域未显示出处于突出位置。正如一位生态环境局的官员所说：

我们干环保的，主要领导都不在常委中，这就是说，在我们开展具体工作的时候，很难调动其他部门的同志配合环境保护协同执法的开展。尤其是有些执法工作只能由多部门一起开展，如审批、执法和监督等。更为重要的是，有时候，我们还得想办法跟天津市和河北省的相关部门联合开展工作，这个难度是非常大的。如果我们的直接领导没有较大的权力和较高的地位，实际上，这项工作是真难做。（访谈资料：bj0103）

事实上，分管领导的权力在很大程度上影响了环保机构在横向政府机构中的组织地位，而这种组织地位决定了协同资源、协同环境和协同能力的整合。从环保权力现实履行能力的角度来说，组织地位的重要性甚为关键。

6.4.3 执法阻力的状况

执法阻力来自多个方面，最典型的是来自执法对象的反抗。执法对象的对抗在很大程度上来源于环境行政执法机构的权威性缺失，进而在一定程度上增加了执法阻力[199]。有研究指出，中央与地方的财税利益分歧、企业与地方政府的利益合谋以及地方政府官员的个人利益是重要因素[200]。除此以外，由于对环保议题重视程度不足、环保机构的实际地位不高，加之受传统条块分割管理体制所限，导致当前环境行政执法呈现约束性执法特征，即执法范围狭窄导致的跨界环境执法乏力、执法权威有限导致的执法效果不足。

执法范围狭窄是指，环保部门在执法过程中一般仅处理本辖区的环境污染问题，对超出辖区范围的环境污染问题则无能为力。这主要是由于环境行政执法通常遵循“垂直管理，分级负责，横向多头”的原则，导致环境行政执法权力呈现的“碎片化”状态。该种状态是由现有环保体制与行政区划的刚性约束共同作用而呈现出的治理特征。执法权力“碎片化”是传统行政学理论在分工思维和属地管理模式下的被动结果呈现，由于跨界环境公共问题不断累积，执法权力“碎片化”状态显然难以满足跨区域协同执法的治理需求。尽管在2018年政府机构改革后，各级环保部门的职能得到了进一步扩大，但囿于条块体制内在的束缚，环境行政执法权力“碎片化”仍是需要面对的一个难题。

执法权威有限一是源于环保部门在政府体系中处于相对弱势地位，二是法律所赋予环保部门的执法权力相对较弱。就目前来看，我国环保部门的执法权力主要有行政许可、“三同时”验收、排污收费、现场检查、限期治理、调查取证、行政处罚等，《中华人民共和国行政强制法（2012）》等现行法律中只赋予环保行政机关施行强制应急措施，并未赋予行政强制执行权，如在环境行政执法过程中遇到特殊情况，需要行政强制执行时，环保部门必须向人民法院提出申请，但是因该程序所需时间过长，再加上其他原因，往往造成执法效果不理想。

有时候，我们去企业执法，会吃闭门羹。他们明知道我们会去，但就是大门紧闭，我们仔细听，发现里面有人，但是人家就是不开门。我们又不能像公安机关那样，给人家把门撞开，强制执法，直接进入现场。所以，我们在一定程度上执法的力度还是需要进一步加大，得让企业害怕我们。（访谈资料：tj0301）

对于某些污染较为严重的企业，环保部门有权对其责令停产、限期治理，但是这也需要上报批准，而地方政府因政绩等原因，经常搁置或否决。另外，环保部门执法手段单一，威慑力不足。在环境行政执法过程中，环保部门通常使用检查、许可、处罚等手段，且对污染主体多采取罚款措施，而指导、资助、合同、奖励等非强制性环保措施却很少使用。由于上述两方面原因，环境行政执法中出现了环境责任偏轻、处罚力度偏小的状况，而部分污染企业认为守法成本高，违法成本低，进而使环境行政执法工作经常陷入困境。通过省以下环保机构监测监察执法垂直管理制度改革，在强化各级党委和政府对本地区生态环境保护工作及环境质量负总责的同时，加强省级环保部门对市县两级环境监察、监测的管理，增强环境监测监察执法的独立性、统一性、权威性和有效性，满足统筹解决跨区域、跨流域环境问题的新要求，规范和加强环保机构队伍建设，将能够在一定程度上破解上述环境行政执法困境。

6.5　实证检验

6.5.1　研究假设

在对京津冀地区大量访谈材料分析的基础上，结合已有文献，本书挖掘出跨界环境行政执法协同机制生成的四个关键性动力因素。从结论的可推广性角度来说，单纯的案例研究代表性有限，为检验上述因素在省级层面的可推广性和适用性，尤其是它们对协同治理效果即环境治理的影响，本书拟采用省级层面的面板数据对部分因素进行实证检验。

需要指出的是，跨界执法强度的大小在本书的检验中，相对难以操作。事实上，边缘化的执法模式可以通过多种条件的组合来显示，例如，政府注意力较低，环保问责压力较小，横向不同政府和部门之间的配合度也较低，组合到一起可以充分显示执法强度较小。然而，较为理想的操作应该指出哪些地区或省份的执法强度大，哪些地区或省份的执法强度小，这需要巧妙的研究设计和丰富的数据资料作为支撑。目前，公开的统计数据不能满足这些要求。这里暂不予以讨论，留待后续的研究进一步推进。

依据以上理论演绎，本书提出了如下待检验的研究假设。

研究假设 1：在其他条件不变的情况下，政府注意力越集中，地区环境治理水平越高。

研究假设 2：在其他条件不变的情况下，政府自上而下的问责压力与地区环境污染水平之间呈现倒 U 形关系。

6.5.2 变量操作化与模型选择

6.5.2.1 因变量

协同治理效果——环境质量。协同治理效果的测量一般有两种方法：其一，产出法，使用一系列客观指标，通过一定的加权计算，形成一个协同变量；其二，结果法，使用环境治理效果来测量环境质量。前者需要整合多个变量，经过计算后很难分清楚因和果。然而，相比之下，第二种方案则能够更加明确地测量协同治理效果变量。并且这也非常符合环境治理的要求，即环境质量得到显著改善。该种测量方法在学术界认可度相对较高，有学者对此类测量方法进行了尝试，并对其认可[201]。因此，本研究采用第二种方法，将空气、水和固体废物排放量作为一个地区环境质量的重要测量数据。其中，废水排放总量（万吨）、化学需氧量排放量（万吨）、二氧化硫排放量（万吨）、氮氧化物排放量（万吨）、烟（粉）尘排放量（万吨）和一般工业固体废物产生量（万吨）作为主要的指标来衡量地区环境治理。

环境质量是一个复杂的概念，包含的内容相对广泛。本书以《中国统计年鉴》中公布的水、空气和固体废物三种常见的指标为例，来开展相关研究，并且汇报描述的结果。该结果可以反映 2008—2017 年我国环境在省级层面的变化发展水平。

图 6.4 显示了中国各省份自 2008 年以来，化学需氧量排放量的发展变化趋势，大部分省份化学需氧量排放量过高，表明全国水体质量亟待提高。具体来说，四川省、山东省、广东省、河北省、河南省、湖南省、湖北省、辽宁省和黑龙江省等省份化学需氧量排放量总体较高，变化趋势呈现倒 U 形，总体呈变好的趋势；上海市、西藏自治区、云南省、天津市、宁夏回族自治区等地化学需氧量排放量总体相对较低，并且变化趋势不明显。综合来看，环境治理初显成效。

如图 6.5 所示，2008 年以来，中国各省的烟（粉）尘排放量均处于较高水平，尤其以河北省、山西省、山东省和河南省等省份为主。然而，通过该图可以发现，虽然各省烟（粉）尘排放量较高，但是近两年出现了较为一致的下降趋势，这一定程度上也反映了环境治理初显效果。

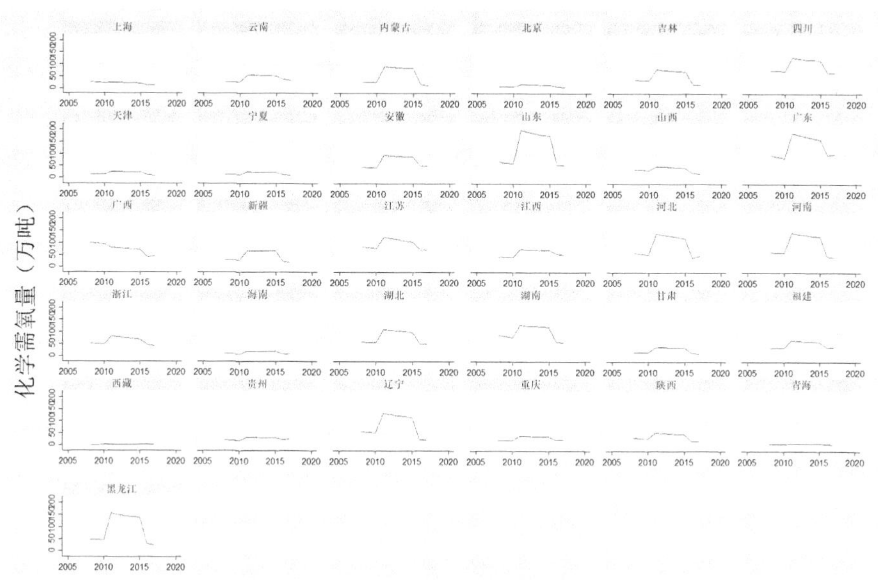

图 6.4 化学需氧量排放量变化

数据来源：笔者根据 2009—2018 年《中国统计年鉴》数据整理分析而得。

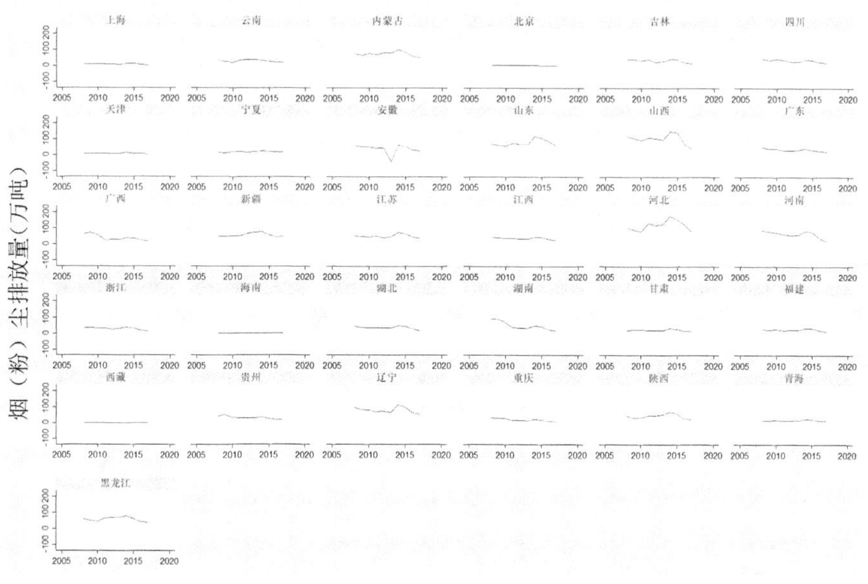

图 6.5 烟（粉）尘排放量变化

数据来源：笔者根据 2009—2018 年《中国统计年鉴》数据整理分析而得。

由图 6.6 一般工业固体废物产生量变化可知，2008 年以来，河北省、内蒙古自治区、山西省和辽宁省等地情况比较严重。尤其以河北省为典型省份，其一般工业固体废物产生量在全国居高不下，因此，政府环境污染治理的压力依然很大。

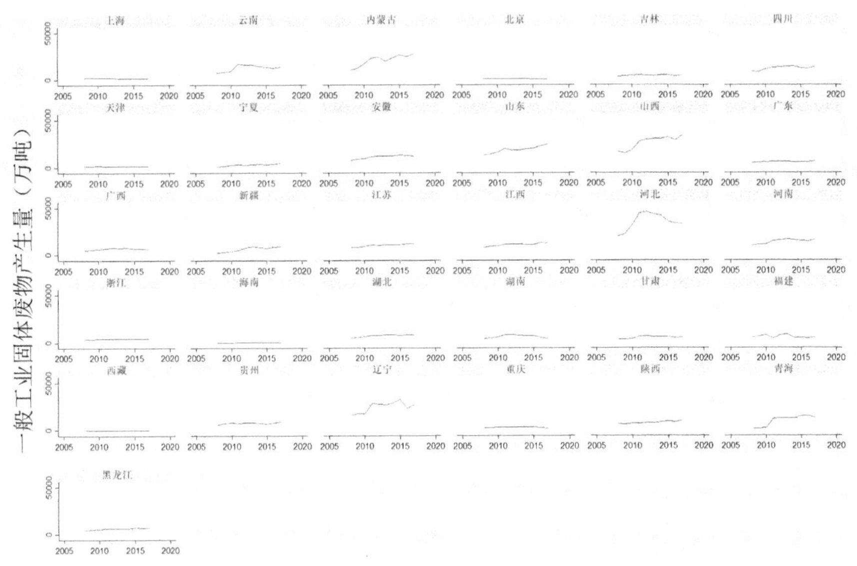

图 6.6 一般工业固体废物产生量变化

数据来源：笔者根据 2009—2018 年《中国统计年鉴》数据整理分析而得。

通过基本的统计描述发现，京津冀地区，尤其是河北省，环境质量状况较差，北京市、天津市的固体废物处理利用和水体质量总体来说比河北省的总体水平高。然而，空气质量三地均较差，这说明了三地区行政执法协同治理的必要性和紧迫性。

6.5.2.2 解释变量

将高层领导注意力分配用高层领导环保注意力表示。已有注意力变量的测量主要是基于正式文本中的关键词[202]，然而这种测量方式有一定的局限性，尤其是在时间跨度较长的情况下。因此，一方面，本书借鉴了前人的做法；另一方面，本书综合运用两个指标来测量环境注意力的转移，一是政府工作报告中“环保、环境保护、生态、污染”出现的次数，还有环境保护、生态等在政府工作报告中段落篇幅的长度。二是环境污染治理的财政投入。一般认为，环境污染治理投入水平越高，说明地区政府对环境问题的重视度就越高。

采用将政府工作报告中“环保”作为关键词的办法，搜寻在政府工作报告中被提及的次数，研究发现不同省份对“环保”的重视程度存在着较大的差异。一方面，新疆维吾尔自治区长期重视环保工作，政府工作报告每年都会分出一定比例的篇幅重点论述环境保护；而有些省份，比如黑龙江、吉林、甘肃和西藏自治区等省区则较少提及环境保护的问题。

总体而言，近些年，华北地区、川蜀一带、广东和福建等地对环境保护的重视程度要显著高于全国其他地区。其中，重庆市政府工作报告中提及环保的概率和可能性要远远高于全国其他地区。然而，在这些年里，重庆市的GDP依然保持较高的增长速度，可见经济发展与环境保护之间的关系相对复杂，两者有时可以兼容。

自上而下的环保问责压力。借鉴胡春艳等在环保问责方面的丰富研究[203]，本书主张通过环保问责压力体现出对环境行政执法不严格的惩治，是上级环保部门对下级环保机构执法过程中出现问题的纠偏过程。环境行政执法协同治理的过程需要自上而下的强力问责，这种问责压力集中体现在环保案件的数量上。一般来说，一个地区环保案件数量越多，说明该地区对环境治理执法的力度就越大。

裁判文书网公布的分年份和地区的裁判文书数量，可以客观地衡量一个地区的环境保护问责压力水平。由此反映上级政府的压力对于下级政府的环境治理有着至关重要的作用，且扮演了重要的角色。经统计发现，河北省、山东省、江苏省、浙江省和广东省的环保问责压力是全国最大的。

6.5.2.3 控制变量

第二产业发展。一般来说，第二产业反映的是工业发展水平，而重化工工业的发展，在很大程度上影响了一个地区的环境治理水平和环保执法的开展[141]。换言之，一个地区第二产业占比越高，该地区的环境治理水平可能越低。因此，需要控制第二产业的发展。

湿地面积。湿地对环境净化，尤其是对城市水资源的净化有着明显的改善作用[204; 205]，因此，一个城市的湿地面积会显著影响环境质量，尤其是城市的水质和空气质量。

污水日处理能力。污水的日处理能力，体现为每天能处理工业污水的吨数，关系到改善城市的水质。因此，控制该变量有助于模型的优化与完善。

此外，还应分别控制城市私人汽车拥有量和城市机制纸及纸板的数量，一般认为，城市私家车数量越多，城市空气污染可能就越严重；城市造纸厂越多，城市水质和空气质量可能就越差。

6.5.2.4 模型选择

由于本书所使用的数据为面板数据，即省份—年度类型的数据，因此，采用面板模型分析较为合适。面板模型根据解释变量中含有被解释变量的滞后项，可分为静态面板模型和动态面板模型。本书所使用的模型为静态面板模型，即解释变量中不含有被解释变量的滞后项。具体的模型设置如下：

$$Y_{it}=\beta X_{it}+a_i+\mu_{it} \tag{6.1}$$

式（6.1）中，i 代表省份，t 代表年份，Y_{it} 代表第 t 年 i 省环境治理质量，β 代表要估计解释变量的影响系数，本书假定两者是线性关系，X_{it} 代表解释变量和控制变量矩阵，a_i 代表个体效应，μ_{it} 代表随机误差项。

本章阐述了研究所需要的定性研究方法与定量研究方法，并对访谈资料数据以及定量模型所需要的数据资料进行了说明。接下来，分别汇报定性研究结果与定量研究结果。

如表 6.2 所示，2008—2017 年，烟（粉）尘平均排放量约为 42 万吨，平均化学需氧量排放量约为 57 万吨，一般工业固体废物产生量平均约为 9 380 万吨。一般来说，环保问责压力在过去十年相对较小，平均值约为 68，仅为最大值 781 的约 9%。GDP 平均值约为 19 006 万亿元。污水日处理能力平均约为 469 万吨，节能环保支出平均约为 44 781 亿元。环境污染治理投资占 GDP 比重平均约为 1.42，最大值为 4.66。而工业污染治理完成投资约为 210 638 万元，大概为最大值 1 416 464 万元的 15%。私家车数量平均约为 597 万辆，最小值约为 36 万辆，而最大值约为 1 736 万辆；机制纸及纸板数量平均约为 369 万吨，最小值为 2.41 万吨，最大值为 2 177.74 万吨。

表 6.2 变量描述

变量	观测值	均值	标准差	最小值	最大值
烟（粉）尘排放量（万吨）	310	41.71103	31.85492	0.2315	179.77
化学需氧量排放量（万吨）	310	57.09424	43.48797	1.54	198.2
一般工业固体废物产生量（万吨）	310	9 380.732	8 561.175	6	45 575.83
环保问责压力	280	67.74286	124.1454	0	781
高层领导环保注意力	310	3.8	2.714935	0	16
GDP（万亿元）	310	19 006.11	16 316.95	395.91	89 705.23
污水日处理能力（万吨）	306	468.6399	410.5556	5	2 179.6
节能环保支出（亿元）	310	44 781.16	151 949.7	9.7535	951 795
环境污染治理投资占 GDP 比重	310	1.42071	0.739207	0.05	4.66
工业污染治理完成投资（万元）	307	210 638.1	202 745.8	694	1 416 464
私家车数量（万辆）	310	597.2613	449.16	35.94	1 736.35
机制纸及纸板数量（万吨）	295	369.2002	541.6228	2.41	2 177.74

数据来源：笔者根据 2009—2018 年《中国统计年鉴》数据统计分析处理而得。

6.5.3 统计结果

对表 6.3 变量之间相关矩阵进行分析，可以发现，环境污染的三个指标之间存在着一定的相关关系。例如，烟（粉）尘排放量和化学需氧量排放量之间的相关系数为 0.5085，显著度水平为 0.05。即一般一个地区空气污染的同时，城市水体也存在着一定的污染，两者密不可分。同样的道理，烟（粉）尘排放量与一般工业固体废物产生量之间的相关系数为 0.7691，显著度水平为 0.05。换言之，烟（粉）尘排放量和一般工业固体废物产生量之间的关系更加密切，可见，三个指标之间存在着高度的内在一致性。

表 6.3 相关矩阵

	烟（粉）尘排放量	化学需氧量排放量	一般工业固体废物产生量	环保问责压力	高层领导环保注意力	GDP	污水日处理能力	节能环保支出	环境污染治理投资占 GDP 比重	工业污染治理完成投资	私家车数量	机制纸及纸板数量
烟（粉）尘排放量	1											
化学需氧量排放量	0.5085*	1										
一般工业固体废物产生量	0.7691*	0.3852*	1									
环保问责压力	0.0407	0.1001	0.1742	1								
高层领导环保注意力	0.0522	0.0255	0.0681	0.2087	1							
GDP	0.2208*	0.5933*	0.2405*	0.5964*	0.2034	1						
污水日处理能力	0.156	0.5804*	0.0966	0.3969*	0.1889	0.8855*	1					
节能环保支出	0.1524	−0.0527	−0.0555	−0.1693	−0.0181	−0.113	−0.0311	1				
环境污染治理投资占 GDP 比重	0.1669	−0.1383	0.2162*	−0.1796	−0.0525	−0.2569*	−0.2785*	−0.0866	1			
工业污染治理完成投资	0.4755*	0.4306*	0.4487*	0.4036*	0.0571	0.6543*	0.4599*	0.0088	0.031	1		
私家车数量	0.4479*	0.6653*	0.4002*	0.3584*	0.1597	0.8467*	0.7723*	0.0932	−0.2212*	0.6479*	1	
机制纸及纸板数量	0.1383	0.5197*	0.0813	0.4120*	0.1381	0.8415*	0.7458*	−0.0057	−0.2844*	0.6161*	0.8674*	1

注释：括号内为 t 值；*代表 $p < 0.1$，**代表 $p < 0.05$，***代表 $p < 0.01$。

数据来源：笔者根据 2009—2018 年《中国统计年鉴》数据统计分析处理而得。

为检验第三章所提出的三个框架的一般普适性，本书将环境治理视为因变量，将自上而下的环保问责压力，视为环保问责力度，将高层领导环保注意力转移操作化为政府工作报告中对环境的关注度。具体统计分析结果如表 6.4，三个模型均采用固定效应模型来估计系数的作用大小和影响方式。

表 6.4 固定效应模型

参数	模型（1）	模型（2）	模型（3）
	烟（粉）尘排放量（对数）	化学需氧量排放量（对数）	一般工业固体废物产生量（对数）
环保问责力度	0.186***	0.244***	−0.00253
	（4.36）	（5.28）	（−0.08）
环保问责力度平方	−0.0148***	−0.0300***	−0.00446
	（−2.41）	（−4.50）	（−0.99）
高层领导环保注意力	0.0170	−0.0233**	0.0121
	（0.53）	（−2.45）	（1.09）
GDP（对数）	0.0883	2.242***	0.363
	（0.42）	（10.66）	（2.36）
污水日处理能力	−0.0000639	−0.000607***	−0.000602
	（−0.29）	（−4.50）	（−0.37）
节能环保支出（对数）	−0.0231**	−0.0155**	−0.0201***
	（−3.27）	（−2.45）	（−4.54）
环境污染治理投资占 GDP 比重	0.0266	−0.0142	−0.0881***
	（0.61）	（−0.30）	（2.76）
工业污染治理完成投资（对数）	−0.154***	−0.140***	−0.0301
	（−3.99）	（−3.33）	（−1. 06）

续表

参数	模型（1）	模型（2）	模型（3）
	烟（粉）尘排放量（对数）	化学需氧量排放量（对数）	一般工业固体废物产生量（对数）
私家车数量（对数）	−0.0536	−0.0703	−0.0432
	（−0.65）	（−0.87）	（−0.96）
机制纸及纸板数量（对数）	−0.0476	0.0916	−0.0558
	（−0.93）	（1.64）	（−1.47）
时间趋势	−0.142***	−0.358***	0.00783
	（−5.06）	（−11.71）	（0.38）
常数项	1.619	−19.20***	5.211**
	（0.87）	（−9.52）	（3.81）
Within r^2	0.361	0.551	0.431
N	244	245	245
Hausman P 值	0.001	0.03	0.002

注释：括号内为 t 值；*代表 $p<0.1$，**代表 $p<0.05$，***代表 $p<0.01$。
数据来源：笔者根据 2009—2018 年《中国统计年鉴》数据统计分析处理而得。

Hausman 检验表明模型（1）、模型（2）、模型（3）使用固定效应估计无偏，更为有效且一致。检验结果与本书的预期假设不完全一致，模型（1）和模型（2）发现环保问责力度与地区环境质量之间的关系并非完全线性。换言之，在其他因素得到控制的前提下，并不是环保问责力度越大，环境污染就越小（环境质量就越高），两者之间呈现显著倒 U 形关系，显著度水平为 0.01，即随着环保问责力度的加大，地区环境污染水平呈现出先上升，后有一定下降的趋势，其原因可能是一些地方官员在不断加大的问责力度之下有一定的消极情绪。但经过计算，发现拐点的位置值非常小，仅为 6.28。相较于环保问责力度较大的取值范围，这个可以忽略不计。因此，综合以上分析，环保问责力度小对环境质量的改善效果非常小，甚至呈现出负效应，只有不断加大环保问责力度，才能保证地区环境治理质量的持续改善和成果的巩固。

模型（2）表明，来自高层领导注意力也就是高层领导环保注意力与环境污染水平之间呈现显著的负相关关系，显著度水平为 0.05。换言之，在控制其他变量的前提下，高层领导对环境污染问题越关注，地区环境质量就越高。由此可见，环境治理离不开高层领导对地区环境治理的持续关注，尤其是以正式文件和制度为形式给予的持续关注。

此外，模型（2）还表明，在其他条件得到控制的前提下，地区经济发展水平和环境污染之间存在着显著的正相关关系，显著度水平为 0.01。换言之，经济发展水平越高（GDP 越高），环境污染就越严重。2008—2017 年，虽然政府一直在强调绿色发展，但是面对经济下行的压力，地方政府不得不采取短期策略，尽快提高经济发展水平，完成经济发展任务和目标。因此，这种伴随着污染的发展并不是长久之计。国家上下需要转变观念，尤其在经济发展的考核方式上，从高层开展顶层制度设计，以扭转有偏的激励制度。

研究表明，节能环保支出、工业污染治理完成投资均对环境污染的降低有着重要的正向作用，显著度水平均较高。由此可见，环境治理的前提条件是资金的支持，因为调动各级政府部门开展相关工作，离不开财政的支持。这间接说明，要实现环境治理行政机关之间的协同，离不开财政机构的配合与支持，包括财政机构在环保执法方面的对接。总体而言，随着高层（中央和省政府）对环境污染的高度重视，2008—2017 年，环境污染有减少的趋势，而且非常显著。尤其是烟（粉）尘排放量和化学需氧量排放量，都显著减少了，但是一般工业固体废物产生量的减少趋势并不明显。

6.5.4 异方差检验

我们需要进一步通过稳健性检验，才能保证基本发现的一致性和普适性。因此，本研究又进行了稳健性检验，发现存在异方差（Heteroscedasticity）的问题。因此，需要采取异方差处理策略，实现回归模型的稳健性估计结果。稳健性估计结果使得标准误差更加保守，因而，显著性可能降低。但是，系数不会发生任何变化。具体结果如表 6.5 所示。

表 6.5 稳健性检验

参数	模型（4）	模型（5）	模型（6）
	烟（粉）尘排放量（对数）	化学需氧量排放量（对数）	一般工业固体废物产生量（对数）
环保问责力度	0.186***	0.244***	−0.00253
	（4.04）	（3.79）	（−0.08）
环保问责力度平方	−0.0148***	−0.0300***	−0.00446
	（−2.20）	（−4.05）	（−0.83）
高层领导环保注意力	0.0170	−0.0233**	0.0121
	（0.523）	（−2.15）	（0.89）
GDP（对数）	0.0883	2.242***	0.363
	（0.30）	（9.02）	（1.48）
污水日处理能力	−0.0000639	−0.000607***	−0.000602
	（−0.25）	（−3.50）	（−0.36）
节能环保支出（对数）	−0.0231**	−0.0155**	−0.0201***
	（−3.07）	（−2.18）	（−4.01）
环境污染治理投资占 GDP 比重	0.0266	−0.0142	0.0881
	（0.52）	（−0.22）	（1.61）
工业污染治理完成投资（对数）	−0.154***	−0.140***	−0.0301**
	（−3.24）	（−2.43）	（−0.69）
私家车数量（对数）	−0.0536	−0.0703	−0.0432
	（−0.45）	（−0.76）	（−0.59）
机制纸及纸板数量（对数）	−0.0476	0.0916*	−0.0558
	（−0.65）	（1.76）	（−0.79）

续表

参数	模型（4）	模型（5）	模型（6）
	烟（粉）尘排放量（对数）	化学需氧量排放量（对数）	一般工业固体废物产生量（对数）
时间趋势	−0.142***	−0.358***	0.00783
	（−4.65）	（−11.36）	（0.30）
常数项	1.619	−19.20***	5.211**
	（0.69）	（−8.16）	（2.53）
Within r^2	0.361	0.551	0.431
N	244	245	245
Hausman P 值	0.001	0.03	0.002

注释：括号内为 t 值；*代表 $p < 0.1$，**代表 $p < 0.05$，***代表 $p < 0.01$

数据来源：笔者根据 2009—2018 年《中国统计年鉴》数据统计分析处理而得。

根据稳健性检验的结果，研究依然发现环保问责力度与地区环境质量之间的关系并非完全线性。换言之，在其他因素得到控制的前提下，并不是环保问责力度越大，环境污染就越小（环境质量就越高），两者之间呈现显著倒 U 形关系，显著度水平为 0.01，即随着环保问责力度的提升，地区环境污染水平呈现出先上升、后下降的趋势。经过计算，发现拐点的位置值非常小，仅为 6.23。相较于环保问责力度较大的取值范围，这个可忽略不计。可认为，环保问责力度小对环境质量的改善效果非常小，甚至呈现出负效应，只有不断加大环保问责力度，才能保证地区环境治理质量的持续改善和成果的巩固。换言之，在环保问责力度加大的前提下，环境行政执法协同机制的生成才更有保障。

本章属于定量研究方法的内容，通过描述性统计和面板模型估计（固定效应）分析了高层领导注意力分配、自上而下的问责压力对环境治理质量的影响。研究发现，全国环境质量有变好的趋势，但是不同地区的结果有明显差异。第一，自 2008 年以来，城市水体质量的发展变化趋势表明，大部分省份化学需氧量排放量过高，就全国而言，水体质量亟待提升。具体来说，四川省、山东省、广东省、河北省、河南省、湖南省、湖北省、辽宁省和黑龙江省等地化学需氧量排放量指标总体较高。第二，各省的烟（粉）尘排放量均处于较高水平，尤其以河北省、山西省、山东省和河南省等省份为主。第三，2008 年以来，河北省、内蒙古自治区、山西省和辽宁省等地的一般工业固体废物排放情况比较严重，尤其以河北省为典型省份，其一般工业固体废物产生量在全国居高不下，因此，政府环境污染治理的压力依然很大。

之所以出现上述结果，可归结为两个重要的原因。其一，很多省级高层领导环保注意力不够，换言之，环保问题没有引起省级领导的高度关注，即对环境注意力分配不够充分，依然重视经济发展。其二，较多省份自上而下的环保问责压力不够大。目前，河北省、山东省、江苏省、浙江省、广东省等地问责压力较大，当然，也可能是因为它们所面临的环保压力较大。进一步通过统计检验发现，自上而下的环保问责压力与环境污染之间的关系并不是严格的线性关系，而是呈现出倒 U 形关系，换言之，只有自上而下的环保问责压力足够大，才能保证环境质量的持续改善和提升。另外，高层领导环保注意力是影响地区环境质量的关键因素，尤其是城市水体质量，会因为政府的高度重视，而在相对较短的一段时间内得到明显提升和改善。这也是很多城市政府愿意花费大量的时间和精力致力于城市水体质量改善的原因，相较于空气治理，治理城市水体更封闭和独立，效果更佳、更明显。

6.5.5 内生性检验

在社会科学研究中，内生性问题的经常出现，使得研究结果出现偏差，甚至产生逆向因果关系，因而其受到越来越多学者的关注。统计学家汉密尔顿（Hamilton）和尼克森（Nickerson）指出，内生性问题的来源有测量误差（Measurement error）、遗漏变量（Umitted variable）、逆向因果（Reverse causality）等[206]。

本书假定那些无法观测的可能影响地区污染的因素（遗漏变量问题）在研究时间（2008—2017 年）范围内是固定不变的，可以被固定效应模型很好地处理掉，就像上述固定效应模型所展示的那样。为解决测量误差的问题，本书用三个指标来综合测量因变量，即环境污染水平。在很大程度上来说，可能存在的、潜在的测量误差也可以被最大限度地消除。第三个可能的因素，即逆向因果关系问题是本书需要重点解决的。

从理论上说，政府之所以加大环保问责压力很有可能是因为环境绩效差，即存在着一定的逆向因果关系问题；另外，高层领导环保注意力的分配也在很大程度上源于地区环境绩效差，因而引起政府更多的环保关注。解决逆向因果关系问题最好的办法是寻找工具变量，而动态面板模型（Dynamic Panel Data）可以通过差分滞后项的调整和转换带来多种工具变量，无须寻找，所以受到诸多学者的青睐。常用的动态面板估计方法有两种，分别为 difference gmm 估计方法和 system gmm 估计方法，difference gmm 估计方法首先将固定效应去掉，这是因为固定效应和 y 的滞后项相关。

基本模型设定如式（6.2）所示。

$$Y_{it}= rY_{it-1}+\beta X_{it}+a_i+\mu_{it} \tag{6.2}$$

其中，i 代表省份，t 代表年份，Y_{it} 代表第 t 年 i 省环境治理质量，β 代表要估计解释变量的影响系数，本书假定两者是线性关系，X_{it} 代表解释变量和控制变量矩阵，a_i 代表个体效应，μ_{it} 代表随机误差项。与静态面板模型不同的是，Y_{it-1} 指的是因变量 Y_{it} 的滞后一期，意味着用上一期的因变量来预测当前的结果，r 是因变量滞后项的系数，取值范围是 0～1，根据弱工具变量检验的结果，本书采用一阶差分广义矩估计（One-step Difference Generalized Method of Moments）的方法来估计参数。

具体来说，本书将自上而下的环保问责压力视为环保问责力度，将因变量环保问责力度、高层领导环保注意力和因变量的滞后项即内生变量都看作内生变量放置在动态面板模型中。具体回归分析的结果如表 6.6 所示。

表 6.6　一阶差分动态面板模型

参数	模型（7）	模型（8）	模型（9）
	烟（粉）尘排放量（对数）	化学需氧量排放量（对数）	一般工业固体废物产生量（对数）
烟（粉）尘排放量（对数）滞后一期	0.955***		
	（27.82）		

续表

参数	模型（7）	模型（8）	模型（9）
	烟（粉）尘排放量（对数）	化学需氧量排放量（对数）	一般工业固体废物产生量（对数）
化学需氧量排放量（对数）滞后一期		0.798***	
		（14.08）	
一般工业固体废物产生量（对数）滞后一期			1.013***
			（61.08）
环保问责力度	0.0689**	–0.0984**	–0.0816***
	（2.06）	（–2.16）	（–3.69）
环保问责力度平方	–0.0171***	–0.00123	0.0109***
	（–2.95）	（–0.15）	（2.83）
高层领导环保注意力	–0.0140*	0.0251	0.00236
	（–0.42）	（0.54）	（0.11）
GDP（对数）	–0.00143	0.302***	–0.0718*
	（–0.03）	（3.83）	（–1.93）
污水日处理能力	0.0000499	–0.000168	0.0000408
	（0.50）	（–1.25）	（0.57）
常数项	0.0995	–1.850***	0.703**
	（0.24）	（–3.07）	（2.27）
其他控制变量	Yes	Yes	Yes
AR（1）（*p*-value）	0.000	0.000	0.016
AR（2）（*p*-value）	0.11	0.313	0.852
Sargan-test	0.140	0.434	0.292
N	225	227	227

注释：括号内为 t 值，*代表 $p < 0.1$，**代表 $p < 0.05$，***代表 $p < 0.01$。

数据来源：根据 2009—2018 年《中国统计年鉴》数据统计分析处理而得。

由表 6.6 可知，2008—2017 年期间，我国省级层面的环境污染存在着显著增加的趋势，值得关注的是，与传统的认知不同，受关注度较低的一般工业固体废物产生量呈现指数式增加的态势，如模型（9）所示。这就需要有关部门给予足够高的重视，不仅要关注空气污染这类能见度高的环境污染指标，更要关注显著性较低的一般工业固体废物的污染。

模型（7）、模型（8）、模型（9）都是动态面板模型的分析结果，将因变量滞后一期和两个主要解释变量（环保问责力度和高层领导环保注意力）均看成内生变量。其他变量看成外生变量，进行回归分析。从检验指标来看，模型表现较好，一阶序列显著相关，二阶序列不相关，并且 Sargan 检验表明不存在过度识别的问题。

从上述模型（7）和模型（9）来看，环保问责力度与地区环境污染水平之间呈现显著的倒 U 形关系，显著度水平为 0.01；同样，模型（7）表明，高层领导环保注意力与环境污染之间呈现显著的负相关关系，换言之，政府对环境保护越关注，环境污染水平就越低，显著度水平为 0.1。

此外，控制变量经济发展水平（GDP）与地区环境污染之间的关系较为复杂，对化学需氧量排放量和一般工业固体废物产生量的影响截然不同，而对烟（粉）尘排放量的影响不显著。因此，很难估计这十年省级层面经济发展与环境污染之间的稳健关系。而污水处理能力与城市污水排放在本研究中没有发现两者存在着一定的相关关系。其他控制变量也被放到模型中，但是并不显著，此处不再赘述。

至此，本研究检验了自上而下的问责压力、高层领导注意力分配这两个跨界环境行政执法协同机制生成的关键性动力因素，符合研究假设，而地方主体内部协同和跨界环境行政执法协同强度由于操作化困难，暂时没有验证，留待后续研究继续推进。一般而言，只有当具备足够的跨界协同执法强度，高层领导对环境保护予以高度关注，同时加大环保问责压力，环保职能相对统一集中时，我国环境行政执法协同机制才能顺利生成和有效运作。

7 我国跨界环境行政执法协同机制的完善路径

基于前述关于我国跨界环境行政执法协同机制的形成逻辑和对生成路径关键动力因素的分析及实证检验，结合京津冀地区协同执法实践中的问题及成因，并在吸收借鉴西方发达国家跨界协同执法经验的基础上，本章提出我国跨界环境行政执法协同机制的完善路径。

7.1 增强协同意识

7.1.1 牢固树立生态文明建设的共同价值观

思想是行动的先导。跨界协同执法协同机制的有效实现，一方面需要全国上下都充分认识到保护生态环境的必要性及其重大价值；另一方面需要各地政府对生态环境保护的重要性达成共识，树立生态文明建设的共同价值观。

过去很长一段时间，GDP 指标一直是各级政府最为关注的经济发展量度，但是“以 GDP 论英雄”经常可能以牺牲生态环境为代价。与更为直观的 GDP 数据相比，环境治理因收益期长、难以立竿见影的特点，在很多地方往往让位于经济增长需要。进入 21 世纪以来，我国“生态文明建设”“绿色发展”“低碳经济”等发展理念逐步形成，环境保护制度体系日趋完善，并通过逐步实施取得了良好效果，经济发展与生态环境建设之间的关系更为清晰。各地政府要牢固树立保护生态环境就是保护生产力、改善生态环境就是发展生产力的观念，自觉维护和推广绿色、循环、低碳的经济发展理念，永远不以牺牲环境为代价换取短期内的经济增长。

从中央到地方的各级主要领导都要切实践行生态文明治理现代化理念，真正高度重视环境治理问题，坚定、积极地深化跨界环境行政执法协同进程。习近平强调："生态环境保护能否落到实处，关键在领导干部。"只有领导干部动起来了，环境这个"老大难"问题才有可能变为"老大重视不再难"。通过对各级主要领导的动员与问责来增强环保意识，对发现存在突出问题、对造成生态环境损害负有责任的领导进行严肃问责，对于发生重大环境污染问题的责任人实施环境损害终身追责。同时，在政绩考核中赋予生态环境指标以更大的权重，让领导干部能够自觉转变发展观念，摒弃损害生态环境的传统发展模式。只有切实改变以前的"重增长、轻环保"片面化发展思路，牢固树立生态文明建设的共同价值观，才能有效提升我国环境行政执法能力，进而推动跨界环境行政执法协同机制的生成和完善。

7.1.2 凝聚协同共识，建设协同文化

由于对共同价值与共同目标的追求将有效缓解协同过程中产生的诸多冲突，所以在跨界环境行政执法协同过程中，提升协同绩效的关键是构建以合作为基础的协同文化。福山（Fukuyama）在谈及共同价值时指出，"正规的法律和强有力的政治和经济机构与制度尽管十分重要，但它们自身却不足以保证现代社会获得成功，……要依赖某种共享的文化价值观念才能起到恰当的作用。"[200]价值理念是行动的先导。集体行动中各主体最大化自身利益的个体理性无助于实现整体利益，也背离协同行动的内在要求。因此，跨界环境行政执法协同机制生成的前提是相关各方行动主体均确立合作共赢的治污理念，在环境治理中形成多维协同关系。

认知一致性是协同效应得以充分发挥的前提条件。仅仅依靠自上而下干预促成的跨界协同机制缺乏稳定性和长效性。对于跨界协同机制生成来说，各参与主体的主动呼应与积极配合是首要条件和内驱力，协同一致的信念以及相互之间的信任是必不可少的。但是，在我国跨界协同执法的实践过程中，

由于多主体之间不同的利益分野以及利益补偿机制的不健全，往往导致协同机制的运行缺乏良性的协同文化，竞争、猜忌、冲突充斥其中。因此，为切实实现跨界环境行政执法协同机制，该地区首先应摒弃“邻避”思维，共同营造京津冀区域一体化背景下政府间的良性协同氛围。北京市应将共赢这一价值理念放在优先考虑的地位，河北省则应提升其自主思维，减少对外界的单向依赖，天津市也应树立良好的协同理念。其次，应紧紧把握住京津冀协同发展的战略机遇，促进三地在经济、社会、文化等诸领域的合作发展，提高三地的整体协同共识。例如，京津冀三地如何制订整体战略，注重发展质量，处理好局部与整体、经济与环境之间的关系，这些都有赖于三地政府的协同合作。总之，在跨界环境行政执法协同的价值导向上，须以环境问题为导向而非以行政区划为导向，推动传统狭隘的地方保护主义向不断竞合的新型府际关系转变，将共同治理区域性环境污染与联防联控作为共同诉求。

7.1.3 增强协同主体间的平等意识

加德纳（Gardner）在谈及整体性与多样性时指出：“整体性必须体现多样性。要防止整体性掩盖多样性，就必须有一种多元论的哲学，有一种容许异议的开放氛围，并且有一种允许子社区在更大的团体目标背景下保持其地位和份额的机会。要防止多样性破坏整体性，就必须有一些减少两极分化、教育各种团体相互了解、建立联盟、消除争端、协商和调节的制度安排。”[207]跨界环境行政执法协同机制的着眼点就在于搭建起相关各地方政府可以平等进行对话、协商、谈判的平台，使各方在面临跨界环境污染共同问题时能够自行协同执法，无须再将中央政府作为沟通的桥梁，并在此基础上衍生出领导小组、府际联席会等议事协同机构以及府际协议等制度性安排，这些构成了协同机制的基础。

在跨界协同过程中，须充分尊重区域内各行动主体协同地位的平等，尊重各行动主体的立场和利益考量，须从协同理念、身份认同、合作文化以及法律地位等方面确立区域内协同主体间的多维平等关系。协同主体之间的非对等关系可能导致协同主体的参与者缺席，瓦解协同治理的动力基础。协同主体间的不平等程度与合作效果往往呈现负相关。因此，在跨界协同执法过程中，要剔除传统的行政性、差序性关系，建立合作共赢的伙伴型关系。例如，在京津冀地区，京津应抛弃传统的直辖市地位高于河北省、京津对河北进行“支援”、河北“服务”京津发展等观念，真正树立起京津冀“平等合作”的观念。另外，跨界协同执法中各行动主体间平等关系的建立还需要上一级授权的无差别性，以保证各行动主体在身份认同与法律地位上是平等的。需要指出的是，跨界协同机制中的各地方政府在政治、行政、经济等方面地位的不平等往往是客观存在的，彻底改变这种不平等的地位关系是不现实的，但当各方在面对共同问题时，必须要求其在协同理念、身份认同和法律地位上遵循和践行平等原则和要求。平等价值观也是社会主义核心价值观中所强调的。

7.2 建立责任分担机制

7.2.1 科学划分各方的协同责任

跨界协同机制是对传统责任模式的完善与改进，将原先分散于单一地方政府、单一职能部门的管理职责转移至多个地方政府及多个职能部门，模糊了传统公共治理中的治理责任，将导致对管理责任认定的困难程度提升，这可能诱发各协同主体之间的互相推诿，推脱各自的管理职责。责任问题一直是建立跨界协同机制的重要障碍之一。

在跨界环境行政执法协同过程中，如果上述基础问题得不到解决，那么协同的效果会大打折扣。仅仅依靠上级重视、强制推行，往往只能额外增加工作负担，各协同主体会敷衍应对，并不能有效实现协同。为此，应该从源头着手，明确区域内各方协同的权利和义务。在目前缺乏国家层面区域环境行政执法协同立法的前提下，必须依靠区域内各地方政府围绕跨界协同执法签订具体协议，实现契约化协同。协同协议应确定区域内推动协同执法的组织机构及其权力范围、明确各协同主体的责任和任务、确立统一的执法标准、共享执法信息的方式等。同时，各协同主体也要将与跨界环境行政执法协同相关的各项事宜纳入到常态化管理工作中，形成各协同主体的工作惯例并以制度来固化。

7.2.2 建立责任分担具体运行机制

我国跨界环境行政执法协同中责任分担具体运行机制，应在以下三个方面着力突破：一是政府间谈判机制。上述区域内各方责任的科学划分，前提和关键在于各地方政府间利益关系的协调，因此宜采取谈判的方式予以协调，明确规定谈判的方向、流程、方式，使各方利益诉求和区域差异得以充分表达，为建立区域责任共担机制奠定扎实的基础。二是联合建立环境政策机制，以制度建设为抓手，从源头上减少执法争议行为的发生。三是统一执法机制，确保执法到位，增强约束力，同时对区域内突发事件的发生也能进行及时有效解决。

7.2.3 正确处理属地管理与跨界协同之间的关系

属地管理是科层制下一种典型的管理方式，也是长期以来我国环境行政执法的基本制度约束。但是，环境污染的跨界性特征使得属地管理在面对日益复杂的环境治理问题时愈加无力，因此，跨界环境协同执法成为一种必选操作。实际上，跨界环境行政执法协同过程中，属地管理与协同执法并不总是彼此对立、相互排斥的，突出协同执法的重要性并非放弃属地管理，而是需要探究如何在坚持属地管理原则的基础上更好地实现协同执法。

区域内各方共同制订的环保方案、环保标准及环保任务等，需要依靠各地政府主体以属地管理的方式贯彻执行。此外，属地管理与协同执法在一定程度上具有良好的契合性，二者的结合能够弥补彼此的固有缺陷，实现有机结合。例如，通过协同执法能够加强区域内各地方政府之间的联系，进一步缓解各方在其他方面因竞争导致的紧张关系；而属地管理因具有权责明晰的优势，有利于将共同制订的环境目标得到贯彻落实。因此，在跨界环境行政执法协同过程中，要处理好属地管理与协同执法之间的关系，理顺二者相应的工作程序，使二者可以有效衔接、相得益彰。

7.3 加强顶层制度设计

7.3.1 增强环境保护立法意识，完善权威性制度体系

“制度化程度低下的政府不仅是一个弱政府，而且还是一个坏政府”，亨廷顿（Huntington）在评价一个政府时如是说[208]。跨界环境行政执法协同必须以严格、完备的法制依据为基础，如此才能减少协同执法过程中的交易成本，建立具有约束力的跨界环境行政执法协同机制。完整的法律体系和一致的执法标准一方面能够增强环境治理机构的权威性，另一方面能够保障相关环境治理政策的有效落实与执行。目前，我国跨界环境协同执法在制度方面存在很大不足，尤其体现在立法方面，包括针对跨界环境行政执法协同的专门性法律的缺失和法律条文的模糊性。因此，有必要围绕跨界环境行政执法协同及时制定或者修订一批法律法规。在此过程中要特别注意法律法规的可操作性、针对性与创新性。

具体而言，应从以下三方面入手完善法律规范：第一，应对既往的相关法律规范进行统一的检查和整合，对羁绊或不符合当前跨界环境行政执法协同的内容、条款进行修改或废除，以有效的制度供给来促进环境治理水平的提高。第二，要在《宪法》以及《环境保护法》的基础上，建立相应的法律体系，从立法上规定跨界环境行政执法协同过程中相关主体的权力来源、权力大小、利益分配、效力以及边界和其责任等问题，通过区域合作治理环境问题的法律框架来保障协同机制的有效运行。同时，在这个过程中有必要赋予区域立法形态以合法性。第三，中央要围绕跨界环境行政执法协同机制的建立，从组织法和行政法的角度出台支持和规范跨界环境行政执法协同的法律、法规及部门规章等，对协同实践的具体细节进行设定。各地方政府也需要围绕跨界环境行政执法协同问题制定相应的地方性法规、规章及规范性文件，其中应规定相应协同执法主体的构成与资格，协同执法的目标与内容、手段与方法、利益补偿与风险承担机制等。

京津冀三地自2015年来开展的立法工作联席会议是一个非常值得借鉴的模式。经过几年来的地方立法协同实践，三地在具体生态环境保护立法项目协同工作中基本能够实现从内容到进度全面协同，实现题目一致、框架结构一致、适用范围一致、基本制度一致、监管措施一致、区域协同内容一致、行政处罚一致，而且审议节奏、出台时间也一致。2020年1月，《天津市机动车和非道路移动机械排放污染防治条例》经天津市十七届人大三次会议审议通过，在此之前，河北版、北京版的同文本条例已分别于当年经两地人大会议通过，三部条例于2020年5月1日起同步施行。这标志着京津冀首部区域协同立法，同时也是全国首个区域全面协同立法项目的完成。京津冀三地的区域内立法协同机制为深化和完善我国跨界环境行政执法协同机制提供了一个有益的样本，应对这一创新性实践进行总结和推广，推进我国跨界环境行政执法协同机制的法治化进程。

7.3.2 围绕跨界环境协同执法健全政策协调机制

政策协调机制在跨界环境行政执法协同过程中发挥着基础性作用，良性的政策协调将能带来良好的协同绩效，促进区域环境问题的治理与改善。布劳恩（Braun）将政策协调划分为无协调、相互调整、积极协调、政策整合以及策略协调这几个层次[209]。应积极推动环境治理政策向整体性政策整合与策略协调的方向转变。在跨界环境治理领域，政策协调机制的内涵应当包括以下几个层次。首先，协调区域内各地的产业发展规划及发展布局，通过区域性统一发展规划来完善与优化区域间的产业布局结构，对于严重影响环境质量的产业重新进行调整。只有对区域发展方向及产业结构等多方面进行合理规划，才有可能从根源上解决环境污染的问题。其次，加快完善区域环境保护综合规划，促进区域内大气污染、水资源污染、土壤污染等环境问题的多主体综合治理。最后，可以考虑建立针对区域内各协同主体的政策审查制度。通过建立相关政策审查制度及其执行机构，专门对区域内各协同主体出台的有关环境治理政策在地方保护主义、政策目标及手段的一致性等方面进行审查，确保政策协同效应。

7.4 完善协同长效保障机制

7.4.1 完善利益补偿机制以构建互惠协同格局

“政府之间关系的内涵首先应该是利益关系，然后才是权力关系、财政关系、公共行政关系。前者决定后三者，后三者是前者的表现。四者并列，以利益关系为先，才是政府之间关系的真正内涵。”[103]因此，利益关系是跨界环境行政执法协同过程中最本质和最直接的关系。应当正视政府的逐利性，如此才能顺利建立及完善我国跨界环境行政执法协同机制。如何妥善处理各协同主体之间合理的利益补偿问题，直接影响着协同执法的最终效果。在跨界环境行政执法协同过程中，当某个协同主体的利益与区域整体利益产生冲突或表现不一致的时候，将极大影响其参与协同执法的广度和深度。只有实现区域协同执法的整体利益与地方个体利益的融合，才能够达到更高的协同水准。要想稳定和维持这种协同合作的关系，一是要实现利益的共享，即平等享有和获取区域环境治理的成果与收益，二是要实现利益分配，即在利益失衡并产生冲突的领域进行利益的合理再分配，保证各方共担成本，建立一个完善的利益补偿机制。

可以从中央和地方两个层面考虑这个问题。第一，从中央层面可以针对跨界环境行政执法协同建立健全补偿机制与激励机制，如开征生态税，设立专项生态补偿基金，以转移支付的方式来直接补偿在协同执法过程中的利益受损方。第二，从地方层面建立及完善各协同主体间的生态资金补偿制度，根据区域环境治理的收益与水平来合理分摊协同执法过程中产生的合作成本、环保成本与行政成本等。总之，需要进一步建立健全跨界环境行政执法协同的利益补偿机制，明确补偿的依据、标准、范围、方式等具体内容，充分利用经济、法律等多元手段，实现外部效应的内在化，以能够长效、稳定地促进环境治理效果的提升。

7.4.2 建立基于效果评估的动态激励机制

“没有评估，就没有管理。”跨界环境行政执法协同的效果有赖于对协同绩效进行及时、全面的评估。首先，需要通过评估来识别存在于跨界环境行政执法协同过程中的具体障碍，为进一步提升协同效果提供可靠的决策依据。其次，在对协同执法绩效评估的基础上建立组织和人员的激励机制，对协同绩效水平较高的协同主体给予正激励，对协同绩效低下的主体及时进行问责。现有政绩考核体系下的地方政府主要官员一般都倾向于妥协性处理当地环境行政执法与经济发展之间的冲突，因为当地经济的快速发展才是其获得晋升的最重要砝码。所以，大多数官员都将工作重心置于本地经济发展上，往往忽视区域性协同执法这一重要工作。因此，需要进一步完善地方主要官员政绩考核指标体系，植入考核区域性协同执法效果方面的内容，并适度增加其比重，增加其内在压力，从而增强协同执法的动力。最后，可将协同绩效评估结果与上级绩效预算挂钩，生成基于绩效预算的动态调适机制。作为以结果为导向的新型财政预算制度，绩效预算是分担协同执法成本、实现跨界协同执法的重要保障。绩效预算可以提供灵活分配资金机制，有效调动和促进各主体之间的协同执法。总之，通过建立针对跨界环境行政执法协同的财政预算制衡、激励与结果评估机制，能够以财政转型带动协同机制的顺利建立。

7.4.3 完善面向协同执法的监督约束机制

首先，应加强相互监督，防止集体行动中的“搭便车”行为。一般认为，具有共同利益的群体或部门，一定会为实现这个共同利益采取集体行动，即只要存在共同利益，协同治理活动必然产生。但是，以奥尔森为代表人物的公共选择理论也表明，除给予成员不同于共同利益或集团利益的独立激励外，理性且希望寻求自身利益的个体并不会为了实现其集团利益而采取措施。同样，单纯只有共同利益的多主体协同合作在现实中也很难实现。跨界协同执法成果具有较强的公共性，协同系统中的所有参与者都能够从中获取收益，其中也包括在协同执法过程中没有分担成本的主体。因此，这些主体在跨界协同执法过程中存在“搭便车”行为。要消解这种行为，就必须建立一套规则体系，加强各协同主体之间的相互监督，建立“选择性激励”机制，防止协同执法陷入集体行动的困境。因此，要针对跨界环境行政执法协同建立这样的一套规则体系，当区域内有主体发生“搭便车”行为或者破坏协同执法时，这些规则可以向不遵守的一方施加压力，因此要进一步细化和强化《党政领导干部生态环境损害责任追究办法（试行）》，或者通过法律救济途径迫使各主体遵守这些规则。

其次，要加强外部监督，避免跨界环境行政执法协同过程中多个行动主体之间的利益共谋。协同执法并不能必然保证各协同主体朝着公共利益的方向行动，也可能存在多主体联合谋取集体利益、损害公共利益的行为。为防止多部门利益“共谋”现象，必须加强外部监督。一方面是体制内的外部监督，主要依靠环保督察制度，在现有的环保督察制度基础上建立针对区域性协同执法的工作机制。同时，通过省级以下环保机构垂改，省级环保部门要利用好市县两级环保部门的环境监察职能，对省有关部门、市县两级党委和政府及其相关部门的环境保护法律法规、标准、政策、规划执行情况，环境保护党政同责、一岗双责落实情况，以及环境质量责任落实情况等进行有效监察，根据环境监察情况采取实施行政约谈、挂牌督办、区域限批等环境管理措施，实现省级环境监察常态化、制度化、规范化。另一方面是构建社会监督制度，充分发挥区域内乃至全国范围内的社会组织、媒体、公民对本区域协同执法过程和成效的监督作用。

7.5 提高协同资源的配置及整合能力

7.5.1 获取高层领导注意力分配以保障资源供给

西蒙（Simon）认为，“组织决策者的注意力是稀缺资源，管理决策很大程度上受到管理者自身如何配置注意力的影响”[210]。高层领导注意力分配过程是确立议题优先性的过程，议题一旦获得优先性，就意味着在多元性议题中脱颖而出并更有可能投入必要甚至更多资源以解决该议题，“我国政治体制中的议题优先性的功能还体现了中央对于地方政府行为的控制和引导”[211]。在我国的公共管理实践过程中，“高度重视”常见于我国领导的话语体系中，这也成为我国的一种特色治理形式[212]，而“高度重视”体现的就是一种高层领导注意力的分配倾向。“领导注意力”概念强调了高层领导的有限理性，即由于情境的限制与资源的稀缺，导致高层领导在制定具体政策、分配政策资源的过程中经常有选择性地强化或弱化某些部分。获取了高层领导注意力、受到高层领导高度重视的领域能够集中体现高层领导的决策思维活动，能够反映高层领导对特定议题的观念和看法。

随着我国政府治理体系的不断成熟，高层领导注意力分配逐渐具有规律性，形成相对稳定的治理工具组合，可以概括为“领导牵头、部门协调、财政支持、结果导向”四个方面，相关主体深谙其重要性，在工作动力和责任意识上明显高于一般事项，这些是这种治理方式有效性的基本保障[212]。当跨界环境行政执法协同问题能够获取高层领导更多的注意力时，领导为了推进跨界环境行政执法协同的实现就会有计划地将部分政策资源投入其中并加以编制与分配，因此，高层领导注意力分配的背后隐含着行政资源的再分配与更高效的组织机构配置。跨界环境行政执法协同机制的生成及完善可通过获取高层领导注意力来增强达成目标的可靠性。同时，跨界环境行政执法协同的长期推进离不开对相关执法成本的利益补偿，该利益补偿机制的落实和维护更离不开制度性资源的持续保障，而且该利益补偿机制的建立需要一个逐渐完善的过程，需要高层领导注意力分配的持续性。

7.5.2 加强协同渠道的机构和制度建设

强有力的协同渠道架设在跨界环境行政执法协同过程中发挥着关键作用。在协同治理的相关研究中，协同组织架构一直是重要的研究内容。如何打破传统组织间的壁垒，重塑多方关系是提高协同效能的关键所在。因此，有必要基于制度性集体行动框架建立制度化、常态化、具有约束力的跨界环境行政执法协同相关组织体系。

建立区域协同组织体系应该遵循以下原则：一是协同组织具有权威性和一定的政治地位，以确保其能充分行使统筹协调的权力；二是统筹考虑区域内的大气资源、水资源等环境发展需求，尤其是执法层面的协同诉求，进而完善统一的领导机制；三是要实现协同组织架构的常态化，即推动其由临时性组织向制度化组织转变；四是把多元政府主体纳入协同执法的决策体系中，搭建一个共同发声、平等决策的平台。要在2017年通过的《按流域设置环境监管和行政执法机构试点方案》和《跨地区环保机构试点方案》基础上进行跨界协同执法机构设置的创新，探索从国家和省两个层面建立相应的协同机构。在国家层面，以国务院或者环境行政主管部门的名义增设跨界环境行政执法协调司（如现在的大气环境司等），专门负责跨界环境行政执法协同过程中的相关工作，包括编制、拟定区域环境保护规划、处理重大跨界环境纠纷等，并对相关的程序、规则、手段等方面进行详细的规定。在省级层面，可以在现有区域性协同领导小组、府际联席会议等基础上，进一步细分出各环境事项相关小组，并按照上述两个方案建立起综合性跨界环境保护协同机构，并赋予其一定权力以提高协调机构的权威性。

7.5.3　借力大数据技术完善环境信息资源开放共享机制

区域性环境行政执法协同有效实现的重要前提之一，是在区域内建设完善的环境信息资源开放共享机制。拥有充分的环境信息资源是环境行政执法的必备条件。但是，由于行政区划壁垒或地方政府利益驱使等原因，区域内各地方政府之间往往倾向于垄断环境信息，不能有效实现环境信息的开放共享，导致区域内各地方政府之间甚至当地政府各部门之间出现了突出的“信息孤岛”问题。环境信息的不透明、不对称给区域内的环境协同执法制造了诸多障碍。因此，为保障区域性协同执法的顺利实现，需要着力完善区域内的环境信息资源开放共享机制。第一，建立有效的环境信息开放共享组织机制。首先要建立区域性环境信息开放共享协调管理机构，实现区域内环境信息资源的统一管理和信息化基础设施的统一建设和运维，充分提升环境信息开放共享的整体效益。其次要加强区域内环境信息开放共享的制度建设，明确环境信息开放共享责任标准和依据，积极建立一体化、常态化风险预警和应急机制，及时调整环境信息开放共享安全保障措施。第二，建立明确的信息开放共享整合机制。首先建立环境信息开放共享目录，包括环境信息资源目录、环境信息资源交换目录和环境信息公开目录等，并建立针对不及时公开信息或公开虚假信息的处罚机制。其次，加大环境信息开放共享资源整合力度，加快区域性环境数据中心建设，提升对元数据的收集与感知能力，并加强对环境信息资源的开发与利用，以大数据技术充分挖掘数据信息价值，提升信息分析和处理能力。第三，建立政府内部监督与社会监督相结合的监督机制。对环境信息公开进行制度化约束，将政府的环境决策、环境评估、环境监测的实时数据信息及时进行公布，实现环境信息的公开与民众需求的无缝衔接。同时，进一步探索建立环境信息开放共享和矛盾纠纷处理机制，将环境信息开放共享纳入到行政诉讼受案范围中，从而有效推进我国环境信息开放共享发展进程。

8　结论与展望

8.1　研究结论

环境污染因具有明显的负外部性、整体性、复杂性等特征，跨界问题突出，在我国某些地区环境污染问题有些严重、资源约束程度逐步加深、国际舆论压力不断增加的背景下，构建及完善跨界环境行政执法协同机制势在必行。本书以京津冀地区为主要分析案例，采用案例研究和定量分析相结合的研究方法，对我国跨界环境行政执法机制的生成历程、构成内容、现实缺陷、生成逻辑、动力因素等多个方面进行了探讨，并在此基础上提出完善的路径。本研究得出了如下具体结论。

8.1.1　理论与实践的双重困境催生跨界环境行政执法协同机制的建立

面对环境污染问题和生态系统变化的问题，国内学界一直高度关注，但在研究着力点上却存在一定程度的偏差。当前，国内环境治理研究较多关注环境治理的多中心主义，强调在政府、公众以及社会组织之间形成多元主体的互动共治格局。这种研究偏向符合发达国家的学术语境，脱离了我国基本国情，回避或忽视了政府在我国环境治理尤其是跨界环境治理中的核心地位和主导性作用的客观现实，其理论成果往往无法切实有效地指导我国环境治理的实践活动，在很大程度上出现了相关研究缺乏实证支撑的理论困境。在跨界环境行政执法协同实践层面，各地政府基于自身利益实行地方保护主义，更偏向经济锦标赛型竞争而非利益让渡型合作，尤其是在边界模糊区域的环境污染治理问题上。同时，又由于各地经济发展阶段不同、执法力度不一，致使跨界环境行政执法协同因各地的互相观望、相互推诿而陷入执法效果长期不佳的实践困境。因此，我国跨界环境行政执法协同在理论与实践两个层面的双重困境亟待破解。这种双重困境下的压力催生了对跨界环境行政执法协同机制的讨论，使跨界环境行政执法协同机制研究成为一个重要课题。

8.1.2 跨界环境行政执法协同机制分析框架能够拓宽既有理论的分析领域

在基于府际协同理论和机制设计理论所建立的分析框架中，协同前提与驱动力、协同过程、协同结构、协同张力与冲突、领导力、协同结果评估六个组成部分具有较为严密的内在逻辑。第一，环境问题的严峻及其跨界性特征、地方政府面临的巨大治理成本、负向问责机制、激励相容的制度设计等要素构成了我国跨界环境行政执法协同的前提和驱动力。第二，协同动力促成协同过程的产生与协同结构的形成，面对共同的且亟待解决的跨界环境污染问题，各行动主体间将逐步建立起交流合作机制并作出相应的组织承诺，在此过程中也会适时形成横向、纵向与网络三种类型的协同结构。第三，在协同过程中，又因在区位、功能、经济社会发展等方面的力量失衡和利益受损不同，各协同主体在对环境治理问题的立场、对策、措施等方面经常出现对立，导致协同张力与冲突的产生。例如，在京津冀三地执法协同过程中，北京市较河北省凸显出明显的经济、政治优势。此外，协同机制的生成还面临自主性与依赖性、个体利益与集体利益、包容度与高效率之间的矛盾冲突。第四，领导力构成协同机制的核心，上述内容都可经由领导力进行调和与提促。领导力的关键要义在于高层领导注意力分配，得到足够的注意力意味着协同机制可以获取更多的资源保障与支持认可。领导力因具有权威特质可以进行协同章程的框定并召集相关主体，加强彼此沟通，提升信任度，快速有效地推进协同机制的建立。第五，公共价值与共同价值是评估整个跨界环境行政执法协同机制的两个重要维度。公共价值指向协同机制外部，即促生协同机制的初始公共问题已然得到解决，公共利益得到提升；共同价值则指向协同机制内部，即协同主体间达成互惠与信任以及实现长期合作。

同时，可以将压力型体制、注意力分配、控制权、领导小组等理论工具，进一步融入跨界环境行政执法协同机制的理论框架，进而衍生出跨界环境行政执法协同的多重逻辑解读。国内学界对于地方政府间关系和行为的研究已经积累了较为丰富的理论成果，但较少有研究将众多概念放到一个统一具体的公共管理实践分析框架中。在府际协同过程中，压力型体制、注意力分配、控制权、领导小组等理论工具各有内涵，但它们往往只局限在各自领域内，并不能有效回答跨界协同时谁更有解释力和预测能力的问题。本研究将其一并纳入跨界环境行政执法协同机制理论框架，认为执法强度小是跨界环境行政执法难以协同的长期性制约因素，高层领导的注意力解决了议程设置问题，而压力型体制有效解决了自上而下的动员问题，控制权调试了上下级之间的关系，成立领导小组则在很大程度上解决了跨界环境行政执法协同的属地管理及条块障碍问题。从这个意义上来说，本研究在一定程度上实现了多重理论的有机整合，加深了理论探讨并拓宽了这些理论工具的分析领域。

8.1.3 问题倒逼、执法能力、体制约束等交织构成协同机制生成的基本要件

我国跨界环境行政执法协同机制的生成逻辑围绕着目标情境、基础条件、方式指引、动力支持与直接契机五个具有相互依赖关系的要件来运行。其中，前提条件的满足是协同机制生成逻辑的重要推动力量，更是保障支持的动力，此外，它还在一定程度上推动着方式指引的发展与演变。动力支持直接促成了协同机制的生成，并且也受目标情境的影响。目标情境除了直接影响协同机制的生成，还作用于方式指引。方式指引则直接作用于协同机制的构成。此外，作为出现机会相对较少的“机会之窗”，直接契机作用于前提条件、动力支持、方式指引、目标情境和协同机制的生成。

我国跨界环境行政执法协同机制的生成逻辑可以通过这五个要件的现实状况和相应的协同执法实践来进行现实解读：解决区域性环境污染这个须共同面对的“棘手问题”和破解地方本位主义导致的执法难、执法软问题是跨

界环境行政执法协同的根本目的，这为协同机制生成创设目标情境；环保机构职能的扩充整合、环保机构组织地位的上升与环境信息资源整合能力的提升，体现了跨界环境行政执法协同能力的提升，这为协同机制生成提供了相应的基础条件；条块分割、属地管理等方面障碍和利益补偿机制的缺失构成了跨界环境行政执法协同的主要阻力，是跨界环境行政执法协同的基本突破点，这为协同机制生成提供了方式指引；将环境绩效纳入政绩考核、生态补偿制度的完善、强有力的问责机制及环保督察制度为协同执法机制生成提供了动力支持；中央领导对生态文明的高度重视和高层领导机构的持续性政策推动为协同机制生成提供了直接契机，促进了我国跨界环境行政执法协同机制的生成。上述五方面内容交互作用、共同推动我国跨界环境行政执法协同机制的生成，构成我国跨界环境行政执法协同机制生成的前提与基础。

8.1.4 高层领导注意力分配、自上而下的问责压力、地方政府主体内部协同和跨界协同执法强度等是跨界环境执法协同机制生成的关键性动力因素

高层领导注意力分配、自上而下的问责压力、地方政府主体内部协同和跨界协同执法强度等构成了我国跨界环境行政执法协同机制生成的关键性动力因素。第一，高层领导注意力分配因素涉及高层领导人的生态文化理念、政治诉求、国家顶层设计等内容。已有协同机制生成的文献表明，多地方主体协同的有效开展离不开正式和非正式的领导力，领导力可以促成协同的过程和优化协同的结构，是协同机制生成的触发点和关键因素。自中央领导提出生态文明建设科学论断以来，针对环境治理的国家顶层制度设计不断得到强化，有力推进了我国跨界环境行政执法协同机制的生成进程。第二，自上而下的问责压力因素需从控制权和压力型体制两个视角进行解读。官僚机构本身的层级属性要求实现上级对下级的高度控制，具体包含目标设定权、检查验收权和激励分配权，而源于经济目标责任制的压力型体制对环境治理同样有效。只有实行严格的责任落实制度并建立问责机制，才能有效缓解地方保护主义与跨界环境行政执法协同之间形成的矛盾及冲突。第三，地方政府主体内部协同因素是基于对跨界环境污染整体性特征的认知和对跨界环境行

政执法协同复杂性的理解，以及跨界环境行政执法协同组织机构的设置而酝酿及产生的。各地区各部门往往出于自身利益考量而在跨界环境行政执法协同过程中相互掣肘，阻力重重。只有当某一区域的跨界协同条件足够成熟时，跨界环境行政执法协同机制才得以健康实现。第四，跨界协同执法强度因素涉及环保议题重视程度、组织地位高低、执法阻力大小等内容。改革开放以来，我国在较长一段时间重点关注经济发展，致使环境治理领域长期采用边缘式执法模式，这种长期形成的模式导致地方政府、企业乃至民众在潜意识里不够重视环境行政执法。长期的边缘式执法模式也导致我国环保机构早期一直处于政府体系中的相对弱势地位，制定政策和权力行使的话语权较弱，这客观上使得跨界环境行政执法强度较低，环保机构较难实现跨界环境行政执法协同的开展。随着近年来生态环境保护工作愈加获得中央重视及环保机构组织地位的提升，跨界协同执法强度得以大幅度提升，使执法协同机制的生成得以实现。

本研究运用省级面板数据，结合固定效应模型和一阶差分广义矩模型，对上述动力因素带来的协同治理效果进行了实证检验。囿于研究资料不足，主要检验了高层领导注意力、自上而下的问责压力与地区环境协同治理效果之间的关系。检验结果基本符合上述研究假设，但问责压力因素具有一定的不确定性。研究发现，高层领导越关注环境保护问题，地区环境治理效果就越好；问责压力与环境治理效果之间呈现一定的倒U形关系，即随着问责压力的加大，环境治理效果越来越好，然而当问责压力超过一定水平后，环境治理的效果反而开始衰减，这可能是因为一些地方官员伴随着不断加大的问责压力产生了一定的消极情绪。但经计算发现，这个拐点的值非常小，相较于环保问责压力较大的取值范围，影响不大，总体上可以认为，环保问责压力小对环境质量的改善效果非常小，甚至呈现出负效应，只有不断增加自上而下的环保问责压力，才能保证地区环境治理质量的持续改进和成果的巩固。

8.1.5 协同共识、制度供给、资源配置等是协同机制生成的基础保障

第一，协同共识是跨界环境行政执法协同机制生成的基本点。思想是行

动的先导，各级政府需要充分重视生态环境保护，牢固树立生态文明建设的共同价值观，各协同主体应该充分意识到跨界环境行政执法协同过程中合作的必要性，以环境问题为导向而非以行政区划为导向进行地方公共政策制定，将共同治理区域环境污染与联防联控作为共同诉求，同时增强协同主体间的平等意识，尊重各主体的立场和利益考量，需从协同理念、身份认同、合作文化以及法律地位等方面确立区域内协同主体间的多维平等关系。第二，完善的责任分担机制是突破辖区障碍和条块体制约束的润滑剂。一是依据跨界环境行政执法协同的需要对区域内各协同主体的责任和任务进行科学合理的划分，防止协同主体之间的权责重叠以及避免可能存在的矛盾冲突，提升跨界环境行政执法协同机制的整体效能。二是优化各协同主体内部各部门间的职能分工，推动职责具有交叉性的相关方开展业务流程再造。三是正确处理属地管理与区域协同之间的关系，并在省以下“环保垂改”基础上消解传统条块分割体制下的路径依赖以及应对改革时出现的新问题，进一步完善跨界环境行政执法协同机制。第三，顶层制度设计是跨界环境行政执法协同机制建立的基础保障。一是围绕跨界环境行政执法协同及时制定专门性法律，在法律上规定跨界环境行政执法协同过程中相关主体的权力来源、权力大小、利益分配、效力以及边界和责任等问题，通过法律框架来保障协同机制的有效运行。二是健全环境政策协调机制，推动环境政策向整体性政策整合与策略协调的方向转变，通过区域性统一发展规划和环境保护综合规划来完善与优化区域间的产业布局结构，从根源上解决环境污染问题。三是建立政策协同审查制度，对政策内容中关涉的地方保护主义、政策目标及手段的一致性等方面进行审查，确保政策协同效应。第四，稳健的跨界环境行政执法协同机制必须建立在有效的激励和约束的基础上。一是实现区域协同执法的整体利益与地方个体利益的融合，形成基于利益协同机制的互惠格局，明确补偿的依据、标准、范围、方式等具体内容，促进协同主体之间权力、责任、利益的平衡，实现外部效应的内在化。二是建立基于全面评估协同绩效形成的财政预算激励和制衡的动态调试机制，通过以结果为导向的新型财政预算制度带动协同机制的顺利建立。三是加强外部监督制度建设，避免协同执法中多元行动主体出现利益共谋现象，细化和强化《党政领导干部生态环境损害责任追究办法（试行）》至为重要，同时完善环保督察制度，在现有的环保督察制度基础上建立针对区域性协同执法的工作机制。第五，各类执法资源的配置及整合能力是跨界协同执法能力的重要内容。一是获取高层领导注意力分配以保障政策资源、财政资源的有效供给。“领导注意力”概念强调领导者的有限理性，领导者为了推进政策理念的践行会有计划地将部分政策资源投入其中并加以编制与分配，从而保障政策目标顺利实现。二是基于制度性集体行动框架建立制度化、常态化、具有约束力的跨界协同执法相关组织体系，通过加强协同组织的制度建设来推动各种执法资源的有效调配。三是借力大数据技术完善环境信息资源开放共享机制。拥有充分的环境信息资源是跨界环境行政执法协同的必备条件，是跨界协同执法顺利推进的一个重要前提。设置区域性环境协调管理机构，完善制度体系，对环境信息资源进行统一管理，对信息化基础设施进行统一建设和运维等措施，能够充分提升环境信息开放共享的整体效益，进一步促进我国跨界环境行政执法协同机制的生成及完善。

8.1.6 我国跨界环境行政执法协同机制具有基于国情的特殊性

我国跨界环境行政执法协同机制具有基于国情的独特性。第一，条块关系是中国政府组织体系中基本的结构性关系，由于单一制的国家结构形式、“一竿子插到底”的历史传统等因素的作用，中国的条块关系复杂，条块矛盾突出，因此我国跨界环境行政执法协同机制的生成面临着很大的困难。第二，基于发展中大国内部发展非均衡特征和协同主体间存在的地位、权力和目标不一致的属性，我国跨界执法协同机制的生成主要依靠更高一级政府发起和推动。因此，我国跨界环境行政执法协同过程自然不同于欧美文献所阐述的样态。例如，京津冀地区的跨界环境行政执法协同是由国务院出面协调三地，以期进一步实现该地区的协同治理和协同发展。第三，我国跨界环境行政执法协同的动力一般来自上一层级领导的高度关注和组织上的负激励，更多属于“压力型协同”模式。第四，若没有上层制度设计，我国跨界环境行政执法协同机制的生成过程和组织结构方式带有更多的非正式性和非契约性，而不同于发达国家以法律文本为主的固定协同机制。第五，我国跨界环境行政执法协同机制的生成深刻地嵌入到我国政府治理实践中，表现为官僚机构任务驱动式推进。

8.2 研究不足与展望

8.2.1 研究不足

我国跨界环境行政执法协同机制研究是一个现实性很强的选题，也是一个很棘手的问题，其中涉及的因素非常繁杂。如何准确把握其中的本质问题、全面认识不断竞合的府际关系、深入剖析协同机制背后的复杂机理和运作逻辑等，都是非常困难的，也对研究者提出了很大的挑战。受制于研究水平和研究条件，本书还存在以下不足之处。

第一，在实证分析材料收集方面存在一定缺陷。受制于研究条件和资源，本研究对中央层面官员的访谈有所缺失，这样难以深入了解中央政府对跨界环境行政执法协同过程中府际关系的观点和看法。

第二，机制研究存在一定的局限性。本书提出了跨界环境行政执法协同机制的分析框架，但是鉴于环境问题的复杂性，协同机制不仅限于本书所述，还包含更加广泛的内容，如政治因素、非正式制度等。另外，本书所涉及的协同机制主要基于京津冀地区案例研究和对三地环保机构工作人员的访谈，存在一定的样本选择偏差问题。需要指出的是，可能一些常态变量也非常关键，但局限于其是常态的，因而并没有被短期的观测所体现。

第三，协同机制的量化研究存在一定的缺失。本书通过定性研究提炼了高层领导注意力分配、自上而下的问责压力、协同执法强度与条件成熟度四个影响因素，但由于相关资料不足，在使用量化方法对以上动力因素进行一般性检验时未能对后两个动力因素进行统计分析，这有待进一步探讨。

8.2.2 研究展望

第一，本书将跨界环境行政执法协同机制研究主要聚焦于省级层面，但跨界执法在协同过程中还经常出现纵向协同和网络（横纵交叉）协同。基于本书提出的分析框架可以进一步对纵向和网络两种类型的协同机制加以讨论，从而丰富我国跨界环境行政执法协同机制的理论内容。

第二，未来的研究还可进一步讨论我国不同地区跨界环境行政执法协同机制的多样化模式。对不同模式的总结是打造我国跨界环境行政执法协同机制样板的必由之路。例如，京津冀地区跨界环境行政执法协同机制的生成有服务北京的政治使命，而粤港澳地区跨界环境行政执法协同机制涉及三种制度的差异，其他地区的协同机制也各有其特征，有待后续研究跟进和总结，以完善和发展我国跨界环境行政执法协同机制。

第三，在省以下环保机构监测监察执法垂直管理制度改革实施后，地市级生态环境局实行以省级生态环境厅为主的双重管理体制，县级生态环境分局不再单设而是作为地市级生态环境局的派出机构。在本书写作时，我国省以下环保机构垂改正处于全面推进和落地过程中，因此缺乏具体的改革执法实践和效果检验，对其涉及不够深入。在省以下垂改后形成的一种新型条块关系格局下，还需要进一步探讨跨界环境行政执法协同机制生成面临的新问题。

第四，在我国当下发展阶段，政府仍在环境治理体系中占据主导地位，抓住环境行政执法的府际协同问题就是抓住了目前我国环境治理的“牛鼻子”。但随着我国社会的不断发展，政府之外的其他治理主体如非政府组织（NGO）、市场组织（多种所有制的企业）、公众等将在环境治理中扮演越来越重要的角色。将上述治理主体纳入我国跨界环境行政执法协同机制，讨论其在协同机制内的角色定位及行动逻辑，是该领域研究的又一个重要方向。

参考文献

[1] 隋福民，范鲁文，韩锋. 世界经济史的壮丽篇章：中国改革开放 40 年经济发展成果与世界主要经济体比较[J]. 紫光阁，2018，（05）：14–16.

[2] 林毅夫，姚洋. 中国奇迹：回顾与展望[M]. 北京：北京大学出版社，2006.

[3] 丁霖. 论生态环境治理体系现代化与环境行政互动式执法[J]. 政治与法律，2020（05）：105–115.

[4] 滕燕华，易臻真. 农村生态环境治理中公众参与困境研究：以上海崇明生态岛 LY 村为个案[J]. 北京农业职业学院学报，2020，34（01）：58–63.

[5] 崔松虎，金福子. 京津冀环境治理中的府际关系协同问题研究：基于 2014—2019 年的政策文本数据[J]. 甘肃社会科学，2020（02）：207–213.

[6] 李丹. 粤港澳大湾区湿地保护的协同治理法制化：以生态系统功能和服务的提升为目标[J]. 华南师范大学学报（社会科学版），2020（02）：140–152，192.

[7] 孙发锋. 从条块分割走向协同治理：垂直管理部门与地方政府关系的调整取向探析[J]. 广西社会科学，2011（04）：109–112.

[8] 周振超. 打破职责同构：条块关系变革的路径选择[J]. 中国行政管理，2005（09）：103–106.

[9] 闫柄伏. 跨域水污染治理中的府际合作研究：以黄河流域为例[D]. 呼和浩特：内蒙古大学，2017.

[10] 王瑶瑶. 长三角地区跨域环境治理问题研究：以黄浦江死猪事件为例[D]. 上海：华东政法大学，2014.

[11] 牛桂敏，郭珉媛，杨志. 建立水污染联防联控机制　促进京津冀水环境

协同治理[J]. 环境保护，2019（02）：64–67.
[12] 姚洋，张牧扬. 官员绩效与晋升锦标赛：来自城市数据的证据[J]. 经济研究，2013（01）：137–150.
[13] 周黎安. 中国地方官员的晋升锦标赛模式研究[J]. 经济研究，2007（07）：36–50.
[14] 杨其静，郑楠. 地方领导晋升竞争是标尺赛、锦标赛还是资格赛[J]. 世界经济，2013（12）：130–156.
[15] 杨其静. 市级官员晋升，光靠经济不行[J]. 领导文萃，2014（17）：68–71.
[16] 郦水清，陈科霖，田传浩. 中国的地方官员何以晋升：激励与选择[J]. 甘肃行政学院学报，2017（03）：4–17，125.
[17] 解亚红. “协同政府”：新公共管理改革的新阶段[J]. 中国行政管理，2004（05）：58–61.
[18] 寇丹. 整体性治理：政府治理的新趋向[J]. 东北大学学报（社会科学版），2012，14（03）：230–233.
[19] 杨华锋. 协同治理的行动者结构及其动力机制[J]. 学海，2014（05）：35–39.
[20] 高轩. 当代西方协同政府改革及启示[J]. 理论导刊，2010（07）：102–104.
[21] 王四方. “协同政府”：县级政府机构改革的方向：浙江富阳“专委会”制度的分析[J]. 党政干部学刊，2010（02）：49–52.
[22] 王洛忠. 我国转型期公共政策过程中的公民参与研究：一种利益分析的视角[J]. 中国行政管理，2005（08）：86–88.
[23] WOOD D. Toward a Comprehensive Theory of Collaboration[J]. The Journal of Applied Behavioral Science，1991（27）：139–162.
[24] O'LEARY R，GERARD C，AMSLER L. Symposium on Collaborative Public Management [J]. Public Administration Review，2006，66（s1）：6–9.
[25] A GREEN. MATTHIAS. Non–governmental organizations and health in developing countries[M]. London：Macmillan Press Ltd，1997.
[26] GRAY B. Collaborating：Finding Common Ground For Multiparty Problems [M]. San Francisco：Jossey–Bass，1989.

[27] 姬兆亮，戴永翔，胡伟. 政府协同治理：中国区域协调发展协同治理的实现路径[J]. 西北大学学报（哲学社会科学版），2013，43（02）：122–126.

[28] 哈肯. 协同学：大自然成功的奥秘[M]. 上海：上海科学普及出版社，1988.

[29] 李汉卿. 协同治理理论探析[J]. 理论月刊，2014（01）：138–142.

[30] 罗西瑙. 没有政府的治理[M]. 张胜军，刘小林，译. 南昌：江西人民出版社，2001.

[31] 罗茨. 新的治理[J]. 马克思主义与现实，1999（05）：42–48.

[32] KOOIMAN J. Modern Governance：New Government–Society Interactions [M]. London：Sage Publications，1993.

[33] 斯托克. 作为理论的治理：五个论点[J]. 华夏风，译. 国际社会科学杂志（中文版），1999（01）：19–30.

[34] SAVITCH H V，VOGEL R K. Introduction：Paths to New Regionalism[J]. State and Local Government Review，2000，32（03）：158–168.

[35] ANSELL C，GASH A. Collaborative Governance in Theory and Practice[J]. Journal of Public Administration Research and Theory，2008，18（04）：534–571.

[36] PETER S RING，AH VAN DE VEN. Developmental Processes of Cooperative Inter–Organizational Relationships[J]. Academy of Management Review，1994，19（01）：90–118.

[37] THOMSON A M，Perry J L. Collaboration Processes：Inside the Black Box[J]. Public Administration Review，2006，66（s1）：20–32.

[38] FREEMAN J. Collaborative Governance in the Administrative State[J]. UCLA Law Review，1997，45（01）：19.

[39] VIVIER E，JONGH D D，THOMPSON L. Public leadership and participation：understanding the experiences of South African local government officials' engagement within informal settlements in the Western Cape[J]. Public Management Review，2020（05）：1–20.

[40] ERIKSSONA E，THOMAS ANDERSSONA B，HELLSTRÖMA A，et al. Collaborative public management：coordinated value propositions among public

service organizations [J]. Public Management Review，2020，22（06）：791–812.

[41] SØRENSENA E，HENDRIKS C M，HERTTING N，et al. Political boundary spanning：politicians at the interface between collaborative governance and representative democracy[J]. Policy and Society，2020（04）：1–41.

[42] KOSTKA G，NAHM J. Central–Local Relations：Recentralization and Environmental Governance in China[J]. The China Quarterly，2017，231（12）：567–582.

[43] MOORE S. Hydropolitics and Inter–Jurisdictional Relationships in China：The Pursuit of Localized Preferences in a Centralized System[J]. The China Quarterly，2014，219（12）：760–780.

[44] HABICH–SOBIEGALLA S. How Do Central Control Mechanisms Impact Local Water Governance in China? The Case of Yunnan Province[J]. The China Quarterly，2018，234（06）：444–462.

[45] 亨利. 公共行政与公共事务 [M].7 版. 北京：华夏出版社，2002.

[46] DOMMEL R P N A. Federal–Local Relations Under Block Grants[J]. Political Science Quarterly，1978，93（03）：421–442.

[47] BANOVETZ J M，WRIGHT D S. Understanding Intergovernmental Relations[J]. Acoustics Speech & Signal Processing Newsletter IEEE，1988，9（03）：140.

[48] 奥斯特罗姆. 美国地方政府[M]. 北京：北京大学出版社，2004.

[49] WRIGHT D S. Book review of Intergovernmental management for the 21st century[J]. State &Local Government Review，2009，（39）：709–719.

[50] 佛西，谢蕾. 合作型环境治理：一种新模式[J]. 国家行政学院学报，2004（03）：92–94.

[51] HARDIN G. The tragedy of the commons[J]. Science，1968，162（12）：1243–1248.

[52] OSTROM E. Collective action and the evolution of social norms[J]. Journal of economic perspectives，2000，14（03）：137–158.

[53] MOL A P J，CARTER N T. China's Environmental Governance in Transition[J]. Environmental Politics，2006，15（02）：149–170.

[54] FEIOCK R. Rational Choice and Regional Governance[J]. Journal of Urban Affairs，2007，29（01）：47–63.

[55] YI H，SUO L，SHEN R，et al. Regional Governance and Institutional Collective Action for Environmental Sustainability[J]. Public Administration Review，2018，78（04）：556–566.

[56] 宋杨. 我国环境行政主体研究[D]. 吉林：东北林业大学，2006 .

[57] 王玉明. 城市群府际环境治理合作的博弈态势[J]. 南都学坛，2019，39（03）：103–111.

[58] 赵增彦. 雾霾成因溯源及其协同治理机制探析[J]. 中共郑州市委党校学报，2018（02）：54–57.

[59] WALKER D B. The Rebirth of Federalism：Slouching toward Washington[M]. Chatham，NJ：Chatham House Publishers，1995.

[60] CAULKINS D D. Organizational memberships and crosscutting ties：Bonding or bridging social capital? Investingating social capital[M]. London：Sage，2004.

[61] WEBLER T. Intergrating technical analysis with deliberation in regional watershed management planning：Applying the National Research Council approach [J]. Policy Studies Journal，1999，27（03）：530–540.

[62] LOCKWOOD M，DAVIDSON J，CURTIS A，et al. Multi–level environmental governance：lessons from Australian natural resource management[J]. Australian Geographer，2009，40（02）：169–186.

[63] WALLINGTON T，LAWRENCE G，LOECHEL B. Reflections on the Legitimacy of Regional Environmental Governance：Lessons from Australia's Experiment in Natural Resource Management[J]. Journal of Environmental Policy & Planning，2008，10（01）：1–30.

[64] BALSIGER J，VANDEVEER S. Navigating Regional Environmental Governance[J]. Global Environmental Politics，2012，12（03）：1–17.

[65] NURHIDAYAH L，LIPMAN Z，ALAM S. Regional Environmental Governance：An Evaluation of the ASEAN Legal Framework for Addressing Transboundary Haze Pollution[J]. Australian Journal of Asian Law，2014，15（01）：1–17.

[66] HARRISON K. Is cooperation the answer? Canadian environmental enforcement in comparative context[J]. Journal of Policy Analysis and Management，1995，14（02）：221–244.

[67] 廖敏. 美国环境行政执法特点及启示[J]. 法制博览，2017（02）：61–62.

[68] 沈惠平. 日本环境政策分析[J]. 管理科学，2003（03）.

[69] 丁晖，曹铭昌，刘立，等. 立足生态系统完整性，改革生态环境保护管理体制：十八届三中全会“建立陆海统筹的生态系统保护修复区域联动机制”精神解读[J]. 生态与农村环境学报，2015，31（05）：647–651.

[70] 何水. 从政府危机管理走向危机协同治理：兼论中国危机治理范式革新[J]. 江南社会学院学报，2008（02）：23–26.

[71] 郁建兴，任泽涛. 当代中国社会建设中的协同治理：一个分析框架[J]. 学术月刊，2012，44（08）：23–31.

[72] 刘光容. 政府协同治理：机制、实施与效率分析[D]. 武汉：华中师范大学，2008.

[73] 郑巧，肖文涛. 协同治理：服务型政府的治道逻辑[J]. 中国行政管理，2008（07）：48–53.

[74] 沙勇忠，解志元. 论公共危机的协同治理[J]. 中国行政管理，2010（04）：73–77.

[75] 汪伟全. 空气污染的跨域合作治理研究：以北京地区为例[J]. 公共管理学报，2014，11（01）：55–64，140.

[76] 张贤明，田玉麒. 论协同治理的内涵、价值及发展趋向[J]. 湖北社会科学，2016（01）：30–37.

[77] 俞可平. 全球治理引论[J]. 马克思主义与现实，2002（01）：20–32.

[78] 杨宏山. 整合治理：中国地方治理的一种理论模型[J]. 新视野，2015（03）：28–35.

[79] 陈瑞莲. 论区域公共管理研究的缘起与发展[J]. 政治学研究，2003（04）：75–84.
[80] 张振波. 论协同治理的生成逻辑与建构路径[J]. 中国行政管理，2015（01）：58–61，110.
[81] 张康之，张乾友. 民主的没落与公共性的扩散：走向合作治理的社会治理变革逻辑[J]. 社会科学研究，2011（02）：55–61.
[82] 曹海军. 新区域主义视野下京津冀协同治理及其制度创新[J]. 天津社会科学，2015（02）：68–74.
[83] 曹海军，霍伟桦. 城市治理理论的范式转换及其对中国的启示[J]. 中国行政管理，2013（07）：94–99.
[84] 燕继荣. 协同治理：社会管理创新之道：基于国家与社会关系的理论思考[J]. 中国行政管理，2013（02）：58–61.
[85] 郭道久. 协作治理是适合中国现实需求的治理模式[J]. 政治学研究，2016（01）：61–70，126–127.
[86] 司林波，吴振其. 雄安新区与京津冀协同发展的实践逻辑与运行模式：基于协同学理论的分析框架[J]. 天津行政学院学报，2019，21（03）：46–54.
[87] 叶大凤. 协同治理：政策冲突治理模式的新探索[J]. 管理世界，2015（06）：172–173.
[88] 张兆曙. 城市议题与社会复合主体的联合治理：对杭州 3 种城市治理实践的组织分析[J]. 管理世界，2010（02）：46–59，187.
[89] 刘学民. 公共危机治理：一种能力建设的议程[J]. 中国行政管理，2010（05）：71–74.
[90] 张立荣，冷向明. 协同治理与我国公共危机管理模式创新：基于协同理论的视角[J]. 华中师范大学学报（人文社会科学版），2008（02）：11–19.
[91] 何吉多，田杰. 公共危机协同治理中的社会资本研究[J]. 行政与法，2008（11）：31–33.
[92] 叶林，宋星洲. 粤港澳大湾区区域协同创新系统：基于规划纲要的视角[J]. 行政论坛，2019，26（03）：87–94.
[93] 王宏波，张小溪. 关中—天水经济区地方政府间跨区域合作治理问题探

析[J]. 西北农林科技大学学报（社会科学版），2011，11（04）：96–101.

[94] 李金龙，周宏骞，史文立. 多中心治理视角下的长株潭区域合作治理[J]. 经济地理，2008（03）：362–366.

[95] 魏娜，孟庆国. 大气污染跨域协同治理的机制考察与制度逻辑：基于京津冀的协同实践[J]. 中国软科学，2018（10）：79–92.

[96] 陈晓运. 跨域治理何以可能：焦点事件、注意力分配与超常规执行[J]. 深圳大学学报（人文社会科学版），2019，36（03）：125–133.

[97] ZHAN XY，LO W H，TANG S Y. Contextual Changes and Environmental Policy Implementation：A Longitudinal Study of Street–Level Bureaucrats in Guangzhou，China[J]. Journal of Public Administration Research & Theory，2014，24（4）：1005–1035.

[98] 饶常林. 府际协同的模式及其选择：基于市场、网络、科层三分法的分析[J]. 中国行政管理，2015（06）：62–67.

[99] 张成福，李昊城，边晓慧. 跨域治理：模式、机制与困境[J]. 中国行政管理，2012（03）：102–109.

[100] 李金龙，武俊伟. 京津冀府际协同治理动力机制的多元分析[J]. 江淮论坛，2017（01）：73–79.

[101] 吴春梅，庄永琪. 协同治理：关键变量、影响因素及实现途径[J]. 理论探索，2013（03）：73–77.

[102] 锁利铭. 城市群地方政府协作治理网络：动机、约束与变迁[J]. 地方治理研究，2017（02）：13–26.

[103] 谢庆奎. 中国政府的府际关系研究[J]. 北京大学学报（哲学社会科学版），2000（01）：26–34.

[104] 周志忍. 机构改革的回顾与展望[J]. 公共管理与政策评论，2018，7（05）：3–6.

[105] 周志忍，蒋敏娟. 中国政府跨部门协同机制探析：一个叙事与诊断框架[J]. 公共行政评论，2013，6（01）：91–117，170.

[106] 臧雷振，翟晓荣. 区域协同治理壁垒的类型学分析及其影响：以京津冀为例[J]. 天津行政学院学报，2018，20（05）：29–37.

[107] 孟庆国，魏娜，田红红. 制度环境、资源禀赋与区域政府间协同：京津冀跨界大气污染区域协同的再审视[J]. 中国行政管理，2019（05）：109–115.

[108] 王勇. 论流域政府间横向协调机制：流域水资源消费负外部性治理的视阈[J]. 公共管理学报，2009，6（01）：84–93，126–127.

[109] 文宏，崔铁. 运动式治理中的层级协同：实现机制与内在逻辑：一项基于内容分析的研究[J]. 公共行政评论，2015，8（06）：113–133，187–188.

[110] 周雪光，练宏. 中国政府的治理模式：一个“控制权”理论[J]. 社会学研究，2012，27（05）：69–93，243.

[111] 于鹏，李宇环. 地方政府协作治理模式：基于战略问题的类型学分析[J]. 行政论坛，2016，23（04）：42–46.

[112] 杨志云，毛寿龙. 制度环境、激励约束与区域政府间合作：京津冀协同发展的个案追踪[J]. 国家行政学院学报，2017（02）：97–102，127–128.

[113] 吴晓青，洪尚群，段昌群，等. 区际生态补偿机制是区域间协调发展的关键[J]. 长江流域资源与环境，2003（01）：13–16.

[114] 崔晶. 生态治理中的地方政府协作：自京津冀都市圈观察[J]. 改革，2013（09）：138–144.

[115] 杜秋莹，李国平. 跨区域环境成本及其补偿[J]. 社会科学家，2006（04）：69–72，80.

[116] 曾文慧. 越界水污染规制：对中国跨行政区流域污染的考察[M]. 上海：复旦大学出版社，2007.

[117] 曹锦秋，吕程. 联防联控：跨行政区域大气污染防治的法律机制[J]. 辽宁大学学报（哲学社会科学版），2014，42（06）：32–40.

[118] 龚扬帆，董雪烈. 区域性大气污染防治法律制度研究[J]. 环境与发展，2014，26（04）：26–29.

[119] 徐前荣，徐其军. 太湖水环境承载力研究[J]. 江西农业学报，2009，21（02）：114–118.

[120] 崔晶，孙伟. 区域大气污染协同治理视角下的府际事权划分问题研究[J].

中国行政管理，2014（09）：11–15.
[121] 刘芳，苗旺，孙悦. 转型期水权管理的进展研判及改革路径研究：以山东省为例[J]. 吉首大学学报（社会科学版），2018，39（01）：95–103.
[122] 杨妍，孙涛. 跨区域环境治理与地方政府合作机制研究[J]. 中国行政管理，2009（01）：66–69.
[123] 王玉明，刘湘云. 美国环境治理中的政府协作及其借鉴[J]. 经济论坛，2010（05）：113–118.
[124] 蔡岚. 空气污染治理中的政府间关系：以美国加利福尼亚州为例[J]. 中国行政管理，2013（10）：96–100.
[125] 孙迎春. 公共部门协作治理改革的新趋势：以美国国家海洋政策协同框架为例[J]. 中国行政管理，2011（11）：96–99.
[126] 张彦波，佟林杰，孟卫东. 政府协同视角下京津冀区域生态治理问题研究[J]. 经济与管理，2015，29（03）：23–26.
[127] 高建，白天成. 京津冀环境治理政府协同合作研究[J]. 中共天津市委党校学报，2015（02）：69–73.
[128] 张紧跟，唐玉亮. 流域治理中的政府间环境协作机制研究：以小东江治理为例[J]. 公共管理学报，2007（03）：50–56，123–124.
[129] 范永茂，殷玉敏. 跨界环境问题的合作治理模式选择——理论讨论和三个案例[J]. 公共管理学报，2016，13（02）：63–75，155–156.
[130] 赵新峰，袁宗威. 京津冀区域政府间大气污染治理政策协调问题研究[J]. 中国行政管理，2014（11）：18–23.
[131] 殷培红. 理顺流域水环境行政执法“三大关系”[J]. 紫光阁，2018（08）：87–88.
[132] 徐艳晴，周志忍. 水环境治理中的跨部门协同机制探析：分析框架与未来研究方向[J]. 江苏行政学院学报，2014（06）：110–115.
[133] 陆新元，杜德克，秦虎，等. 中国环境行政执法能力建设现状调查与问题分析[J]. 环境科学研究，2006（S1）：1–11.
[134] 姜明安. 论行政执法[J]. 行政法学研究，2003（04）：4–11.
[135] 汪永清. 对改革现行行政执法体制的几点思考[J]. 中国法学，2000(01)：

67–75.

[136] 许崇德，皮纯协. 新中国行政法学研究综述（1949–1990）[M]. 北京：法律出版社，1991.

[137] 杨惠基. 行政执法概论[M]. 上海：上海大学出版社，1998.

[138] 陈仁，朴光洙. 环境执法基础[M]. 北京：法律出版社，1997.

[139] 钱水苗，潘竟贵. 跨行政区域环境联合执法机制的探索与思考[C]. 生态文明与环境资源法：2009 年全国环境资源法学研讨会（年会），2009：4.

[140] 方孝安. 环境执法机制理论研究[D]. 南昌：江西理工大学，2012.

[141] 胡晓红. 跨区域环保行政执法的困难与对策研究[J]. 生态经济，2010（8）：37–41.

[142] 曹堂哲. 公共行政执行协同机制：概念、模型和理论视角[J]. 中国行政管理，2010（01）：115–120.

[143] 白献阳，蔡昱，安小米. 政府数据开放协同机制研究：以贵州省为例[J]. 图书馆，2019（09）：46–52，59.

[144] 吕杨. 沈阳经济区环境行政执法协同机制研究[J]. 现代商贸工业，2015（11）：185–186.

[145] 谢伟. 粤港澳大湾区环境行政执法协调研究[J]. 广东社会科学，2018（3）：246–253.

[146] JAGER N W，NEWIG J，CHALLIES E，et al. Pathways to Implementation：Evidence on How Participation in Environmental Governance Impacts on Environmental Outcomes[J]. Journal of Public Administration Research And Theory，2019（11）：1–17.

[147] 林尚立. 国内政府间关系[M]. 杭州：浙江人民出版社，1998.

[148] 陈振明. 公共管理学：一种不同于传统行政学的研究途径[M]. 北京：中国人民大学出版社，2003.

[149] BRYSON J M，CROSBY B C，STONE M M. Designing and Implementing Cross–Sector Collaborations：Needed and Challenging[J]. Public Administration Review，2015，75（5）：647–663.

[150] GRAY B，WOOD D J. Collaborative Alliances：Moving from Practice to Theory[J]. The Journal of Applied Behavioral Science：A Publication of the NTL Institute，1991，27（1）：3–22.

[151] 王明安，沈其新. 基于区域经济一体化的府际政治协同研究[J]. 理论月刊，2013（12）：133–136.

[152] 刘伟忠. 我国协同治理理论研究的现状与趋向[J]. 城市问题，2012（05）：81–85.

[153] HURWICZ L. The Design of Mechanisms for Resource Allocation[J]. American Economic Review，1973，63（02）：1–30.

[154] MYERSON R B. Incentive Compatibility and the Bargaining Problem[J]. Econometrica，1979，47（01）：61–73.

[155] MASKIN E. Nash Equilibrium and Welfare Optimality[J]. The Review of Economic Studies，1999，66（01）：23–38.

[156] LAZZARINI S G，PONGELUPPE L S，ITO N C，et al. Public Capacity，Plural Forms of Collaboration，and the Performance of Public Initiatives：A Configurational Approach[J]. Journal of Public Administration Research and Theory，2020（01）：1–17.

[157] BITTERMAN P，KOLIBA C J. Modeling Alternative Collaborative Governance Network Designs：An Agent–Based Model of Water Governance in the Lake Champlain Basin，Vermont[J]. Journal of Public Administration Research and Theory，2020，（01）：1–20.

[158] KOPPENJAN，JOOP. Creating a playing field for assessing the effectiveness of network collaboration by performance measures[J]. Public Management Review，2008，10（06）：699–714.

[159] INGOLD K，FISCHER M. Drivers of collaboration to mitigate climate change：An illustration of Swiss climate policy over 15 years[J]. Global Environmental Change Human & Policy Dimensions，2014，24（01）：88–98.

[160] CHEN B. Antecedents or Processes? Determinants of Perceived Effectiveness of Interorganizational Collaborations for Public Service

Delivery[J]. International Public Management Journal，2010，13（04）：381–407.

[161] LEACH W D，WEIBLE C M，VINCE S R，et al. Fostering Learning through Collaboration：Knowledge Acquisition and Belief Change in Marine Aquaculture Partnerships[J]. Journal of Public Administration Research & Theory，2014，24（03）：591–622.

[162] MANDELL M，STEELMAN T. Understanding what can be accomplished through interorganizational innovations The importance of typologies，context and management strategies[J]. Public Management Review，2003，5（02）：197–224.

[163] AGRANOFF R，MCGUIRE M. Managing in Network Settings[J]. Review of Policy Research，16（01）：18–41.

[164] MCGUIRE M. Managing Networks：Propositions on What Managers Do and Why They Do It[J]. Public Administration Review，2002，62（05）：599–609.

[165] 王喆，周凌一. 京津冀生态环境协同治理研究：基于体制机制视角探讨[J]. 经济与管理研究，2015，36（07）：68–75.

[166] ESTEVE M，BOYNE G，SIERRA V，et al. Organizational Collaboration in the Public Sector：Do Chief Executives Make a Difference?[J]. Journal of Public Administration Research and Theory，2012，23（04）：927–952.

[167] 胡溢轩，童志锋. 环境协同共治模式何以可能：制度、技术与参与：以农村垃圾治理的“安吉模式”为例[J]. 中央民族大学学报（哲学社会科学版），2020（03）：88–97.

[168] 谈萧，刘慧. 粤港澳大湾区环境行政执法合作研究[J]. 政法学刊，2019，36（5）：63–65.

[169] 叶必丰. 行政协议：区域政府间合作机制研究[M]. 北京：法律出版社，2010.

[170] 王玉明，王沛雯. 长三角城市群跨域环境治理中的政府合作[J]. 成都行政学院学报，2018（01）：4–10.

[171] 仇逸，王瑾. 长三角将建立国内首个气候生态环境监测网[J]. 苏南科技开发，2004（06）：13.

[172] 周宵鹏. 京津冀打造地方协同立法新样本[N]. 法制日报，2020–03–22（01）.

[173] 毕振波，潘洪军，杨花. 水下文物保护协同执法机制研究[J]. 浙江海洋学院学报（人文科学版），2016，33（01）：7–12.

[174] 韩春晖，盛泽宇. 协同执法：铁路安全监管体制变革之维[J]. 行政管理改革，2018（10）：69–74.

[175] 郭雅雯. 促进京津冀协同执法[J]. 人民论坛，2019（15）：84–85.

[176] MORSE R S. Integrative public leadership：Catalyzing collaboration to create public value[J]. Leadership Quarterly，2010，21（02）：231–245.

[177] 董明. 环境治理中的企业社会责任履行：现实逻辑与推进路径：一个新制度主义的解析[J]. 浙江社会科学，2019（03）：60–73，49，157.

[178] 周雪光. 组织社会学十讲[M]. 北京：社会科学文献出版社，2009.

[179] KOSCHMANN M，KUHN T，PFARRER M. A Communicative Framework of Value in Cross–Sector Partnerships[J]. The Academy of Management Review，2012，37（03）：332–354.

[180] BABIAK K， THIBAULT L. Challenges in Multiple Cross–Sector Partnerships[J]. Non–profit and Voluntary Sector Quarterly，2009，38（01）：117–143.

[181] 马冠群，李祥飞. 京津冀协同治理环境财政策略[J]. 合作经济与科技，2019（18）：186–187.

[182] 郭施宏，齐晔. 京津冀区域大气污染协同治理模式构建：基于府际关系理论视角[J]. 中国特色社会主义研究，2016（03）：93–99.

[183] 程恩富，王新建. 京津冀协同发展：演进、现状与对策[J]. 管理学刊，2015（02）：1–9.

[184] 孟庆国，魏娜. 结构限制、利益约束与政府间横向协同：京津冀跨界大气污染府际横向协同的个案追踪[J]. 河北学刊，2018（06）：164–171.

[185] 郭道晖. 论法意识与立法意识[J]. 天津社会科学，1996（04）：100–104.

[186] LEE H–W，ROBERTSON P J，LEWIS L，et al. Trust in a Cross–Sectoral Interorganizational Network：An Empirical Investigation of Antecedents[J]. Nonprofit and Voluntary Sector Quarterly，2012，41（04）：609–631.

[187] BERARDO R，HEIKKILA T，GERLAK A K. Interorganizational Engagement in Collaborative Environmental Management：Evidence from the South Florida Ecosystem Restoration Task Force[J]. Journal of Public Administration Research and Theory，2014，24（03）：697–719.

[188] QUICK K S，FELDMAN M S. Boundaries as Junctures：Collaborative Boundary Work for Building Efficient Resilience[J]. Journal of Public Administration Research and Theory，2014，24（03）：673–695.

[189] SAZ–CARRANZA A，LONGO F. Managing Competing Institutional Logics in Public–Private Joint Ventures[J]. Public Management Review，2012，14（03）：331–357.

[190] 练宏. 注意力分配：基于跨学科视角的理论述评[J]. 社会学研究，2015，30（04）：215–241，246.

[191] 荣敬本，崔之元，王拴正. 从压力型体制向民主合作体制的转变：县乡两级政治体制改革[M]. 北京：中央编译出版社，1998.

[192] 倪星，王锐. 从邀功到避责：基层政府官员行为变化研究[J]. 政治学研究，2017（02）：42–51，126.

[193] 顾鹏，杜建国，金帅. 基于演化博弈的环境监管与排污企业治理行为研究[J]. 环境科学与技术，2013，36（11）：186–192.

[194] 潘峰，王琳. 演化博弈视角下地方环境规制部门执法策略研究[J]. 管理工程学报，2020，34（03）：65–73.

[195] 刘明明. 改革开放 40 年中国环境执法的发展[J]. 江淮论坛，2018（06）：27–33.

[196] 周家军，吴继秀. 浅谈环境执法监督检查制度化的必要性[J]. 环境保护，1995（07）：29–30.

[197] 陈磊. 谈环保新形势下环境影响评价工作存在的挑战及建议[J]. 环境与

发展，2019（11）：10–11.
[198] 公婷. 问责审计与腐败治理[J]. 公共行政评论，2010，3（02）：69–84.
[199] 魏海燕. 当前我国环保执法阻力分析[J]. 环境与发展，2017（03）：273，275.
[200] 张宁. 当前我国环保执法的利益阻力及对策探析[J]. 河北科技师范学院学报（社会科学版），2014（02）：60–64，86.
[201] 张攀. 环境约束性目标设置的影响因素与效果评估研究[D].西安：西安交通大学，2016.
[202] 李一，高红. 中央政府推进城乡关系协调发展的注意力配置研究：基于21 份中央一号文件文本的分析[J]. 成都行政学院学报，2020（01）：4–10.
[203] 胡春艳，刘丽蓉. 环境污染事件中官员问责的结果差异研究[J]. 东北大学学报（社会科学版），2019，21（03）：275–282.
[204] ODUM H T，WÓJCIK W，Jr P，et al. Heavy metals in the environment：Using wetlands for their removal[M]. 2016.
[205] BAI J，JIA J，ZHANG G，et al. Spatial and temporal dynamics of heavy metal pollution and source identification in sediment cores from the short–term flooding riparian wetlands in a Chinese delta[J]. Environmental Pollution，2016，219（12）：379–388.
[206] HAMILTON B H，NICKERSON J A. Correcting for endogeneity in strategic management research[J]. Strategic Organization，2003，1（01）：51–78.
[207] 登哈特夫妇. 新公共服务：服务，而不是掌舵[M]. 丁煌，译. 北京：中国人民大学出版社，2004.
[208] 亨廷顿. 变化社会中的政治秩序[M]. 北京：三联书店，1989.
[209] BRAUN D. Organising the political coordination of knowledge and innovation policies[J]. Science and Public Policy，2008，35（04）：227–239.
[210] SIMON H A. Administrative Behavior：A Study of Decision– making

Processes in Administrative Organizations[M]. 4th ed. New York：The Free Press，1997.

[211] 陶鹏，初春. 府际结构下领导注意力的议题分配与优先：基于公开批示的分析[J]. 公共行政评论，2020（01）：63–78.

[212] 庞明礼. 领导高度重视：一种科层运作的注意力分配方式[J]. 中国行政管理，2019（04）：93–99.

附 录 A

表 A.1 城市污染数据

城市	经度	纬度	PM10	PM2.5
石家庄	114.4833	38.03333	154	86
邯郸	114.4827	36.60931	154	86
保定	115.4948	38.88656	135	84
临汾	111.5388	36.09975	122	79
安阳	114.3518	36.11027	132	79
咸阳	108.7075	34.34537	132	79
焦作	113.2118	35.23461	125	73
西安	108.95	34.26667	126	73
渭南	109.4839	34.50236	129	70
乌鲁木齐	87.68333	43.76667	105	70
洛阳	112.4475	34.65737	117	69
唐山	118.1835	39.65053	119	66
徐州	117.1881	34.27155	119	66
郑州	113.65	34.76667	118	66
自贡	104.7761	29.35916	89	66
太原	112.5333	37.86667	131	65

续表

城市	经度	纬度	PM10	PM2.5
济南	117.025	36.68278	128	65
淄博	118.0591	36.80468	120	65
枣庄	117.2793	34.80788	125	63
平顶山	113.3008	33.7453	106	63
天津	117.2	39.13333	94	62
开封	114.3516	34.80185	103	62
阳泉	113.5692	37.86953	116	61
长治	113.1203	36.20166	103	60
潍坊	119.1426	36.71611	116	59
北京	116.4167	39.91667	84	58
哈尔滨	126.6333	45.75	84	58
泰安	117.0894	36.18808	97	58
宜昌	111.311	30.73276	88	58
宝鸡	107.1706	34.36408	102	58
三门峡	111.1813	34.78332	98	57
宜宾	104.633	28.76967	80	57
合肥	117.17	31.52	80	56
济宁	116.6008	35.40212	106	56
荆州	112.2419	30.33259	92	56
成都	104.0667	30.66667	88	56
镇江	119.4558	32.20441	88	55
扬州	119.4278	32.40851	93	54
常德	111.6537	29.01215	77	54
泸州	105.24	28.54	80	53

续表

城市	经度	纬度	PM10	PM2.5
吉林	126.5645	43.87199	79	52
武汉	114.3167	30.51667	85	52
长沙	112.9794	28.21348	69	52
株洲	113.1317	27.82743	81	52
铜川	108.9681	34.90837	91	52
湘潭	112.9356	27.8351	80	51
德阳	104.4024	31.13114	84	51
沈阳	123.3833	41.8	85	50
马鞍山	118.5159	31.68853	83	50
芜湖	118.3841	31.36602	82	49
岳阳	113.1462	29.37801	70	49
兰州	103.7333	36.03333	111	49
鞍山	123.0078	41.11874	85	48
锦州	121.09	41.07	78	48
常州	119.9819	31.7714	76	48
九江	115.9998	29.71964	70	48
绵阳	104.7055	31.5047	71	48
银川	106.2667	38.46667	106	48
抚顺	123.9298	41.8773	81	47
日照	119.5072	35.42023	85	47
长春	125.35	43.88333	78	46
南充	106.04	30.49	72	46
连云港	119.1739	34.60155	73	45
杭州	120.2	30.26667	72	45

续表

城市	经度	纬度	PM10	PM2.5
绍兴	120.5925	30.00236	70	45
柳州	109.4224	24.32905	66	45
重庆	106.5306	29.54461	72	45
秦皇岛	119.6044	39.94546	82	44
包头	109.8462	40.64712	93	44
无锡	120.18	31.34	77	44
桂林	110.2609	25.2629	60	44
呼和浩特	111.41	40.48	95	43
石嘴山	106.3793	39.02022	97	43
苏州	120.6199	31.31799	64	42
湖州	120.1372	30.87793	64	42
张家界	110.4816	29.12489	67	42
延安	109.5005	36.60332	90	42
南昌	115.9	28.68333	76	41
本溪	123.7781	41.32584	71	40
南京	118.7833	32.05	76	40
上海	121.29	31.14	55	39
南通	120.8738	32.01466	64	39
青岛	120.3333	36.06667	78	39
齐齐哈尔	123.9873	47.3477	65	38
温州	120.39	28.01	65	38
韶关	113.37	24.48	52	38
宁波	121.33	29.52	60	37
大同	113.2905	40.11374	73	36

续表

城市	经度	纬度	PM10	PM2.5
牡丹江	129.608	44.58852	65	36
烟台	121.3096	37.53656	68	35
广州	113.2333	23.16667	56	35
南宁	108.19	22.48	56	35
赤峰	118.9308	42.29711	70	34
大连	121.36	38.55	58	34
攀枝花	101.7224	26.58757	67	34
西宁	101.7679	36.64074	83	34
克拉玛依	84.88118	45.59433	69	34
遵义	106.9313	27.69996	54	33
贵阳	106.7167	26.56667	53	32
珠海	113.5624	22.25691	43	30
汕头	116.7287	23.38391	49	29
湛江	110.24	21.11	42	29
泉州	118.6004	24.90165	53	28
深圳	114.0667	22.61667	45	28
北海	109.1226	21.47272	45	28
昆明	102.7333	25.05	58	28
曲靖	103.7825	25.52076	54	28
福州	119.3	26.08333	51	27
厦门	118.1	24.46667	48	27
金昌	102.1	38.28	74	24
玉溪	102.5451	24.37045	47	23
海口	110.35	20.01667	37	20
拉萨	91.11189	29.66256	54	20

资料来源：笔者根据 2018 年《中国统计年鉴》数据整理。

表 A.2　中央部委政策性文本

文本名称	发布时间	发布部门
环境保护部办公厅关于举办贯彻落实《京津冀及周边地区 2017—2018 年秋冬季大气污染综合治理攻坚行动方案》培训班的通知	2017.09.15	环境保护部（已撤销）机构沿革
环境保护部关于印发《京津冀及周边地区 2017—2018 年秋冬季大气污染综合治理攻坚行动强化督查方案》的通知	2017.08.22	环境保护部（已撤销）机构沿革
生态环境部、国家发展和改革委员会、工业和信息化部等关于印发《京津冀及周边地区 2018—2019 年秋冬季大气污染综合治理攻坚行动方案》的通知	2018.09.18	生态环境部、国家发展和改革委员会（含原国家发展计划委员会、原国家计划委员会)工业和信息化部 机构沿革
生态环境部办公厅关于通报京津冀大气污染传输通道城市秋冬季环境空气质量目标完成情况的函	2018.05.02	生态环境部
环境保护部公告 2018 年第 9 号——关于京津冀大气污染传输通道城市执行大气污染物特别排放限值的公告	2018.01.15	环境保护部（已撤销）机构沿革
生态环境部、国家发展和改革委员会、工业和信息化部等关于印发《京津冀及周边地区 2018—2019 年秋冬季大气污染综合治理攻坚行动方案》的通知	2018.09.18	北京市政府 天津市政府 河北省政府 山西省政府 山东省政府 河南省政府

资料来源：笔者根据北大法宝网整理。

表 A.3　京津冀三地政策性文本

文本名称	发布时间	发布部门
北京市水污染防治条例（2018 修正）	2018.03.30	北京市人大（含常委会）
北京市人民政府关于发布本市第十三阶段控制大气污染措施的通告	2007.03.28	北京市政府
北京市卫生和计划生育委员会关于印发《北京市空气重污染卫生应急分预案（2018 年修订）》的通知	2018.10.29	北京市卫生和计划生育委员会

续表

文本名称	发布时间	发布部门
中共北京市委、北京市人民政府关于全面加强生态环境保护坚决打好北京市污染防治攻坚战的意见	2018.07.12	中共北京市委员会 北京市政府
北京市环境保护局关于暂停审批大兴、平谷区不达标流域内新增排放重点水污染物建设项目环境影响评价文件的通知	2017.10.20	北京市环境保护局
北京市东城区人民政府关于印发《东城区空气重污染应急预案（2017 年修订）》的通知（失效）	2017.09.30	北京市东城区人民政府
北京市住房和城乡建设委员会关于印发《北京市建设系统空气重污染应急预案（2017 年修订）》的通知（已被修改）	2017.09.28	北京市住房和城乡建设委员会
北京市交通委员会、北京市环境保护局、北京市公安局公安交通管理局关于对部分载货汽车采取交通管理措施降低污染物排放的通告	2017.08.21	北京市交通委员会 北京市环境保护局 北京市公安局公安交通管理局
北京市安全生产监督管理局关于加强空气重污染橙色预警指令下烟花爆竹安全管理工作的通知	2016.12.30	北京市应急管理局（北京煤矿安全监察分局）
北京市教育委员会关于解除空气重污染红色预警指令的通知	2016.12.21	北京市教育委员会
北京市通州区人民政府办公室关于印发大气污染防治等专项责任清单的通知	2016.12.14	北京市通州区人民政府
天津市大气污染防治条例（2018 修正）	2018.09.29	天津市人大（含常委会）
天津市环保局关于印发《〈天津市水污染防治条例〉行政处罚自由裁量权应用原则规定（试行）》及《常见水环境违法事实裁量基准（试行）》的通知	2016.03.01	天津市生态环境局
天津市人民政府关于划定高污染燃料禁燃区的通告	2015.09.02	天津市政府
天津市交通运输委员会关于印发《天津市大气污染防治条例》行政处罚自由裁量基准的通知	2015.04.23	天津市交通运输委员会
天津市大气污染源自动监测有效数据适用环境行政处罚暂行办法	2015.03.01	天津市生态环境局

续表

文本名称	发布时间	发布部门
天津市发展改革委关于机动车排气污染检测收费标准的通知	2013.03.08	天津市发展和改革委员会
中华人民共和国天津海事局防治船舶污染水域环境监督管理办法	2012.02.07	天津海事局
天津市滨海新区人民政府关于印发滨海新区土壤污染防治工作方案的通知	2017.03.31	天津市滨海新区人民政府
天津市市容和园林管理委员会关于印发重污染天气应急保障预案的通知（2016 修订）	2016.01.07	天津市市容和园林管理委员会
天津市教育委员会关于印发天津市教育系统重污染天气应急预案的通知	2014.07.02	天津市教育委员会
天津市发展改革委、天津市财政局、天津市环保局关于调整二氧化硫等 4 种污染物排污费征收标准的通知	2014.03.31	天津市发展和改革委员会 天津市财政局 天津市生态环境局
天津市建设交通委关于印发重污染天气应急保障预案的通知	2013.12.02	天津市城乡建设和交通委员会
河北省人民代表大会常务委员会关于加强扬尘污染防治的决定	2018.10.19	河北省人大（含常委会）
河北省机动车排气污染防治办法	2012.12.03	河北省政府
河北省财政厅、河北省生态环境厅关于转发《财政部生态环境部关于印发〈大气污染防治资金管理办法〉的通知》的通知	2018.11.29	河北省财政厅 河北省生态环境厅
河北省环境保护厅关于印发《河北省环境保护厅环境污染举报奖励办法》的通知	2018.05.17	河北省环境保护厅
河北省物价局、河北省财政厅、河北省环境保护厅关于制定我省 2018—2020 年度主要污染物排放权交易基准价格的通知	2018.01.04	河北省物价局 河北省财政厅 河北省环境保护厅
河北省科技成果转化服务中心关于发布《河北省先进适用技术指导目录（水污染防治领域）》的通知	2017.12.22	河北省科技成果转化服务中心

续表

文本名称	发布时间	发布部门
河北省科学技术厅关于发布河北省大气污染防治技术指导目录的通知	2017.09.30	河北省科学技术厅
吕梁市环境保护局办公室关于表彰我市赴河北省邯郸市参加原环保部大气污染强化督查组人员的通报	2017.05.24	吕梁市环境保护局
河北省财政厅、河北省环境保护厅关于转发《大气污染防治专项资金管理办法》的通知	2016.08.23	河北省财政厅 河北省环境保护厅
河北省工业和信息化厅、河北省财政厅关于组织申报国家高风险污染物削减奖励项目的通知	2015.12.21	河北省工业和信息化厅 河北省财政厅
河北省发展和改革委员会关于推广唐山市利用差别电价政策加快污染治理做法的通知	2014.09.19	河北省发展和改革委员会

资料来源：笔者根据北大法宝网整理。

表 A.4 访谈对象信息

访谈笔录编码	访谈时间	访谈对象所在单位
TS-M1	2018 年 8 月 15 日	H 市副市长（分管环境）
TS-M2	2018 年 8 月 15 日	生态环境局科员
TS-M3	2018 年 8 月 15 日	生态环境局副局长
QHD-K1	2018 年 8 月 30 日	生态环境局科员
QHD-L1	2018 年 8 月 30 日	生态环境局科员
QHD-X1	2018 年 8 月 30 日	生态环境局科员
CD-Y1	2018 年 10 月 23 日	生态环境局副局长
CD-W1	2018 年 10 月 23 日	生态环境局科员
CD-BS1	2018 年 10 月 23 日	生态环境局副局长
CD-M1	2018 年 10 月 23 日	生态环境局科员
SJZ-Y1	2018 年 10 月 30 日	生态环境局副厅长
SJZ-Z1	2018 年 10 月 30 日	规划局公务员

续表

访谈笔录编码	访谈时间	访谈对象所在单位
SJZ-C1	2018 年 10 月 30 日	发展改革委公务员
SJZ-D1	2018 年 10 月 31 日	发展改革委公务员
SJZ-D1	2018 年 10 月 31 日	城管公务员
SJZ-G1	2018 年 10 月 31 日	城管公务员
BJ-H1	2019 年 3 月 10 日	交通运输局公务员
BJ-S1	2019 年 3 月 10 日	硕士研究生
BJ-W1	2019 年 3 月 11 日	生态环境局科员
BJ-Y1	2019 年 3 月 11 日	生态环境局科员
BJ-S1	2019 年 3 月 11 日	事业单位行政人员
TJ-S1	2019 年 4 月 10 日	生态环境局科员
TJ-W1	2019 年 4 月 10 日	某国企职工
TJ-W1	2019 年 4 月 10 日	生态环境局科员
TJ-H1	2019 年 4 月 10 日	生态环境局科员
TJ-C1	2019 年 4 月 11 日	公务员
TJ-S1	2019 年 4 月 11 日	生态环境局科员
TJ-S2	2019 年 4 月 11 日	生态环境局科员
TJ-S3	2019 年 4 月 13 日	生态环境局科员
TJ-S4	2019 年 4 月 13 日	生态环境局科员

附 录 B

文本分析 R 语言代码：

```
library（readxl）
library（stringr）
#导入数据
jingjinji <— read_xlsx（'jingjinji.xlsx'，sheet = 3）
jing <— read_xlsx（'jing.xlsx'，sheet = 2）
jin <— read_xlsx（'jing.xlsx'，sheet = 3）
ji <— read_xlsx（'jing.xlsx'，sheet = 4）
jingjinji_zonghe <— read_xlsx（'jing.xlsx'）
#数据清洗
jingjinji$time <— str_trim（str_sub（jingjinji$time，6），side = 'both'）
jingjinji$time <— str_sub（jingjinji$time，1，4）
jingjinji$departs <— str_trim（str_sub（jingjinji$departs，6），side = 'both'）
jing$time <— str_sub（str_trim（str_sub（jing$time，6），side = 'both'），1，4）
jin$time <— str_sub（str_trim（str_sub（jin$time，6），side = 'both'），1，4）
ji$time <— str_sub（str_trim（str_sub（ji$time，6），side = 'both'），1，4）
jing$departs <— str_trim（str_sub（jing$departs，6））
jin$departs <— str_trim（str_sub（jin$departs，6））
ji$departs <— str_trim（str_sub（ji$departs，6））
jingjinji_zonghe$time <— str_sub（str_trim（str_sub（jingjinji_zonghe$time，6），side = 'both'），1，4）
```

```
jingjinji_zonghe$departs <— str_trim(str_sub(jingjinji_zonghe$departs，6))
#数据处理
jing <— subset（jing，jing$time != 2019）
ji <— subset（ji，ji$time != 2019）
table（jingjinji$time）
table（jing$time）
table（jin$time）
table（ji$time）
#发文主体分析
library（readtext）
library（quanteda）
#京津冀整体
jingjinji_corpos <— corpus（jingjinji$departs）
jingjinji_token <— tokens（jingjinji_corpos，what = 'fastestword'）
jingjinji_dfm <— dfm（jingjinji_token）
jingjinji_fcm <— fcm（jingjinji_dfm）
textplot_network（jingjinji_fcm）
#北京、天津河北综合
jingjinji_zonghe_corpos <— corpus（jingjinji_zonghe$departs）
jingjinji_zonghe_token <— tokens（jingjinji_zonghe_corpos，what = 'fastestword'）
jingjinji_zonghe_dfm <— dfm（jingjinji_zonghe_token）
jingjinji_zonghe_fcm <— fcm（jingjinji_zonghe_dfm）
textplot_network（jingjinji_zonghe_fcm）
#切词
library（jiebaR）
cutter <— worker（stop_word = 'stopword.txt'，user = 'userword.txt'）
seg_x <— function（x）{
str_c（cutter[x]，collapse = ''）
```

```
}
jingjinji$texts <— as.character(sapply(jingjinji$texts, seg_x, USE.NAMES
= FALSE))
jingjinji_zonghe$texts <— as.character (sapply (jingjinji_zonghe$texts,
seg_x, USE.NAMES = FALSE))
library (tidytext)
library (tidyr)
library (wordcloud2)
library (dplyr)
library (ggplot2)
#绘制词云图
jingjinji %>%
unnest_tokens (word, texts, token = stringr:: str_split, pattern = '') %>%
count (word, sort = TRUE) %>%
filter (nchar (word) >= 2 & n >= 2) %>%
wordcloud2 (size = .5)
jingjinji_zonghe %>%
unnest_tokens (word, texts, token = stringr:: str_split, pattern = '') %>%
count (word, sort = TRUE) %>%
filter (nchar (word) >= 2 & n >= 80) %>%
wordcloud2 (size = .5)
#绘制历时趋势
total_word <— jingjinji_word %>% group_by (time) %>%
summarise (total = sum (n))
jingjinji_word <— left_join (jingjinji_word, total_word)
jingjinji_word[which (jingjinji_word$word == '综合治理'), ] %>%
ggplot (aes (x=time, y=n/total, group = 1)) +
geom_point () +
geom_line () +
```

```
labs（x = ''，y = ''）
jingjinji_zonghe_word <— jingjinji_zonghe %>%
unnest_tokens（word，texts，token = stringr：：str_split，pattern = ' '）%>%
count（provice，word，sort = TRUE）
jingjinji_zonghe_word <— jingjinji_zonghe %>%
unnest_tokens（word，texts，token = stringr：：str_split，pattern = ' '）%>%
count（provice，time，word，sort = TRUE）
total_word <— jingjinji_zonghe_word %>%
group_by（provice，time）%>%
summarise（total = sum（n））%>%
ungroup（）
jingjinji_zonghe_word <— left_join（jingjinji_zonghe_word，total_word，
by=c（'provice'，'time'））
total <— jingjinji_zonghe_word[which（jingjinji_zonghe_word$word == '综
合治理' |
                                    jingjinji_zonghe_word$word == '合作' |
                                    jingjinji_zonghe_word$word == '协作' |
                                    jingjinji_zonghe_word$word == '联防联控'  ），]
total %>%
ggplot（aes（x=time，y=n/total，color=word，group=word））+
geom_point（）+
geom_line（）+
facet_wrap（~provice）+
scale_x_discrete（breaks=seq（1981，2017，2））+
labs（x = ''，y= ''）+
scale_color_discrete（name= ''）
```